農・食・観光クラスターの展開

溝辺 哲男・朽木 昭文 編著

農林統計協会

はしがき

　本書は、農・食・観光クラスターの形成を通じた国内外における実践的な地域開発の課題と可能性を明らかにすることを目的としている。

　クラスター理論は、1990年にM.ポーターが提唱して以来すでに25年が経過している。同理論の骨格を成すダイヤモンドアプローチでは、企業戦略・競争環境、関連産業、投入資源、需要条件の4つの経済要素の集積化と相互作用によってイノベーションが誘発されるとともに生産性が向上し、持続的な競争力強化につながる道筋が示されている。また、産業集積化がもたらす外部経済効果の多様さと大きさに注目が集まり、1990年代後半から先進国を中心にクラスター戦略を産業政策や地域開発政策に取り入れる動きが広まった。

　この時期から急速に進んだグローバル化の流れは、アジアを中心とする新興国や開発途上国においてもクラスター戦略を用いた国家開発計画や農業・農村開発に導入する動きが見られるようになった。日本においても1998年に経済産業省が「クラスター計画」を策定し、新規産業創出を支援する取り組みを開始した。2005年からは、農林水産省による「食料産業クラスター形成」に向けた支援事業がスタートしている。

　本書における農・食料・観光の3つの産業連携による地域開発アプローチは、M.ポーターが提起したクラスターの概念を起点にしている。3者の連携は、ポーターが指摘する各経済要素間での相互作用の強化をもたらし、その結果、競争力の強化や付加価値の向上が期待されると考えたためである。しかしながら、このような効果発現の実践に向けては、3者を繋ぐ有効な媒体とシステムの構築が課題として求められる。

　本書は、このような課題に対して、最初に時間軸を持つ「シークエンスの経済」に関する概念を用いて、媒体の発見の仕方やクラスター形成の「プロセス」の進め方および仕掛け方を提示する。続いて、農・食・観光クラスター形成に

関する国内外での取り組みや萌芽的な事例を紹介する。

　農・食・観光の組み合わせによるクラスター形成のプロセスに関する研究は緒についたばかりである。今後、本研究を出発点にして、農・食・観光クラスター形成の実証事例の収集と分析を積み重ね、実践的なクラスターモデルのプロトタイプ（原型）を構築し、その普及拡大を図っていく必要がある。このような意味からも、今後とも本書の作成に集まった研究者達による研鑽と研究の継続が望まれる。

　本書の編集と出版にあたっては、一般財団法人農林統計協会の山本博氏と木村正氏に多大なご尽力をいただいた。本書は農・食・観光まで産業連関が広範囲に及ぶ分野のほか、国内だけでなく海外の事例も含まれていたため、その編集作業は大変な労であった。改めてこの場をお借りして、お二人に心より感謝申し上げる。

　なお、本書は、平成24年度から平成26年度科学研究費補助金基盤研究B「ODAにおける農・食品・文化クラスターの戦略的開発モデルの構築」、課題番号24402022（研究代表者　朽木昭文）の助成を受け実施した。

編著者を代表して
溝辺　哲男
朽木　昭文

目　次

はしがき …………………………………………………………………………… i

序　章　クラスター形成に向けた視点と本書の構成 ……………溝辺 哲男… 1
 1　農・食・観光クラスター形成への視点………………………………… 1
 2　人口減少問題と地域開発………………………………………………… 2
 3　本書の構成………………………………………………………………… 4

第Ⅰ部　農・食・観光クラスターの展開

第1章　クラスター政策の新たな視点 ……………朽木 昭文・溝辺 哲男… 7
 1　産業政策からクラスター政策へ………………………………………… 7
 2　生物の「器官」形成のシークエンス…………………………………… 8
 3　産業クラスターの「組織部門」形成のシークエンス………………… 9
 4　組織部門形成の「シークエンスの経済」……………………………… 11
 5　農・食・観光産業クラスターの組織部門形成のシークエンス……… 13
 6　「マスター・スイッチ」と「シークエンスの経済」における
  　プラットフォームの役割………………………………………………… 17
 7　結論「シークエンスの経済」における
  　「マスター・スイッチ」の存在…………………………………………… 21

第2章　新たな局面を迎えるパインアップル
 　　　　－ツーリズムへの貢献役として－ ……………………菊地　香… 27
 1　はじめに…………………………………………………………………… 27
 2　研究方法…………………………………………………………………… 29
 3　沖縄県におけるパインアップル産地の動向…………………………… 30

4　パインアップル産地におけるツーリズム……………………………… 42
　　　5　産地の今後…………………………………………………………………… 54

第3章　競争品目としてのマンゴーにおける地域振興の可能性
　　　　　　　　　………………………………………………………菊地　香… 61
　　　1　はじめに…………………………………………………………………… 61
　　　2　調査方法…………………………………………………………………… 62
　　　3　沖縄県における組織的な取り組み……………………………………… 64
　　　4　南部マンゴー農家の経営実態…………………………………………… 65
　　　5　北部の農家によるマンゴーの品質管理………………………………… 73
　　　6　宮古島におけるマンゴーを活用した産業集積化の可能性…………… 80
　　　7　おわりに…………………………………………………………………… 87

第4章　「文化」因子の資源化に向けた観光クラスターモデルの援用事例
　　　　－愛知県における観光開発事例から－
　　　　　　　　　…………………………山下　哲平・橋本　孝輔・朽木　昭文… 91
　　　1　はじめに…………………………………………………………………… 91
　　　2　観光開発と文化…………………………………………………………… 93
　　　3　愛知県と名古屋市および万博・中部国際空港………………………… 98
　　　4　今後の課題…………………………………………………………………102

第5章　由布市の観光クラスター形成の事例
　　　　　　　　　………朽木　昭文・溝辺　哲男・菊地　香・山下　哲平…105
　　　1　はじめに……………………………………………………………………105
　　　2　由布市観光クラスター形成の経緯………………………………………107
　　　3　由布市観光クラスターの方向性と決定因子……………………………109
　　　4　クラスター形成の基本因子………………………………………………114
　　　5　クラスター形成のシークエンス …………………………………………116

第6章　沖縄北部地域の産業観光施設および直売所へ来訪する
　　　　訪沖客の顧客特性
　　　　　－名護パイナップルパークとサンライズひがしを事例として－
　　　　　　　　　　　………中村　哲也・霜浦　森平・菊地　香・山田　耕生…119
　　1　課題……………………………………………………………………………119
　　2　調査概要………………………………………………………………………120
　　3　沖縄北部地域来訪者の顧客特性……………………………………………127
　　4　沖縄北部地域の再訪問の差異
　　　　－順序ロジスティック回帰分析推計結果－………………………………133
　　5　結論……………………………………………………………………………133

第7章　美ら海水族館へ訪問する外国人客の顧客特性
　　　　－国営沖縄記念公園における対面調査からの接近－
　　　　　　　　　　　……………………中村　哲也・陳　志鑫・菊地　香…137
　　1　課題……………………………………………………………………………137
　　2　国営沖縄記念公園の概要と外国人観光客数の推移………………………138
　　3　調査概要………………………………………………………………………143
　　4　美ら海水族館へ訪問する外国人客の顧客特性……………………………150
　　5　結論……………………………………………………………………………154

第8章　中山間地域における農村レストランおよび直売所の顧客特性
　　　　－石川県河北郡津幡町における河合谷木窪大滝および郷の
　　　　　即売所を事例として－
　　　　　　　　　　　………中村　哲也・霜浦　森平・丸山　敦史・谷下　雅義…157
　　1　課題……………………………………………………………………………157
　　2　河合谷郷の即売所および大滝調査概要……………………………………158
　　3　河合谷郷の即売所および大滝の来訪客と個人属性との関連性…………166
　　4　結論……………………………………………………………………………174

第9章　とちおとめのポジショニング戦略と購買選択行動
　　　　－東日本大震災後の栃木産農産物の販売戦略を考慮して－
　　　　　　　　　　　　　　　　　　　　中村　哲也・丸山　敦史…177
　　1　課題……………………………………………………………………… 177
　　2　とちぎ農産物モニターネット調査概要………………………………… 179
　　3　とちおとめのポジショニング戦略と購買選択行動…………………… 185
　　4　とちぎ産農産物ととちおとめの購買選択行動………………………… 192
　　5　結論……………………………………………………………………… 197

第Ⅱ部　海外におけるクラスター形成の可能性と課題

第10章　カンボジアにおける農・食・文化クラスターの萌芽
　　　　　　　　　　　　　　　　　　　　　　　　　山下　哲平…201
　　1　はじめに………………………………………………………………… 201
　　2　経済成長と各産業セクターの年次推移………………………………… 202
　　3　カンボジアの歴史……………………………………………………… 205
　　4　潜在的な観光資源……………………………………………………… 208
　　5　農・食・文化クラスターを背景とする食の「名物」化…………… 213
　　6　まとめ…………………………………………………………………… 216

第11章　食と文化の観光資源化にむけて
　　　　－モンゴルにおける食とライフスタイルから－
　　　　　　　　　　　　　　　　　　　　　　　　　山下　哲平…219
　　1　はじめに………………………………………………………………… 219
　　2　モンゴルの経済成長…………………………………………………… 220
　　3　モンゴルの観光資源…………………………………………………… 225
　　4　観光資源化に関わる課題と提言……………………………………… 229

第12章　モザンビークにおける農業・食品加工クラスターの検討
　　　　　　　　　　　　　　　　　　　　　溝辺　哲男・朽木　昭文…233
　　1　はじめに………………………………………………………………233
　　2　フローチャート・アプローチのプロトタイプ…………………234
　　3　農業・食品加工産業クラスターに対する
　　　　フローチャート・アプローチ……………………………………239
　　4　農業・食品加工産業クラスターの検討…………………………246
　　5　フローチャート・アプローチ・モデルの適用条件……………252
　　6　おわりに　－クラスター形成に向けての課題－………………254

第13章　ブラジル・セラード地帯における地域農業開発
　　　　　－ダイズ製品のバリューチェーンからの検討－
　　　　　　　　　　　　　　　　　　　　　　　　　溝辺　哲男…259
　　1　はじめに………………………………………………………………259
　　2　バイア州西部地域における農業の変容…………………………260
　　3　ダイズのバリューチェーンと産出額の推計……………………264
　　4　おわりに………………………………………………………………267

序章　クラスター形成に向けた視点と本書の構成

溝辺 哲男

1　農・食・観光クラスター形成への視点

　ケインズの『一般理論』が、「危険なものは既得権益ではなく思想である」という文章で結ばれているのは有名である[1]。その趣旨は、「ある思想（アイデア）が後世の社会に及ぼす影響力は、既得権益のそれを上回るほど、実際には強力である」と解説[2]されている。このケインズの言葉は、日本の地域開発に関する政策論議を行う上で、示唆に富んでいる。

　現在、日本は労働可能人口の減少によって、経済成長の様々な機会が阻害される状態を指す「機会の窓」が閉じかけようとした状況にある。地方においては特に深刻である。このような状況にあっては、過去の政策思想や既得権益に縛られずに、現実を見据えながら、先を見通したダイナミックな政策刷新が必要であることを、このケインズの言葉が示唆しているように考えられるのである。

　この政策思想を刷新する上でのヒントになる理論が、M. ポーターによって提唱された産業クラスターである。ダイヤモンド・アプローチを起点とする同理論では、一定地域において、企業の集積化を図ることで、分散する知識や技術を共有化し、相互に不足する経済的、経営的な資源を補完しながら、イノベーションを誘発し、持続的な地域経済の自立発展プロセスの構築を基本課題としている。その展開プロセスは、クラスター・イニシアティブ・モデルとして、アメリカ、ヨーロッパ、日本などの先進国だけではなく、開発途上国の基幹産業政策や地域経済政策としても有効性が指摘されている。

　かつて日本の高度経済成長期には、この産業クラスター政策と類似した産業立地政策があった。それが、重化学工業を中心として企業の集積化を促す拠点

開発政策（方式）である。拠点開発政策は、大企業を中心に生産、流通、管理の諸機能を関東から東海、中国、九州の沿岸地域や都市部に帯状に集中しながら規模の利益を目指したことから、コンビナート型産業立地政策とも称された。この開発政策は、企業の集積利益の増大と独占を促したほか、農村部から都市部へと若年層を中心とする大幅な人口移動をもたらした。しかしながら、企業による集積利益の拡大は、一方で、大気汚染や水質汚濁などの公害が複合的に発生し、地元住民へは集積不利益が転嫁されることとなった[3]。

産業クラスター政策が拠点開発政策と異なるのは、単なる企業の集積ではなく、多様な関連アクター（地方自治体、大学、公的および民間研究機関、金融機関等）が相互にリンケージをとり、適切な空間において、イノベーションを連鎖的に発生させながら当該地域の活性化を目指している点にある。このような政策によってダイナミックな外部経済効果が発生し、産業インフラの整備と同時に社会資本の集積をもたらすところにクラスター形成の最も期待される点がある。また、クラスター形成を通じて引き起こされるイノベーションは、競争力強化の源泉として捉えられることから、クラスター形成の本質は競争優位の戦略を生み出す点にあるともいえる。

2　人口減少問題と地域開発

本書の目的は、このような産業クラスターの有する特性を踏まえながら、地域に点在する農業・食料・観光の各資源を組み合わせた地域開発事例を参考にして、地域開発政策の新たな枠組みを検討することである。

これまで産業クラスター形成は、自動車産業や電子部品産業等のハイテク産業分野において先行してきた。しかし、本書では、これらと対極にある農業と経済を牽引する基幹産業や人的資源の存在や集積が希薄な農村地域を対象としている。この背景には、日本の地域開発政策の枠組みを考える上で、今後、最も憂慮すべき地方における人口減少問題がある。

25 年後の 2040 年における日本の人口は、全ての都道府県で 2010 年を下回る見通しである（国立社会保障・人口問題研究所 2013 年）。日本の人口は、2005 年か

ら2010年の間には38都道府県で人口減少が見られた。そして、2010年から2015年では41都道府県となり、2015年から2020年には46都道府県、さらに2020年から2040年までの20年間にわたっては全ての都道府県で人口減少が発生する。

　総人口も2010年の1億2,800万人から、2025年には1億2,065万人へ、2040年には1億727万人となる。人口予測の基準年となっている2010年を100とした場合の総人口指数では、2025年の全国指数が94.2であり、2040年には83.8となる。同時期における都道府県別の指数では、沖縄県が最も高く101.5と98.3であり全国を15ポイント近く上回る。

　さらに問題なのは、人口の中身である。つまり人口がどの年齢層によって構成されるかである。冒頭で述べた「機会の窓」とは、人口学における用語である。人口全体に占める子供（14歳まで）の割合が30％以下、高齢者（65歳以上）の割合が15％以下の人口構成を指す。つまり一国の人口構成に占める15歳から64歳までの人口が55％以上を占める状況を示している。言いかえれば、労働可能人口の割合が高い地域や国ほど経済発展に向けた「機会の窓」が開かれていることになる。

　日本で最も「機会の窓」が開かれていたのは、1965年から1995年にかけての30年間であった。拠点開発政策による高度経済成長を経て、バブル景気が終わる頃である。残念ながら、日本の「機会の窓」は既に閉じている。今後、日本の15歳から64歳までの人口は2010年の63.8％から2025年には58.7％へ減少し、2040年には53.9％となる。

　それに代わって65歳以上の人口は、全国の都道府県で増加し、上記の同時期に23.0％から30.3％、36.1％となる。特に大都市圏や沖縄では顕著な増加を示し、人口増加指数が最も高くなる沖縄県では17.4％から30.3％へと増加する。それだけではなく、2040年には75歳以上の高齢者が全人口の20.7％に達することとなる。

　このような状況を踏まえて、安倍政権が掲げる地域版「成長戦略（2014）」では、日本の経済再生を地方から見つめ直している。その基本戦略には、農林水産品の販路拡大、農産加工品を含めた新たな工業製品開発や観光振興を掲げて

いる。同成長戦略のモデル事業は2014年度から開始される。さらに、2015年度からは、地方の61市町村を対象に本格的な支援事業がスタートする予定である。支援事業の成否は、人口減少が顕著な地方の基幹産業である農業と農村を起点とする地域経済の復権がどのように進展するかにかかっているといえる。

3　本書の構成

　上述したことは、日本に限ったことではない。人口の大半が農村に分布し、農業が国家経済の支柱となっている開発途上国の地域開発政策を検討する上でも重要な視点である。開発途上国の農業・農村開発にも注意を払い、途上国が抱える貧困問題の解決の糸口として、産業クラスター形成がもたらす開発効果を検討する必要がある。

　このため本書では、開発経済学、農業経済学、環境社会学、統計、開発計画などの各専門分野の研究者が集まり、日本と開発途上国を対象にして、それぞれの切り口から地域活性化に向けたクラスター形成の実証分析を試みている。本書は、序章と第Ⅰ部および第Ⅱ部からなる本論から構成されている。

　本論の第1部、第1章では、産業クラスター形成プロセスの展開について、新たな政策の実践化という視点から取り組んでいる。ここでは、産業政策からクラスター政策の変遷の意義を解説するとともに、新たなクラスター形成の視点として生物の器官形成プロセスに着目して分析を行っている。生物の器官形成プロセスを効率的なシークエンス（順序）として捉え、「シークエンス経済」の存在を実証的に分析している。これにより、クラスター形成におけるシークエンス（器官形成の順序）の重要性を明らかにする。さらに、「シークエンスの経済」を定義し、クラスターを形成するためのシークエンスとして、「プラットフォーム」の形成が有効であることと、クラスター形成のリーダーとなるマスター・スイッチとなる「ヒト」の選定が、最終的な決定要因になることを論じている。

　第1章以降においては、日本国内における農・食・観光の組み合わせによるクラスター形成の可能性と共に、地域開発効果を主題として論じている。

第2章、第3章では、沖縄における新たな地域振興策として、サトウキビ、パインアップル、マンゴーと観光業の連携による地域振興クラスターの可能性について事例分析を基に検討している。

　第4章では、これまでクラスター形成において、ほとんど取り上げられてこなかった「文化」因子の資源化による観光クラスター・モデルについて、愛知県における観光開発の事例から論じている。

　第5章では、同様に観光資源を用いた地域開発への取り組みを大分県由布市の取り組み事例から解説している。

　第6章では、沖縄北部地域における農業と観光産業の連携を通じて、減少傾向にある同地域の観光産業の活性化を現地調査結果に基づき検証している。

　第7章では、前章と同様に沖縄の観光業を取り上げて、特に外国人観光客の訪問目的と顧客特性をアンケート調査に基づき解析している。

　第8章では、日本の中山間地域を対象に農村ツーリズムを通じた同地域の活性化の方向性を統計分析手法に基づき検討している。

　第9章では、東日本大震災後の農業と観光に関する分析である。福島県に隣接する栃木県の農家では、農畜産業と観光面で大きな打撃を受けた。ここでは、栃木県における「とちおとめ」を対象として、東日本大震災後の「とちおとめ」のポジショニングと購買選択行動について検討している。

　第Ⅱ部は、海外におけるクラスター形成による地域開発効果について、アジア、アフリカ、南米の各地域をとりあげて論じている。第10章では、カンボジアにおける農・食・文化クラスターの萌芽的実態について、同国の経済成長の推移を見ながら検討した。第11章は、モンゴルにおける食とライフスタイルに視点を置きながら、観光資源化の可能性を論じた。第12章は、モザンビークにおける主要な経済回廊であるナカラ回廊地域を対象とした農業クラスター形成の可能性について、小規模零細農家の視点を交えて検討している。第13章は、ブラジル・セラード地帯における農業開発が地域農業に与えたインパクトについて、バイア州西部地域を事例に解析している。また、ダイズ製品のバリューチェーンについて産出額の推計を行い、農業・食品クラスター形成が地域開発に貢献することを解説している。

注

1) 池尾和人氏（慶応大学）のコラムを引用（朝日新聞、2002 年 6 月 23 日版）
2) 同上
3) 宮本憲一『地域開発はこれでよいか』岩波書店、1973 年、pp.5-7.

第Ⅰ部　農・食・観光クラスターの展開

第1章　クラスター政策の新たな視点

朽木　昭文・溝辺　哲男

1　産業政策からクラスター政策へ

　産業クラスターはイノベーションを生む装置として期待されている。アジアの各国が労働集約産業の育成に成功し、高度消費の段階に直面し、イノベーションの重要性が再認識されている。産業クラスターをどう形成するかは、これからの地域開発を左右する要因の1つである。しかし、産業クラスターの形成が成功する場合は多くはない。産業クラスターの「組織部門」の形成はどのような場合に成功するのであろうか。

　ここで、産業クラスターとは、第1段階で集積をもたらし、第2段階でイノベーションを起こす組織である（朽木（2007）による定義）[1]。生物は、頭、胸、脚などの器官により構成され、生物は時間軸上で器官形成のシークエンスがある。表1-1に示すように、製造業は、組織部門（segment）として高速道路、鉄道、空港、港、電力、情報通信などから構成される。

　朽木（2013）が産業クラスターの組織部門の形成に関する「シークエンスの経済」の概念を提示し、組織部門の形成の順序が変わることにより効率が異なることを示したが、厳密な定義を完成していない。「シークエンスの経済」とは、産業クラスターの組織部門の形成のシークエンスを最適に順序付けすることにより経済効率を高める（形成コストを低くする）ことである。産業クラスターの組織部門の形成において、朽木・溝辺・小田（2013）はその実例を提示していない。

　本章の目的は、生態学の「組織レベル」ヒエラルキーという時間軸上で産業クラスターの組織部門の形成に適用することにより、クラスターの形成に実践的な処方箋を与える。産業クラスターは時間軸上の「組織部門」の形成のシー

クエンス（順序）がある。

本章は、農・食・観光産業クラスターの形成の事例に適用する。宮崎県と北海道、また日本の電鉄産業を事例とした。本章で得られた結論は次のとおりである。「シークエンスの経済」を定義し、実例によりその存在を示す。結論の2つの含意として、第1に、クラスター形成のリーダーとなる「マスター・スイッチ」となるヒトの選定がクラスター形成に決定的である。第2に、クラスターを形成するためのシークエンスの1構成要素として「プラットフォーム」の形成が有効である。

表1-1 産業クラスターの組織部門 (segment)

	組織部門	記号
インフラ	道路	G1
	鉄道	G2
	空港	G3
	港湾	G4
	通信	G5
	水	G6
	電力	G7
	工業団地	G8
人材	非熟練	G9
	エンジニア	G10
	マネージャー	G11
制度	税制	G12
	土地所有	G13
	為替	G14
	政治	G15

資料：朽木。

以下の構成は次のとおりである。第2節は、時間軸上で生物の器官形成における「シークエンス」の存在を示す。第3節は、時間軸上でクラスターの組織部門の形成における「シークエンス」の存在を示す。生物と組織をつなぐ概念として「組織レベル・ヒエラルキー」を使用する。第4節で、「シークエンスの経済」を定義し、その組み合わせによりフローチャート・アプローチを構成することを示す。第5節は、農・食・観光産業クラスターの文化構成因子を特定化し、沖縄の場合を示した。第6節において、「シークエンスの経済」を実現する実践的な手法を提示する。リーダーである「マスター・スイッチ」としての人材の選出が第1であり、「プラットフォーム」の形成が第2である。第7節が結論とその政策的な含意である。

2　生物の「器官」形成のシークエンス

組織の1つとして産業クラスターの場合を考察する。DNAがヒトの設計図で

あることが説明されている。ヒトの設計図は、46本の染色体であり、全46巻からなる[2]。Lewis（1978）は、ショウジョウバエのスイッチ遺伝子の研究をした。スイッチ遺伝子は、Hox遺伝子であり、頭・胸・胴・足などの器官形成のスイッチとなる。Hox遺伝子が、生物の器官形成のシークエンス（順序）を決定する。

図1-1で例示するように、Hox遺伝子が、器官である頭部から腹部に向かって配列され、器官が一定の時間を追って順に形成される。たとえば、ショウジョウバエは、8つのHox遺伝子を持ち、その器官はこの配列に従って形成される。要約すると、生物の器官形成には「シークエンス」がある。

3　産業クラスターの「組織部門」形成のシークエンス

ヒトから構成される社会組織に関して、Schumpeter（1934）が進化経済学を創始し、藤本（1997）は個体発生を自動車産業の分析に適用した。金井（2012）が器官形成の動学的プロセスを分析した。ここで、組織の「組織部門」の形成に「時間軸」を導入した。

次に、西澤（2010）が、クラスター政策からEcosystem構築策について解説した。その際に、Braunerhjelm and Feldman（2006）がこの分析の先行研究であることを指摘した。

図1-2に示すように、Odum and Garrett（2005）は、生態学に関する①「組

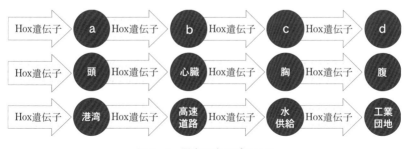

図1-1　器官形成のプロセス

資料：朽木（2013）。

織レベル・ヒエラルキー」を説明する。それは、低いレベルから高いレベルへの時間軸に「遺伝子(Genes)、器官(Organ)、ヒト(Organism)、ヒトの集団(Population)、ヒトの群(Community)」を配列した（Solomon, Berg and Martin（2002）も参照）。「組織部門の形成のプロセスにおいて、生物としてヒト、ヒトの集団、ヒトの個体群への高いレベルへの動態」という組織レベル・ヒエラルキーとして本章は生態系を理解する。

「産業クラスター」組織の組織部門の形成プロセスにおけるヒトの配列を考察する。製造業クラスターの「組織部門」(segment)である表1－1において、ヒトが、ヒトの集団を作り、次にヒトの群を作り、ヒトが配列される。ヒトの配列が、組織部門の形成のシークエンスを決める。

以上を記号で示す。ヒトを含む生物の遺伝子が、4つの基礎因子（G, A, C, T）から構成されている。以下で、ヒトの配列が組織部門の形成のシークエンスを決定することを説明する。産業クラスターの組織がヒト K_1 とヒト K_2 の2人から構成されると想定する。その2人の遺伝子は、4つの基礎因子から構成され

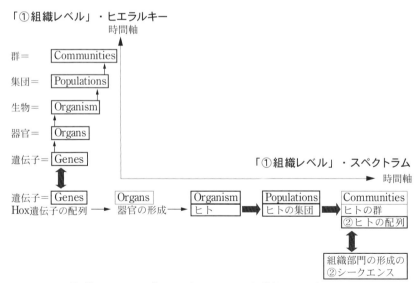

図1－2 「組織レベル」と「ヒトの配列」による組織部門の形成のシークエンス
資料：Odum and Garrett（2005）を基に朽木作成。

る。次のようなシークエンスであると想定し、K_1 と K_2 を次のように記述する。
$K_1=\{ATGG\cdots TAA\}$, $K_2=\{ATGT\cdots ATG\}$　　　(1).

　組織が組織部門 (segment) から構成され、「組織レベル・ヒエラルキー」の「時間軸」上で組織部門の形成の「シークエンス」(順序) がある。産業クラスターの組織部門の形成がヒトの配列から構成されるので、15人から構成される一般的な場合に、組織部門の形成のヒトの配列は、

$\{K_1, K_2, \cdots, K_{15}\}$

となる。製造業クラスターの「ヒトの配列」が、たとえばインフラの道路形成の担当者 K_1 であり、鉄道器官の形成の担当者 K_2 となる。「ヒトの配列」が、組織部門の形成の順序を決める。つまり、このヒトの配列が「組織部門」の形成のシークエンスを決定する。

　要約すると、図1-2に示すように、①「組織レベル・ヒエラルキー」の時間軸に沿っての②「ヒトの配列」が「組織部門」の形成のシークエンスを決定する。つまり、産業クラスターの組織部門の形成にシークエンスがある。

4　組織部門形成の「シークエンスの経済」

(1)「シークエンスの経済」の存在

　次に、「シークエンスの経済」の存在を示す。組織部門の形成のシークエンスに効率性があり、それが「シークエンスの経済」である。「シークエンスの経済」(the economies of sequence) は、規模の経済や範囲の経済に相当する概念である。「シークエンスの経済」とは、産業クラスターの器官形成の順序を適切にすることにより経済効率を高めることである。器官形成の順序を間違えると産業クラスターが形成されない、あるいは、組織部門の形成に要したコストが莫大になる可能性がある。

　たとえば、家の建設、塗装を例にとって説明すると以下のとおりである。家の建設では、大工が骨組みを作り、左官が壁を作り、塗装が外見を整え、電気工事が家の機能を付ける。塗装の場合には、下塗りが錆止め作用があり、中塗が耐久性を増し、上塗りが外観を良くする。この逆の順序は経済効率を低くす

る、または前に進まない。

シークエンスを変えた場合には、製造業クラスターの組織部門の形成のプロセスが進まないところに「シークエンスの経済」の存在を見出す。つまり、形成の順序を間違えると形成プロセスを次に進めるために莫大なコストを要する。

（2）「シークエンスの経済」の合成によるフローチャート

本項で自動車産業などの製造業クラスターを例に説明する。図1-3で示すように、Kuchiki（2008）は、「フローチャート・アプローチ」仮説を提示した。これは、組織部門の形成のシークエンスである。Kuchiki（2010）がマレーシア

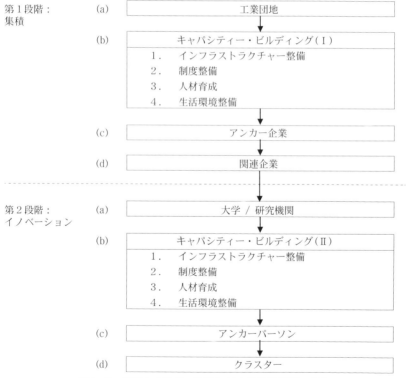

図1-3　産業クラスター政策に対する組織部門の形成

資料：朽木（2007）。

自動車産業クラスターの組織部門の形成のフローチャート・アプローチ仮説を提示し、Kuchiki (2011) がベトナムの電気・電子産業クラスターやカンボジアの部品産業クラスター形成の条件に関する組織部門の形成のシークエンスのボトルネックを分析し、Kuchiki and Tsukada (2008) が中国・広州市のホンダ・日産・トヨタ自動車クラスターに関してフローチャート・アプローチ仮説の検証を行った。

組織部門とは、(i) 物的インフラストラクチャーの整備、(ii) 制度整備、(iii) 人材育成、(iv) 生活環境整備である。物的インフラストラクチャーとは、道路、港、通信などである。制度整備は、アジアの成長における外資誘致に決定的に重要であり、ワンストップ・サービスなどの投資手続きの簡素化、規制緩和、税制面の優遇などを含む。人材とは、未熟練工、熟練工、マネージャー、研究者などを指す。生活環境は、外国人向けの病院や学校も含む。

組織部門が形成され、「工業団地」が建設されると、外国企業の受け皿を作る。つぎに、企業を受け入れるための組織部門の形成である。アンカー企業が入居すれば、部品産業などの関連企業が工業団地に入居する。関連企業の集積により工業団地を中心に産業クラスターが生まれる。

(3) フローチャートの並列化

産業クラスターの組織部門の形成は、固定したシークエンスではない。「製造業クラスター」の組織部門の形成は、ヒトの配列に従ってシークエンスを決定する。ここで、図1-4の例示として、G_1, G_2, G_3, G_4は、並列であり、その形成の順序に序列はない。つまり、港湾ができる順序と道路ができる順序はどちらが先でも構わない場合がある。その順序は柔軟であり、「ヒトの配列」に従う。

5　農・食・観光産業クラスターの組織部門形成のシークエンス

Becker (1965) は、余暇効用が時間 (t) と財とサービス (x) による生産であると指摘した。本章は、余暇効用の質を考慮に入れる。質とは、財とサービスの質の向上であるデザイン (art) の質 (S) の向上に依存する。文化が、デザイ

ンを生むための産業インフラとなり、ブランド価値を生む（未来経済研究室 (2002))。文化を「ブランド価値を生む産業インフラ」としての公共財とみなす3)。

　文化の構成因子として、王朝、料理、音楽、歴史、織物、工芸、美術、保養地、酒と想定する。表1-2では9つの文化の構成因子を宮崎県、鹿児島県、中部ベトナム、中国・広東省、ポルトガル、そして福井県にも適用した。例えば、福井県は越前朝倉氏により文化的な面の構成要因が始まる。福井県の食品としてサバ寿司や越前そば等多数ある。音楽は太鼓が有名である。福井県は繊維産業が重要産業の1つであり、絹織物にその起源がある。工芸として越前漆器や若狭塗がある。美術に関して福井県出身の岡倉天心が日本の近代美術の創始者である。福井県の保養地として東尋坊や芦原の温泉がある。最後に福井県は日本酒がある。

　沖縄文化の鍵となるのは琉球王朝の伝統である。尚氏が歴史的に重要な家系である。織物は芭蕉織などがある。工芸は漆に伝統があり、琉球漆器などがあ

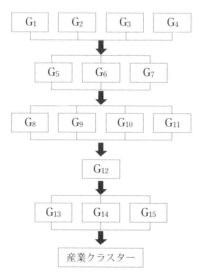

図1-4　クラスターの組織部門の形成のシークエンス

資料：著者作成。

表1-2 農・食文化クラスターのための文化・基礎要因

	沖縄	鹿児島	宮崎	神奈川県
文化の鍵概念	琉球王朝・城・御嶽・エイサー・首里・相撲・琉球舞踊・組踊	薩摩藩・桜島	神武天皇	鎌倉幕府
食	豚肉・豆腐・昆布・沖縄そば・チャンプルー	さつま揚げ・黒豚	地鶏・宮崎牛・芋がらぼくと・かぼちゃ	唐揚げ
音楽	神歌・三線・琉歌	霧島音頭	民謡・島音頭	平曲
歴史	尚氏・万国津梁・大交易時代	島津家	天岩戸・伊東家・古墳	源頼朝
織	芭蕉織・首里織・読谷織・ミンサー織・宮古上布・八重山上布・久米島紬	大島紬	綾織り	鎌倉織
工芸	ガラス・琉球漆器・壺屋焼き・びんがた	薩摩焼	日向塗(沖縄から)基盤・碁石	彫刻
美術	山田真山	黒田清輝・洋画	蚕丸	絵巻物
保養地・温泉	北谷市・沖縄市・那覇市	指宿	えびの高原	箱根
焼酎・酒	泡盛	さつま白波	そば焼酎	鎌倉ビール

	中部ベトナム	広東省	ポルトガル	福井県
文化の鍵概念	チャンパ王国、グエン王朝、朱印船交易(16～17世紀)	南越国・鉄製農具	ブルボン王朝	朝倉氏
食	フエ宮廷料理、米の加工品(B級グルメ)	水稲・柑橘・桃	マヌエル(家庭料理 Manuel)	サバ寿司、越前そば
音楽	カアンホー(民謡)、ニャック・クェ・フン「故郷の音楽」、フエ王宮音楽(無形世界遺産)	楽器銅鼓・舞踊鼓舞	ファド	あわら和太鼓
歴史	チャム王朝・グエン朝	進化	ポルトガル王朝	柴田氏
織	チャム人織物・ドンソン文化(タイ織)、アオザイ、シルク、少数民族織物	絹織物	ラシャ(raxa)	繊維産業、絹
工芸	伝統漆芸、陶器(フエ近郊に王宮献上品の技術残る)	青銅器・陶器・玉器	タイル	越前漆器、若狭塗
美術	ドンホー版画、刺繍	金銀加工・金印	グルベンキアン	岡倉天心
保養地・温泉	ホアビン、ビン、ビーチリゾート	広州従化温泉	アルガルベ(Argarve) etc.	東尋坊、芦原
焼酎・酒	ネプチャン、ミンマン酒(フエ名酒、長寿)	広州五加皮・陳皮紅酒	ポルトワイン	日本酒

資料：沖縄については沖縄県庁・物流部(2011年4月30日)、その他は杉本昭文。

る。酒類では泡盛が有名であり、美術やガラス製品もある。

　さて、農・食・観光産業クラスターの形成は、産業連関効果の最大化を目的とする。本章は「農・食文化産業クラスター形成のシークエンス」を図 1-5 に示した。農・食文化産業クラスターの発展段階は、順番に第 1 次産業（農・水産物）、第 2 次産業（食品加工）、第 3 次産業のそれぞれの企業集積段階がある。それぞれの集積段階で組織部門の形成が必要である。第 3 次産業に関して、ロジスティクス、エンターテインメント業、観光業（特に、アジアなど外国からの観光客）、金融業、IT 産業、製造業の研究・開発がある。さまざまな第 3 次産業の業種の存在が農・食・観光産業クラスターを形成するために必要である。

　沖縄では 3 つの段階で集積が進行している。第 1 次産業として 1 次産品であるモズク、ゴーヤ（ゴーヤ・パーク）、ウコン、そしてマンゴー、石垣牛、本部

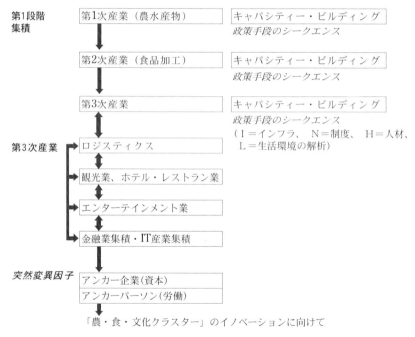

図 1-5 「農・食・文化クラスター」の集積過程のための「組織部門形成のシークエンス」
資料：朽木（2013）。

表1-3　第3次産業の集積

健康・癒し・文化をテーマとした観光産業の集積
水族館の運営
パイナップル・パーク（各種ワイン）
ゴーヤ・パーク（各種ジュース）
EM（Effective Microorganism)ホテル（有機健康食品）
首里城復元技術・ツアー
泡盛酒造（瑞泉酒造）
オリオンビール・ツアー
琉球グラス・ショップ
アウトレットの運営、紳士服の青山（ショッピング）

資料：沖縄調査（2011年7月24～29日）による。

牛（もとぶ牧場）の肉牛、アグー豚などの肉豚やマグロ（渡久地港）の魚がある。第2次産業として、1次産品を原料に製造された食品である食卓塩、黒糖、飲料として泡盛、オリオン・ビールがある。

　第3次産業として、ホテル産業などの観光産業があり、沖縄そば（例えば、琉球茶房・すーる）やゴーヤチャンプルなどの多品種の「沖縄料理」レストラン、エンターテインメントとしてミュージック産業（例えば、民謡ライブハウス・カラハーイ）、スポーツ産業（世界的なゴルフ選手、野球やサッカーなどのスプリング・キャンプ）などがある。また、表1-3に示すように、第3次産業の「観光産業」が集積している（2011年7月24～29日のJICAミッションでのインタビュー調査）。ここに農業・水産業、食品産業、観光産業が成立する。

6　「マスター・スイッチ」と「シークエンスの経済」におけるプラットフォームの役割

（1）JETRO・KJ法

　「農林水産物・食品輸出ロジスティクス研究会」（2012年6月～2013年3月）は、農林水産省と日本貿易振興機構（ジェトロ）により農林水産物と食品の輸出を促進するための政策を提言するために実施された。委員の選考の基準は、実

務の課題を明らかにできたことであった。実務者が選ばれた委員は、KC セントラル貿易株式会社会長、日本政策金融公庫・農林水産事業本部・総合支援部・副部長、日本通運株式会社・グローバルロジスティクスソリューション部・専任部長、公益社団法人日本農業法人協会・政策課長、一般社団法人日本貿易会・主幹、公益社団法人日本ロジスティクスシステム協会・JILS総合研究所研究員、ホクレン通商常務取締役であった。この結論の1つとして、日本からアジアに輸送する際に貨物の規模が小さく、規模の経済を達成できず、単位当たりのコストが非常に大きくなるという課題であった。

日本で当時進行中であった農産物輸出の事例として、北海道の札幌大学と国土交通省の連携による農産物輸出の場合、沖縄の国際物流ハブ利用の場合、宮崎のJA経済連の香港事務所活用の場合、関西の関西空港を利用した輸出の実施例が紹介された。この研究会の成果の1つとして、北海道モデルが宮崎へ適用された。

（2）北海道モデルの宮崎への適用

「北海道国際輸送プラットフォーム」が札幌大学と国土交通省・北海道開発局により構築された。そのマスター・スイッチとしてのリーダーが国土交通省・北海道開発局の笹島隆彦であった。2006年に、北海道における国際物流の課題を把握検討し、その解決に向けて総合的な物流機能の高度化・効率化を推進する施策を展開した。地域の有識者、産業界、行政などの産官学が一体となった「北海道国際物流戦略チーム」が図1-6に示したように設置された。

その進行状況は次のとおりである。2006年に、アクションプランが策定され、北海道と韓国間の国際RORO船の試験運航が実施されるとともに、試験運航に合わせた商談会、韓国企業ヒアリング、消費者ニーズアンケートが実施された。生鮮品を中心とした北海道産品の東アジア相手国における需要動向が把握され、PR活動等が実施された。2007年に、既存輸送手段（コンテナ航路・航空チャーター便等）を活用して北海道産品を輸送することが検討された。2008年に、既存輸送手段を活用した輸送に向け、具体策（モデル航路の策定、航空貨物輸送実験）が検討された。北海道国際ビジネスセンターと連携した輸出支援の取組が推進さ

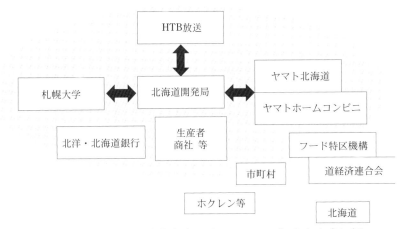

図1-6 北海道における国際物流プラットフォームのプロトタイプモデル
資料:国土交通省、笹島隆彦 (2012年)。

れた。

BtoC ビジネスから個人への方式で航空便を利用して少量輸出方式を試み、2012年にヤマトグループは1箱9,000円で香港への輸出を開始した。北海道モデルが上記の「農林水産物・食品輸出ロジスティクス研究会」で紹介され、これが2013年に宮崎に適用された。

(3) JA・ヤマト・ANA・ヤフー・モデル

「宮崎国際輸送プラットフォーム (MiP: Miyazaki Export Platform)」は、2013年2月にヤマト、ANA、そして宮崎JA経済連を核として結成された。これに国土交通省、宮崎県農政部、日本大学が、図1-7に示したように参加した。これを取りまとめたのは宮崎県工業会であった。マスター・スイッチとなったヒトは、宮崎県工業会専務理事川井徳之であった。このプラットフォームはBtoCの北海道モデルを適用した。

第1回目の会議において、国土交通省が「北海道における国際物流プラットフォーム」を紹介した。また、実施過程で中心的な役割を果たしたのは、ヤマトとJA経済連であった。このプラットフォームの会合は、宮崎の農産品を香港

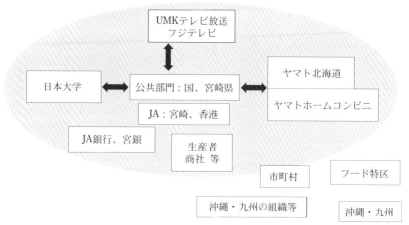

図1-7　宮崎国際物流プラットホーム（MiP）構築への適用
資料：著者作成。

へ輸出することを決定した。2013年の3月に、ヤマトは宮崎JA経済連と共に香港への輸出をトライアルとして成功した。輸出した産品として、宮崎牛約230gを388HKドル（1HKドルが約12円）で100個を27時間で完売し、日向夏ミカン1箱2.5kgを388HKドルで72箱を販売した。なお、BtoCの販売においてはインターネットによる販売が有効であった。販売で重要な役割を果たしたのはヤフーHKであった。このプロセスでは、農産品を輸出販売した。

この成功を受けて同年4月にヤマトを中心としてJA宮崎とANAが会合を開き、5月に再び6品目の産品が宮崎から香港へ輸出された。ヤマトは、6月からこの方式を全国に展開した。この全国展開の一環として宮崎が九州地区の1つとして香港への輸出した。

以上のプロセスを「シークエンスの経済」の点から説明すると、「北海道国際輸送プラットフォーム」のモデルが「宮崎国際輸送プラットフォーム」に適用された。

（4）観光産業における鉄道業のマスター・スイッチ

次に、産業クラスターの組織部門の形成が開始されるためには、組織部門の

形成の「マスター・スイッチ」が必要である。本章で、リーダーシップの定義は3つのステップとし、第1に価値観（value）を変革し、第2にそのミッション・ステートメント（mission）を示し、第3にコミット（commit）することである。コミットとは、組織で権限を発揮し、責任（失敗した場合に懲罰を伴う：accountability）を負うことまでを含む。この3つの役割は1人で果たす必要はない。特に、第1の価値観を変革することを「マスター・スイッチ」と定義する。価値観を変革することは、産業クラスターの導入を決断することである（Kouzes and Posner (2012)、Badaracco (2013)、Wolfe (1959)、Covey (1989) により著者が定義）。

　表1-4に示したように、この典型的な成功の事例が日本の私鉄にある。このプロトタイプ・モデルとなったのが阪急電鉄であり、1910年に始まった。マスター・スイッチとなったのは、私鉄の成功モデルの創始者である小林一三であった。このモデルは、「住宅」を郊外に建設し、都心に向かう。逆方法に温泉という「観光施設」や「学校」を建設し、交通が両方向で使用された。関東では、根津嘉一郎が東武鉄道のマスター・スイッチとなった。日光東照宮が目的地であり、ショッピング・センターの「百貨店」が建設された。1922年に創業した東急については、渋沢秀雄が田園都市線を開設し、都市と農村の所得格差の是正に貢献した。これを引き継いだ五島慶太は、学園都市を建設し、また百貨店を中心としたショッピング・センターを建設した。1923年に創業した小田急は、安藤楢六がマスター・スイッチとなった。ただし、ここは新宿と小田原とをロマンスカーと呼ばれる「電車」でつないだ点に特徴があった。そのシークエンスは、鉄道、住宅、文化施設であった。

　このようにクラスター形成に鉄道が主導した。その後の構成要素は、住宅、観光施設、学校、百貨店、電車であり、その建設にシークエンスがあった。

7　結論　「シークエンスの経済」における「マスター・スイッチ」の存在

　本章は、産業クラスター形成のプロセスを政策の実践化という視点から取り

表1-4 日本の私鉄におけるマスター・スイッチ遺伝子の存在仮説

	マスター・スイッチ	器官形成のシークエンス
阪急電鉄・宝塚 (1910)	小林一三	「宝塚歌劇」=宝塚音楽学校：タカラヅカ=温泉の名前 (1914) (資料：小林一三 (1955)『宝塚漫筆』実業之日本社) 「住宅開発」(1910) 「大型施設」娯楽施設：宝塚新温泉 (1911)「梅田コマ劇場」(1956) 「スポーツ」：野球球団 (1947) (資料：公益財団法人阪急文化財団：http://www.hankyu-bunka.or.jp/)
東武鉄道 (1905) (東京〜日光 (1929) 94.5km)	根津嘉一郎	日光東照宮一鬼怒川温泉街 (1927) 「ショッピング・センター」：宇都宮デパート経営 (1959) (資料：中川浩一 (1972/3)「東武鉄道史」『鉄道ピクトリアル増刊』)
小田急 (1923)	安藤楢六	新宿〜小田原 「ロマンスカー1700型特急車」(1949) 「住宅都市開発」(住宅金融公庫：1953) 「大型施設」：バラ苑 (1958) 小田急ビーチハウス (1958) 小田急プールガーデン (1961) (資料：http://www.odakyu.jp/company/history80/)
東急 (1922)	渋沢秀雄	(1919年ロンドン郊外、サンフランシスコ郊外視察) 「田園調布」(1926)・高級住宅街 エトワール型道路開発
	五島慶太	「学園都市」：東京工業大学 (1924) 慶應義塾大学 (1934) 日本医科大学 (1931) 「渋谷東横百貨店」(1934)「ショッピング・センター」鉄道系ターミナルデパート (資料：五島慶太他 (1980)『私の履歴書』日本経済新聞)

資料：上記資料を基に著者作成。

組んだ。

　ここで、シークエンスの経済の存在がクラスター形成の実践的な提言である。クラスターの組織部門の形成におけるシークエンスが存在する。産業クラスターが「組織部門」から構成され、組織部門の形成に「時間軸」があり、「組織レベル・ヒエラルキー」という時間軸の上に「ヒトの配列」により明らかにした。このヒトの配列にしたがって組織部門が順に形成される。これが組織部門の形成のシークエンスである。

　シークエンスにおいて効率的な組織部門形成の順序が「シークエンスの経済」の存在である。また、組織部門が形成される第1番目のスイッチが「マスター・スイッチ」である。組織部門の形成の開始において、産業クラスターの組織部門の形成は、「マスター・スイッチ」であるリーダーの役割なしに始まらない。マスター・スイッチが、価値観を変革するヒトであり、産業クラスターの組織部門の形成を開始させる。

　シークエンスの経済の事例として、沖縄の農・食・観光産業クラスターを例示した。また、シークエンスの経済において、北海道と宮崎県のクラスター形成プロセスにおける「マスター・スイッチ」の存在と第2番目の「プラットフォーム」の形成を示した。さらに日本の観光産業に関連する鉄道事業において「マスター・スイッチ」の存在を例示した。

注

1) イノベーションは創造的破壊から生まれるとSchumpeter (1934) は唱えた。Christensen (2002) は、破壊的イノベーションとよぶ創造のプロセスを示し、その具体例を挙げた。創造的破壊の1つの方法は、模倣から始まる。次に、イノベーションは模倣したことを破壊する。したがって、イノベーションの1つの過程は、「模倣、破壊、創造」の3つのプロセスがある。それぞれのプロセスごとに開始のスイッチとなるヒトが存在する可能性がある。
2) Dawkins (1976) の『利己的な遺伝子』において、DNAが生物の設計図であることを説明した。ただし、エピジェネティクスとは遺伝子スイッチのオン・オフを探求する学問であり、この研究が進んでいる。それは、遺伝子の仕訳と収納を行い、異なる細胞では異なる組み合わせの遺伝子のスイッチを選択する（佐々木 (2005) を参照）。

3) なお、効用関数が、
   U ＝ U (x、t；S)
   となる。文化について、
   ①オリンピックは文化競技を行い、建築、彫刻、絵画、文学、音楽（1912 年から 1952 年まで）が実施種目であった。
   ②世界遺産は、自然遺産と文化遺産とからなる。自然遺産として生物多様性、雪、海、空があり、文化遺産として建築、遺跡（複合遺産）がある。
   ③伝統文化は、日本について、相撲、柔道、剣道、空手、着物などがある。

〔参考文献〕

Badaracco J. (2013) ：*The Good Struggle: Responsible Leadership in an Unforgiving World*, Massachusetts: Harvard Business Review Press.

Becker G. (1965)：Leisure: A Theory of the Allocation of Time, *the Economic Journal*, V.75, No. 299.

Braunerhjelm, P. and M. P. Feldman (eds.) (2006) : Cluster Genesis, Oxford: Oxford University Press.

Covey, S. R. (1989) ：*The Seven Habits of Highly Effective People*, New York: Free Press.

Dawkins R. (1976) ：*The Selfish Gene*, Oxford University Press.

Kouzes, J. M. and B. Z. Posner (2012) ：The Leadership Challenge, San Francisco: Jossey-Bass.

Kuchiki, A. (2008)："The Flowchart Model of Cluster Policy," *International Journal of Human Resources Development and Management*, Vol. 8, Nos. 1/2, pp.63-95.

Kuchiki, A. (2010)："The Automobile Industry Cluster in Malaysia," in *From Agglomeration to Innovation*, A. Kuchiki and M. Tsuji eds., New York: Palgrave Macmillan, pp. 15-49.

Kuchiki, A. (2011)："Promoting Regional Integration through Industrial Cluster Policy in CLMV," Kuchiki A. and M. Tsuji (eds.) *Industrial Clusters, Upgrading and Innovation in East Asia*, Cheltenham: Edward Elgar.

Kuchiki, A. and H. Tsukada (2008) ："Guangzhou's Automobile Industry Cluster," in *The Flowchart Approach to Industrial Cluster Policy*, A. Kuchiki and M. Tsuji eds., New York: Palgrave Macmillan, pp. 41-70.

Lipshitz, H. D. (2006)： "Biological Memories: Edward B. Lewis," *Proceedings of the American Philosophical Society*, Vol. 150, No. 2, June, pp. 380-395.

Lewis, E. B. (1978) ："A Gene Complex Controlling Segmentation in Drosophila," *Nature*,

Vol. 276, 7, Dec., pp. 565-570.

Odum, E. P. and G. W. Garrett (2005)： Fundamentals of Ecology (Fifth Edition), Thomson Brooks/Cole.

Rigby, Darrell K and Christensen, Clayton M. and Johnson, Mark (2002) : Foundations for Growth: How to Identify and Build Disruptive New Businesses. *MIT Sloan Management Review*, Vol. 43, Issue 3, 22-32.

Schumpeter, J.A. (1912/1934): *Theorie der Wirtschaftlichen Entwicklung*. Leipzig: Duncker & Humblot. English translation published in 1934 as *The Theory of Economic Development*. *Cambridge*, MA: Harvard University Press.

Solomon, Eldra P.; Berg, Linda R.; Martin, Diana W. (2002)： *Biology* (6th ed.).

Wolfe M. E. (1959)： *Naval Leadership*, Annapolis: Naval Institute Press.

金井一頼（2012）：「企業家活動と地域エコシステム構築プロセスのミクロ‐メゾ統合論」西澤昭夫他編『ハイテク産業を創る地域エコシステム』有斐閣。

朽木昭文（2007）：『アジア産業クラスター論』書籍工房早山。

朽木昭文（2013）：「アジア地域の産業クラスターの展望と課題 －アジア成長トライアングルにおける「農・食・観光産業クラスター」の形成－」『開発学研究』第24巻1号、pp.8-17.

朽木昭文・溝辺哲男・小田宗宏（2013）：「産業クラスター形成に向けた生物器官形成プロセスの適用分析」『人間科学研究』10号、pp.43-63.

未来経済研究室（2002）：「商業規制」『The World Compass』9月号、三井物産研究所機関紙。

佐々木裕之（2005）：『エピジェネティクス入門』岩波書店。

西澤昭夫（2010）：「クラスター政策からEcosystem構築策へ」『NTBsの簇業・成長・集積のためのEcosystemの構築』RIETI Discussion Papers Series, 01-J-024.

藤本隆宏（1997）：『生産システムの進化論』有斐閣。

山下哲平・橋本孝輔・朽木昭文（2013）：「観光クラスターモデルにもとづく「文化」因子の資源化にむけて －沖縄県および愛知県の観光開発の事例から－」『人間科学研究』10号、pp.144-55.

第2章　新たな局面を迎えるパインアップル
　　　－ツーリズムへの貢献役として－

菊地　香

1　はじめに

　パインアップルの栽培に適した条件は酸性土壌であり、これに水はけの良い立地が加わる。そして熱帯作物であるがゆえに、年間を通じて温暖なところ以外では栽培が困難となる。この条件に適合するのが沖縄県の沖縄本島北部（以下「北部」と略す）、八重山地域の石垣島（石垣市）と西表島であり、今や日本国内においてこれ以外のところでの経済栽培がされているところはない。北部のパインアップル産地は、パインアップル缶詰工場があることで一部の加工用と生食用のパインアップルとなっている。菊地ら（2004）によれば沖縄県の果樹農家は高齢化しており、農家の多くは後継労働を確保することができず、労働力不足となっている。そしてパインアップルの栽培は、その多くが機械化できず、脆弱な労働力でパインアップルは栽培されている。

　東村はTQ制度により加工用パインアップルがある程度維持され、そこに生食用品種が加わっている[1]。東村のパインアップルは加工用を中心に生食用が付随するので、生食用パインアップルが中心の石垣島とは異なり加工場の存在なくしてパインアップル生産の継続は困難である[2]。

　東村役場の担当者によれば、本島北部の加工場については次のような変遷があった。まず、沖縄県のパインアップル加工場は、1990年のパインアップル調製品の自由化に伴い、国県のパイン工場統合策（沖縄本島1社1工場）により、東村の南西食品東工場[3]が閉鎖され、沖縄県経済連農産加工場にてパインアップル缶詰の製造を行ってきた。しかし、JAが県単位での合併に伴い、赤字運営の続いていた農産加工場は2005年8月に沖縄県内の飲料メーカーに売却された。それ以降、北部広域市町村圏事務組合が事業主体となって、建設の是非に

ついての調査事業を実施した。その結果、2007年度に東村が事業主体となって総合農産加工施設を整備することとなり、操業が2009年7月より開始となった。運営については、JAおきなわ、地元自治体、地元企業、生産農家で出資する沖縄総合農産加工（株）が行っている。東村総合農産加工施設は、北部地域で生産されるパインアップルだけでなく、シークワーサー、タンカン、マンゴー、パッションフルーツ、アセロラ等の缶詰・果汁の加工を行い、付加価値を高める商品づくりを行っている。同施設の存在は、北部地域の産業の振興、雇用の創出に貢献することが期待されている。そして、農産加工施設の安定的な運営は、農家の安定した経営に左右される。また、東村のパインアップルを安定させるには、加工施設の存在が不可欠である。この関係は車の両輪のようなものである。高齢化しているパインアップル産地で若年層をリターンさせるためにはどのような方法が良いのであろうか。農家はパインアップルだけとせずパインアップルに何か付加した経営へ転換することである。パインアップルに付加されたものは地域資源の活用、つまりグリーンツーリズムと言った農村の原風景を借景した観光振興とすることが考えられる。これを、八重山地域を対象として検討してみる。

　パインアップルに関した研究は、高齢の農家において後継者が不在である場合が多く、継続性に難点がある（菊地 2008）。同じことが本島北部のパインアップル産地の調査結果から指摘されている（菊地ら 2006）。石垣島におけるパインアップル農家の生産継続に関した経営的な研究は蓄積が少ない。一方で、農村地域における地域開発の手法として観光マーケティングを取り入れることも重要となる（十代田 2010）。

　本章では、最初にパインアップル産地の生産動向を検討する。生食用パインアップル産地である石垣島（石垣市）の農家がどのような条件を具備した経営であるならば継続可能であるのかを明らかにする。さらに、高齢者が多い事例地である東村における農家の経営内容から今後のパインアップルの可能性を検討する。また、パインアップル産地では生産だけではなく、観光業も取り入れている。とくに西表島ではパインアップル農家が民宿を経営し、訪問者は様々なアクティビティを体験している。ここでは訪問者から見て西表島へのアクセスや

ツアー体験に対してどのような意識を持たれており、そしてどのような評価をされているのか、アンケート結果から明らかにする。この章では、生産の問題だけではなく、産地での立地を活用して観光資源化することでの可能性についても検討したい。

2　研究方法

　東村におけるパインアップルを生産する農家は、2009年に収穫実績のあった146戸である。そのうち、主に経営主が高齢の生産農家の21戸に対して2010年8月3日から6日にかけて面接調査を行った。主要な調査項目は、経営要素として、経営主年齢、農業従事者数、後継者の有無、収穫面積、収穫量、施設面積、農業機械所有、農業経営費、出荷先等である。主なアンケート項目として生産農家の経営意識や組織化への対応とブランド化に対する意識等である。

　一方で石垣市におけるパインアップル農家への調査は、2008年8月に実施した。調査内容は、経営要素として経営主年齢、農業従事者数、後継者の有無、品目別の粗収益、保有トラクタ馬力数、農業経営費、農業機械装備、栽培品種、販売経路等とした。土地要素として経営耕地面積、肥沃度、土地改良実施の有無、傾斜度、排水の良否等とした。アンケート項目としては、マーケティング戦略実施率、経営目標の有無、生産組織形成の有無等とした。八重山農政・農業改良普及センター（当時の組織名）によれば、石垣市でパインアップルを栽培し、販売している農家は約110戸であり、そのなかで、JAおきなわ八重山地区営農部会石垣支部に所属している農家は60戸となっている[4]。実際に面接調査ができた農家は31戸であった。さらにデータ欠損の多い農家を除いて分析対象とした農家は、29戸である。

3 沖縄県におけるパインアップル産地の動向

(1) 東村におけるパインアップルの意味
－調査結果の概要からみた東村－

　東村は、本島北部の太平洋岸で南北に位置している。東村各地区における調査した農家を表2-1に対応させた。東村の北部に位置する高江地区はパインアップルを生産する農家が13戸であり、そのなかで調査したのは3戸であった。高江地区は主に山林を切り開いて農地を造成したところである。その一方で東村の南部に位置する慶佐次地区と有銘地区はパインアップルを生産する農家が30戸と、農家それ自体は多いが、この地区での1戸当たりの収穫面積は45.1aと小さい。

　表2-2に調査農家の概要を整理した。経営主の平均年齢は全ての地区において65歳以上となっている。農業従事者は宮城地区で2.5人、高江地区で2.0人となっており、これらの地区では経営主夫婦が生産を担い、宮城地区では後継者が加わっているものとみられる。高齢化している東村において後継者を確保の有無についてみると、宮城地区が83.3％、高江地区が66.7％となっている。この両地区は調査した農家のなかで半数以上が次世代の担い手を確保している。後継者を確保できないことはパインアップルの生産継続を不安定なものとさせる。

表2-1　東村のパインアップル生産農家と調査農家

(単位：戸、％、a)

	農家			面積				
	生産農家数	調査農家	代表性	収穫面積	一戸当たりの面積	調査農家面積	一戸当たりの面積	代表性
高江	13	3	23.1	1,006	77.4	319.4	106.5	31.7
宮城	27	6	22.2	2,542	94.1	914.0	152.3	36.0
川田	38	3	7.9	3,360	88.4	450.1	150.0	13.4
平良	38	4	10.5	2,175	57.2	798.6	199.7	36.7
慶佐次・有銘	30	5	16.7	1,352	45.1	390.9	78.2	28.9
合計	146	21	14.4	10,435	71.5	2873.0	136.8	27.5

資料：JAおきなわ資料および調査結果より作成。

表 2-3 に調査した生産農家の土地利用を示す。地区毎の1戸当たり収穫面積をみると、平良地区が 199.7a、宮城地区が 152.3a、川田地区が 150.0a となっている。パインアップルは定植から収穫まで2年を必要とし、毎年一定の収入を確保するためには、経営規模は大きくないと経営の採算がとれない。特に加工用パインアップルの価格は、表2-4に示すように1級果であっても、2008年までは47.32円/kg、2009年以降で60.0円/kg となっている。3級果となると20円/kg以下であり、今の平均価格で50.57円/kg である。加工用パインアップルの生産を中心とする農家において経営規模が大きくなければ農家の再生産はできない。一方で、生食用パインアップルは品種によるが、東村内の直売所においてN67-10 が、300〜500円/kg程度の価格で販売されている[5]。

今回の調査結果からすると東村南部の慶佐次地区と有銘地区では露地パインアップル農家が多く、ハウスパインアップルが多い地区は川田地区となっている。ハウスで栽培されるパインアップルは生食用に仕向けられる。しかし今や、

表2-2 調査農家の概要

(単位:戸、歳、人、%)

	調査戸数	経営主年齢	農業従事者数	後継者確保率
高 江	3	66.0	2.0	66.7
宮 城	6	66.2	2.5	83.3
川 田	3	65.0	1.7	33.3
平 良	4	65.5	1.8	37.5
慶佐次・有銘	5	67.2	1.2	20.0
合 計	21	66.1	1.9	50.0

資料:調査結果より作成。

表2-3 調査農家の土地利用

(単位:一戸当たりa、kg、%)

	収穫面積	パインアップル以外の収穫面積	施設パインアップル面積	施設化率	収穫量(平均)	加工割合	生食割合
高 江	106.5	56.7	19.8	6.2	26,500	77.6	22.4
宮 城	152.3	43.7	56.1	6.1	26,550	79.9	20.1
川 田	150.0	10.0	64.0	14.2	30,233	60.0	40.0
平 良	199.7	16.1	59.4	7.4	15,750	65.0	35.0
慶佐次・有銘	78.2	0.0	0.0	0.0	11,375	0.0	100.0
合 計	136.8	20.0	199.3	6.9	21,900	71.8	28.2

資料:調査結果より作成。

生食用においても生産意欲は減退している。農家はパインアップル以外の作目にシフトしつつある。その傾向が強く出ているのが、宮城地区と高江地区となっている。この2地区では新たにオクラを導入しつつある。パインアップルの加工用価格がほぼ現状維持的に推移していることで、専業農家として生計を立てていくのであれば、パインアップル離れは今後も進む可能性がある。

表2-4　加工用パインアップルの規格別価格

(単位：円/kg)

	1級果	2級果	3級果	等外果	平均
2003～2008	47.32	47.32	16.46	-	46.44
2009	60.00	50.32	19.46	-	50.60
2010	60.00	51.19	15.51	13.00	50.57

資料：沖縄県農林水産部編『沖縄県の園芸・流通』より作成。

表2-5　調査農家の主要な販路割合

(単位：％)

	JAおきなわ	顧客販売	その他
高　　江	20.3	78.7	1.0
宮　　城	86.4	9.7	3.9
川　　田	99.5	0.0	0.5
平　　良	88.1	11.9	0.0
慶佐次・有銘	87.7	12.3	0.0
合　　計	76.7	18.0	5.3

資料：調査結果より作成。

　主要な販路への仕向け割合を表2-5に整理した。生産農家が選択する販路は、JAおきなわに限定しているわけでない。なお、JAおきなわへの出荷は加工用だけではなく、JA系統販売を利用した販路となる生食用も含まれている。本島北部の加工用パインアップルは、果実基金からの補給金を受けていることから、加工用と生食用の双方に仕向けられるN67-10を中心に栽培されている。そして農家は収穫前にJAおきなわと契約し、契約量を加工用に仕向け、その残りを生食用に仕向けている。

（2）調査農家における産地化意識

　21戸の調査農家に対して、組織的な対応のあり方、ブランド形成、経営意識といった内容のアンケートも実施した。調査農家を経営の自己評価をもとに分類した[6]。

　組織的な販売をするメリットは、個別で出荷の事務や選別作業を行う必要がなくなることである。産地化して組織的な販売対応を実施している地区をみると、川田地区、宮城地区、平良地区では50％以上となった（表2-6）。また経営

表2-6 産地化に対する農家の意識

(単位：戸、％)

	組織的対応				ブランド形成				経営の自由度			
	はい		いいえ		はい		いいえ		はい		いいえ	
	実数	割合	実数	割合	実数	割合	実数	割合	実数	割合	実数	割合
高江	1	33.3	2	66.7	1	33.3	2	66.7	0	0.0	3	100.0
宮城	3	50.0	3	50.0	3	50.0	2	33.3	2	33.3	2	33.3
川田	2	66.7	1	33.3	2	66.7	1	33.3	1	33.3	2	66.7
平良	2	50.0	1	25.0	1	25.0	2	50.0	1	25.0	2	50.0
慶佐次・有銘	1	20.0	3	60.0	1	20.0	2	40.0	0	0.0	1	20.0
合計	9	42.9	10	47.6	8	38.1	9	42.9	4	19.0	10	47.6
60点以上	2	40.0	3	60.0	2	40.0	3	60.0	0	0.0	5	100.0
60点未満	7	58.3	5	41.7	6	50.0	5	41.7	4	33.3	5	41.7

資料：調査結果より作成。

の自己評価を60点以上の農家は、生産組織の形成を否定的な回答に60.0％が該当している。一方で、60点未満の農家は、今以上の経営発展を試みようとするのか、58.3％の農家が肯定的な回答となっている。つまり、自己評価が高い経営では個人の意向を強く出せる経営、自己評価が低い経営では個人の生産農家が、それぞれ結び付いて補完し合うような組織化を望もうとしている。

　自己評価60点以上とする農家は、今の経営管理のあり方に特別な問題や大きな疑問がないことで、現状の維持を望む傾向にある。一方で、60点未満の自己評価としている農家は経営の自由度を高めるのでもなく、組織的な対応をしようとする、強い意識もみられない。自己評価からすれば、現状に大きな不満がないので、現状維持で十分と判断しているといえる。

（3）調査農家におけるブランド意識

　ブランドは常に育成していくことが重要である。これはブランド商品を磨くことで今以上の物をつくり続けることであり、産地は消費者に対して常に一定もしくはそれ以上の品質で農産物を提供し続けて行くことが、ブランドを提供する産地に欠くことができない。これをどのようにしたら実施することができるのであろうか。それは農産物のブランドでは消費者からの要望による改善が最も簡単な方法である（表2-7）。地区別でみると、川田地区や慶佐次・有銘地

表2-7 農家のブランドに対する意識

(単位:戸、%)

	消費者からの要望による改善の有無				県外消費者による東村パインアップルのブランドが確立の有無				消費者の県産農産物に対する認知の有無			
	はい		いいえ		はい		いいえ		はい		いいえ	
	実数	割合	実数	割合	実数	割合	実数	割合	実数	割合	実数	割合
高 江	2	66.7	0	0.0	1	33.3	2	66.7	2	66.7	1	33.3
宮 城	3	50.0	2	33.3	3	50.0	3	50.0	4	66.7	2	33.3
川 田	1	33.3	2	66.7	1	33.3	2	66.7	2	66.7	1	33.3
平 良	3	75.0	0	0.0	2	50.0	1	25.0	2	50.0	0	0.0
慶佐次・有銘	2	40.0	2	40.0	3	60.0	0	0.0	3	60.0	0	0.0
合 計	11	52.4	6	28.6	10	47.6	8	38.1	13	61.9	4	19.0
60点以上	3	60.0	1	20.0	3	60.0	2	40.0	3	60.0	1	20.0
60点未満	7	58.3	4	33.3	6	50.0	6	50.0	9	75.0	3	25.0

資料:調査結果より作成。

区以外では50％以上の農家が、何らかの要望に対して改善している。自己評価で60点以上の農家は、東村のパインアップルがブランドとして消費者に認知されていると認識している。そしてブランド化を確立しているととらえている。認知されて確立していると判断することで3戸（60％）が消費者からの要望をもとに常に今以上の改善をしている。自己評価を高めている農家は、現在の姿に満足することなく成長を続けようと努力をしている。一方、60点未満の場合は、消費者からの要望を基に改善をしている農家は7戸（58.3％）であった。これらの農家は、自らの経営に何らかの問題があると常に認識し、その改善に役立てようとするため消費者からの要望を受けている。つまり、現状においてまだ安定した品質で一定量のパインアップルを生産できないことが、農家にとって経営の安定化が図られていないと認識し、経営の改善方法を消費者の要望により改善を行っている。

　農家の立場からすると県外消費者がみた東村パインアップルのブランド確立に対して、高江地区や川田地区では、ブランド確立が不十分と判断している。宮城地区や平良地区では農家の50％が県外消費者からの評価を踏まえて確立しているとみているが、それでも調査した農家の半分にとどまっている。慶佐次・有銘地区において、農家の60％が県外消費者からの評価を踏まえてブラン

ドの確立がなされていると認識している。地区別にみると、ブランド確立に対する認識において違いがある。これを経営管理の面からみてみると次の通りである。自己評価60点以上とした農家において、60％はブランドの確立がされていると判断している。この結果は、パインアップルを県外消費者によってブランド商品として認められていると判断しているものとみられる。一方で、自己評価60点未満の調査農家において、50％が県外消費者によってブランドの確立が認知されているとしている。経営管理が十分になされていない状態であっても、消費者に認知されているという回答の裏にあることはどのようなことであろうか。それは、次の「消費者の県産農産物に対する認知の有無」に関連する。

全ての地区で50％以上の調査農家が、県産農産物を県内の消費者は認知しているととらえている。自己評価60点以上とした60％の農家は、県産農産物を県内外の消費者に認知されていると判断している。この傾向は同様に60点未満の農家においてみれば75％が、消費者の県産農産物に対する認知がなされていると判断されている。

（4）石垣市におけるパインアップルの意味
－調査農家の経営概況－

石垣市の農業は、粗生産額からすると元畜生産が盛んであり、次いでさとうきびである。表2-8によれば農家の年齢構成において40歳以下の若年層はなく、60歳未満は8戸であった。60歳から64歳の年齢層は2戸であって、残りの19戸は65歳以上となっている。農家の年齢が高い。後継者を確保している農家は15戸であり、高齢の農家8戸は後継者を確保しているが、11戸において後継者を確保できていない。農業従事者は農家夫婦を基本に後継者が加わる場合が多い。また、収穫時に農家家族だけでは労力不足となるので、近隣からパートを入れている。農業従事歴は平均で40.6年であり、農業従事歴が40年を超える農家は20戸である。

パインアップル作付面積は平均で90.4aであり、100a以上の大規模な作付面積となっている農家は10戸となっている。石垣島におけるパインアップル栽培は、露地栽培が中心であって、ハウス栽培をしている農家はわずか9戸のみ

である。ハウス栽培している農家の平均面積は 16.1a であった。平均面積は 16.1a と小さい規模であるが、100a でハウス栽培している農家が 3 戸おり、規模を徹底的に拡大している農家もいる。

生産性について単収からみると、2007 年産のパインアップルは 2,708.9kg であり、沖縄県平均が 2,370kg である。調査農家が 288.9kg 上回っている。農家は単収を増加させて、収益性を向上させている。ただし、農家によって単収はバラつきがあり、すべての農家が一定の単収を確保することに至っていない。単収が 2,000kg 以下となっている農家が 17 戸であり、調査農家の単収は非常に不安定な状況にある。

表2-8 調査農家の概要

(単位：戸、%)

		実数	割合
年　　齢	40～49 歳	1	3.4
	50～59 歳	7	24.1
	60～64 歳	2	6.9
	65 歳以上	19	65.5
	平均	66.7 歳	
後継者の確保	有	15	51.7
	無	14	48.3
農業従事歴	1～19 年	4	13.8
	20～39 年	5	17.2
	40～49 年	9	31.0
	50 年以上	11	37.9
	平均	40.6 年	
パインアップル作付面積	10～25a	5	17.2
	26～50a	3	10.3
	51～100a	11	37.9
	100a 以上	10	34.5
	平均	90.4a	
単　　収	1,000kg 未満	12	41.4
	1,000～2,000kg	5	17.2
	2,001～3,000kg	3	10.3
	3,001kg 以上	9	31.0
	平均	2,684.5kg	
農業従事者数	1 人	6	20.7
	2 人	19	65.5
	3 人以上	4	13.8
	平均	2.0 人	

資料：調査結果より筆者作成。

　石垣島のような遠隔離島では、農家が個々バラバラで青果物を流通させるよりも集団化して流通させる方が規模のメリットを活かせる。その典型的な方法は JA 系統の販売ルートを利用する共販であるが、29 戸中 11 戸だけが JA 系統の利用となっている。JA 系統販売を利用する方法を採用せず、農家は販売履歴の長い固定客に販売している場合が多い。ここでは消費者がリピーターとなって、継続的に同じ農家から商品を購入し続けている販売形態を顧客販売ととらえたい（石井ほか 2004）。この関係は、顧客が商品を繰り返し購入するような効

果であるロイヤリティー効果となっている。

（5）調査農家の経営形態区分

　パインアップル農家を経営内容に関連させて区分し、それぞれの農家の経営方向を整理した。経営区分の指標は表2-9に示す。これらの指標により主成分分析を行った。主成分分析の結果は表2-10のとおりである。表中より第1から第3主成分までで累積寄与率が0.63である。第1主成分はマーケティング戦略実施率とパインアップル出荷量が、それぞれ0.85と0.71であることから「マーケティングと生産」に関した主成分である。第2主成分は生産組織形成意向の有無に0.70であることから「組織的販売」に関した主成分である。第3主成分は保有トラクタ馬力数に0.73であることから「機械装備による省力化」に関した主成分である。

　第3主成分までの主成分得点値を入力指標としてク

表2-9　経営区分の指標

農業従事者数	マーケティング戦略実施率
生産者年齢	パインアップル出荷量
農業後継者の有無	経営目標の設定
保有トラクタ馬力数	生産組織形成意向の有無
パインアップル作付面積	10a当たり農業経営費

資料：筆者作成。

表2-10　主成分負荷量

	主成分No.1	主成分No.2	主成分No.3
農業従事者数	0.14	-0.63	0.27
生産者年齢	-0.69	-0.28	0.04
農業後継者の有無	0.51	-0.30	0.35
保有トラクタ馬力数	0.38	0.21	0.73
パインアップル作付面積	0.67	-0.30	-0.23
マーケティング戦略実施率	0.85	-0.05	-0.33
パインアップル出荷量	0.71	-0.48	-0.28
経営目標の設定	0.32	0.68	-0.26
生産組織形成意向の有無	0.26	0.70	-0.12
10a当たり農業経営費	-0.48	-0.29	-0.60
固有値	2.97	1.97	1.40
寄与率	0.30	0.20	0.14
累積寄与率	0.30	0.49	0.63

資料：筆者作成。

ラスター分析を行った[7]。図2-1にそのクラスターを示し、これをもとに経営形態を区分すると以下の通りである。なお、5つの経営形態に区分されるが、2つの経営形態は、他の経営形態と類似性がなく、該当した農家はそれぞれ1人であることから独立している。そのため個別農家の内容にかかわってしまうことから、この経営形態ごとの分析からは対象としない。

経営形態は、①マーケティング戦略の実施がある農家で、生産力も高い。そして組織的販売に積極性を持っている。さらに省力化をするために機械装備も備わっている農家が該当する「戦略的経営実施型」、②マーケティング戦略の実施をしている農家が少なく、生産力も低い。そして組織的販売に消極的である。しかし、農家が高齢であることから十分に省力できるよう機械装備は備わっている農家が該当する「現状維持型」、③マーケティング戦略を実施している農家は一部だけであり、生産力も著しく低い。そして作業に支障をきたさない程度の機械装備は備わっている農家が該当する「低生産力型」、等の3つの経営形態に区分できる。

（6）経営形態別にみた経営動向

表2-11をもとに、経営形態ごとに販売のあり方、パインアップル販売の組織対応、ブランド維持育成の内容、事業目的についてみていく。このことで石垣島のパインアップル販売の特徴と経営的な問題点を抽出する。

戦略的経営実施型のパインアップル作付面積をみると平均90.4aである。現状維持型や低生産力型ではそれぞれ85.7aと68.8aであって、この経営形態が作付面積でみると一番広い。農業に従事している者は平均1.8人となっており、農家夫婦が中心となっている。なかには単身で農業に従事している場合がある。

表2-11　調査農家の販売先比率

（単位：%）

	JA系統出荷率	産地商人率	卸売市場	顧客販売率
戦略的経営実施型	16.7	16.7	3.7	63.0
現状維持型	30.6	0.0	5.0	64.4
低生産力型	12.7	31.1	6.1	50.0

資料：調査結果より筆者作成。

第2章 新たな局面を迎えるパインアップル　39

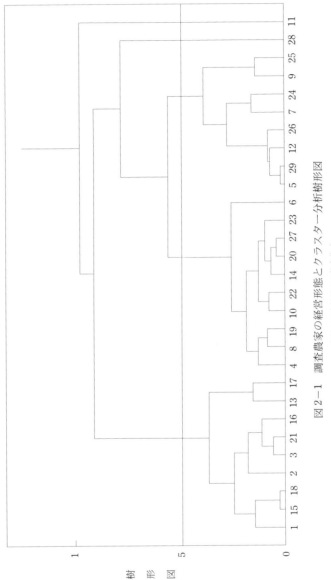

図2-1　調査農家の経営形態とクラスター分析樹形図
資料：調査結果より筆者作成。

農家の年齢をみると、65歳以上の農家もいるが、平均年齢が59.9歳であって、50歳前後の農家が中心となっている経営形態である。農業を後継する者はこの経営形態の55.6％が確保しているが、残りの44.4％は未定となっている。パインアップルの単収は2,420.4kg/10aであり、この値は他の2つ経営形態と比較して群を抜いて高い数値である。

　戦略的経営実施型におけるブランド形成に向けた活動内容をみると、顧客販売が多く、次いでJAおきなわへの出荷率と産地商人率が同じ比率となっている。農家が結束して組織を形成することに対して積極的でありながら、実際の販売ではJA系統販売を利用する農家がいない。この経営形態では有志で任意の出荷組合をつくり、そこを介して顧客販売している可能性がある。したがって、販売の組織的対応の必要性を60％以上の農家が理解を示している。組織的な販売に対して肯定的な意見をもっているが、それがJA系統販売というわけではなく、任意で出荷組合をつくっていることが組織販売の必要性を認めている傾向にある。そして、組織的販売の必要性を認識している農家にとってブランドを形成することに対して、「新たな品種の導入」に77.8％、「価格設定の見直し」に66.7％といったことで関心が高い。新しい商品を開拓して顧客の満足度を高めて、商品販売のラインを拡大させることと、従来の商品の価格設定を見直すことで消費者に安価での販売と、高級パインアップルを販売しやすい土壌をつくろうとしている。現在のロイヤリティー効果をさらに発展させようとする形態である。このことは、ブランドを維持育成していくことであり、常に新しいことを付加し、現状に立ち止まらず発展を目指していく活動をしている形態である。事業目的をみてみると農家は自らの経営としての事業目的をもち、それを達成するよう努力を怠っていない。この形態に属する農家における事業目的を保有している農家は、77.8％の農家が該当している。他の経営形態に比べて、自らの目的を設定してそれを達成しようとする農家が多い形態である。この形態に属する農家は、石垣島のなかで戦略的に経営を行い、遠隔離島であっても十分に自らの経営を発展的に維持していくことが可能である。

　現状維持型のパインアップル作付面積は、前述したように平均85.7aである。農家1人当たりの作付面積でみると35.7aとなる。農家1人当たりの作付面積

では戦略的経営実施型が50.9a、低生産型が45.8aとなることでこの形態の作付規模は小さい。農業の後継者は、90.0％の農家が確保している。農家の年齢は高く、平均67.2歳であり、65歳以上農家が中心となっている。こうした内容の経営でパインアップルの単収でみると792.3kg/10aであって、この単収は3つの経営形態のなかで最小の値となっている。

　現状維持型におけるブランド維持や育成といったブランドを形成する活動についてみると、どの項目においてもブランド形成に向けた戦略的な活動をしている状況になっていない。戦略的な活動をしない原因は、今まで培ってきたマネジメントによって固定的な客を確保できており、その固定客への販売を継続している。つまりロイヤリティー効果を得ている。顧客販売はこの経営形態のなかでみると64.4％である。JA系統販売を利用している農家もありながらも、農家の仕向け割合はごく少数である。なお今回の調査でみると、産地商人が介在した販売先はなかった[8]。この経営形態は、個々の農家が過去に確保してきた顧客への販売が中心であることから農家が結束した組織形成に対しては消極的であり、個の裁量が強く出る販売方法をとっている。個別に販売していくことで利益の最大化を図ろうとしている。農家の現状の意見では、組織文化を形成する以前に組織を形成しようとする意見すらない。この経営形態ではロットを増やして規模のメリットを活かした販売をとるより、農家の独自性を保てる個の自由度をいかに最大化させて、利益を確保するかということを目指している。

　低生産力型におけるパインアップル作付面積は平均68.8aであり、3つの経営形態のなかで最小の値となっている。農家1人当たりのパインアップルの作付面積では、前述の通り45.8aとなる。作付面積が小さいがために農業に従事している者が平均1.5人となっている。農業を後継する者を確保している農家は、全くいない。農家の平均年齢が72.5歳であることで、70歳以上の農家が中心となっている。現在の農家の年齢からすると栽培技術や経営資源の次世代への継承に残された時間が少ない。農家の年齢が高く、後継者も確保していないなかで、パインアップルの単収は895.7kg/10aとなっている。

　低生産力型において組織だって販売体制をとらないことの理由は、それぞれの農家が組織的な対応より自由度を高めた個別運営を最善の方法としているこ

とにある。遠隔離島では、規模メリットを生かして組織的な販売を目指すことが、出荷に際してのコスト削減につながる。しかし、あえてそうした行動をとらないところをみると、農家個々の意識が強すぎて組織形成につながらないということであろう。一方で、実際の販売先比率をみると顧客販売を行っている農家は、それ以外の販売先をもっていない。顧客販売のメリットは、一度顧客を確保したらそれを継続的に購入してもらえるように管理していくだけである。そして、市況に大きく左右されることもなく、安定した収入を獲得することが可能となる。ここに顧客販売のメリットがあり、まさに生産性を無視して顧客の満足度を優先した販売を継続している。低生産力型の農家は、販売に必要な分だけを栽培すればよく、高い生産力を必要としていない。この形態ではロイヤリティー効果を下げない程度の経営管理をするだけである。

（7）小活

沖縄県のパインアップルにおける生食用のみの産地である八重山地域の石垣市と加工用と生食用の産地である沖縄本島北部の東村の事例をあげた。両事例で共通することとして経営主の高齢化が問題である。さらに、若年の後継者の存在もないことで、生産の継続性に問題がある。農業だけの収入では不安定であり、農村に若年層が留まるようにするには人的交流も少ないこともあり、後継者となりうるものが他産業に他出して、後継者となるべく若年者は農業の経営に参画しない。若年層を取り込めるためには異業種との連携を図り、魅力ある産地を形成することが求められよう。この点について次節で観光業と連携した西表島の事例を検討する。

4　パインアップル産地におけるツーリズム

（1）はじめに

八重山地域の玄関口である石垣空港は、2013年3月7日に供用を廃止した。この空港は滑走路が1,500mと短く、ジェット機の暫定運用という状況であった。滑走路が短いがゆえにジェット機には、関東や関西といった長距離運行に

必要な燃料を搭載して離陸することができなかった[9]。しかし、2013年3月7日に供用開始した新しい石垣空港は、滑走路が2,000mとなり、それまでの問題は解決された[10]。

竹富町によれば、新空港の開港による効果は非常に高く、八重山地区における入域観光客数について2013年7月での対前年比較をすると124.2％となり、新空港の効果は出ている（沖縄県〔1〕と〔2〕）。同様のことを西表島で当てはめて対前年比較すると、2013年7月が111.6％、8月が132.4％となっていることから石垣島の周辺離島においてもその効果が表れている（竹富町〔4〕）。空港の移設は観光開発にとってすれば大きなインパクトを与えた。

（2）離島観光に対する視座と調査方法

離島における観光は、持続的な形態をとった内発的観光であることが望ましい。なぜならば、観光地側の意向の反映しない外発的な観光は、モノとカネが地元に還元されにくく、むしろ収奪されてしまい、貴重な観光資源すら破壊されてしまうからである。では内発的な観光とはどのようなものであろうか。宮本（2007）によれば外発型開発であると外部者による資源利用が優先され、地元住民の主体とした環境保全や公害防止の計画は後回しとなる。地域開発は地域の経済発展のみならず、地域福祉の向上をもたらすことにある。このことから地域の持続的な発展を可能とさせる観光の開発が求められている。それには、地域社会の人々が固有の自然環境や文化遺産を持続的に活用し、それによって地域主導による自律的な観光、内発的な観光開発をすることである（石森 2011）。そして観光をまちづくりのなかに入れ、かつ持続性を担保できる内発的な観光が離島での観光開発に求められる（十代田 2010）。過去に西表島では大規模な観光開発がなされようとした。しかし、地元の強い抵抗もあり、現在において大規模な開発はなく、地元の人々が中心となって地域の資源を活用する観光となっている。

しかし、人気の観光地である西表島の問題はアクセスにある。西表島に空港がないので、訪問者は空港のある石垣島を経由してから西表島に到着する。また別の方法として訪問者は石垣島を拠点として西表島を含む八重山諸島を訪問

する場合がある。全てが西表島に直行して滞在という訳ではない。

西表島には石垣島から入るルートは海上からしかない。西表島は東側の玄関口となる大原港と西側の玄関口である上原港があり、この2つの港から観光客が上陸する。このアクセスの不便さであっても訪問者は対前年比でみて増加傾向となっている。調査は、2013年9月12日に西表島の上原港と大原港において、実施した。主なアンケート項目は、石垣空港の移設拡張による石垣市内へのアクセス、西表島への訪問契機、八重山への利便性、参加したアクティビティ評価、滞在時間、属性である[11]。

（3）石垣空港拡張による訪問観光客の動向

沖縄県では2012年に沖縄県観光振興基本計画（5次）により、2021年までに沖縄県のもつ多様で魅力的な観光体験のできるような場を提供すべく計画をたてた。八重山地域での展開方向として、特に西表島では広大な原生林・マングローブ林など多様性に富む自然環境の活用を図って、エコツーリズムなどを推進しようとしている。また新石垣空港については、国際線の受け入れ機能を強化する以外に、国内外への路線拡充に向けた取り組みを図ろうとしている（沖縄県〔2〕）。

また、竹富町における観光振興については、基本計画により「島々の多彩な個性を生かした滞在交流型『観光町づくり』」を基本理念としている（八重山毎日新聞 2014）。この計画は2006年度に策定した計画を見直している。そして、自然環境に対する配慮や観光ニーズの変化に対応した受け皿整備、各島の現状に即した観光のあり方を盛り込みながら、観光振興の方針を定めている（八重山毎日新聞〔5〕）。さらに石垣市・与那国町を含む八重山圏域で着地型観光、つまり旅行者を受け入れる地域が自らの地域にある景観を観光資源として活用し、それを地域自ら企画するツアーを推進すべく新たな組織を設立させようとしている（八重山毎日新聞〔5〕）。竹富町では内発的な観光開発を目指して観光振興を行っている。

このような振興計画のもと竹富町では着実に観光入り込み数が増加している。竹富町における観光入込数の状況について2001年以降の状況を表2-12に整

理した。これによれば、2001年から2004年、2005年から2008年、2009年から2011年までの増減がみられる。2001年から2003年までは順調に訪問観光客が増加していたが、2004年に減少している。その後、2008年に1,138,656人をピークに訪問観光客は増加したが、2008年のリーマンショックを受けて2009年から2011年まで減少し続けた。2012年に持ち直しており、2013年1月から9月までに804,760人となっており、2012年の1月から9月に663,697人であったことを考えると、大幅な訪問観光客の増加がみられている。

（4）アンケート結果からみた西表島の訪問者によるアクティビティ評価

1）回答者の属性

回答者の属性を表2-13に示す。西表島への訪問者は女性が39名（60.0％）と多い。年齢別にみると40歳未満が51名（78.5％）と多く、訪問者の約8割は若年層となっている。回答者の世帯員数別でみると、3人以下の世帯（25人）と4人以上の世帯（29人）でそれほど差がない。月当たりのお小遣いの金額別、つまり家計に左右されない自由な財布の金額別でみると、5万円以上の訪問者が35名（53.8％）であり、八重山地区とくに西表島という遠隔リゾート地へはそれなりの金額を自由に使える者が訪問しているということとみられる。しかし、世帯主の月収別でみると30万円以上の訪問者は23名（35.4％）と少なく、30万円未満の訪問者が28名（43.1％）となっている。今回のアンケートからすると、世帯主の月収が西表島の訪問を左右するというほどではない意外な結果となった。

表2-13 回答者の属性

		実数（人）	割合（％）
性　別	男	24	36.9
	女	39	60.0
年齢別	40歳未満	51	78.5
	40歳以上	12	18.5
世帯員数別	3人以下	25	38.5
	4人以上	29	44.6
就業別	就業者	29	44.6
	非就業者	33	50.8
月当たりお小遣い	5万円未満	22	33.8
	5万円以上	35	53.8
世帯主の月　収	29万円未満	28	43.1
	30万円以上	23	35.4

資料：アンケートより筆者作成。

表2-12　西表島

年		竹富島		西表島東部		西表島西部		西表島計		小浜島	
		度数	割合	度数	割合	度数	割合	度数	割合	度数	割合
2001		246,265	40.6	238,505	39.3	33,347	5.5	271,852	44.8	60,217	9.9
2002		299,232	40.6	267,468	36.3	37,242	5.0	304,710	41.3	99,292	13.5
2003		394,581	42.7	321,112	34.8	44,993	4.9	366,105	39.6	121,750	13.2
2004		355,565	40.9	308,248	35.4	42,749	4.9	350,997	40.4	115,922	13.3
2005		416,438	42.6	308,744	31.6	42,087	4.3	350,831	35.9	161,455	16.5
2006		424,965	41.5	336,138	32.8	43,156	4.2	379,294	37.0	172,686	16.8
2007		443,656	40.3	345,094	31.3	60,552	5.5	405,646	36.8	177,783	16.1
2008		467,740	41.1	337138	29.6	66,528	5.8	403,666	35.5	177,062	15.6
2009		382,409	40.4	280,183	29.6	60,257	6.4	340,440	36.0	145,982	15.4
2010		369,874	41.6	249,785	28.1	54,374	6.1	304,159	34.2	140,725	15.8
2011		343,063	44.0	212,624	27.3	41,387	5.3	254,011	32.6	112,988	14.5
2012		388,903	44.2	240,570	27.3	44,425	5.0	284,995	32.4	140,892	16.0
2012	1月	27,924	43.1	22,805	35.2	796	1.2	23,601	36.4	9,898	15.3
	2月	34,355	42.8	27,619	34.4	1,452	1.8	29,071	36.2	12,561	15.6
	3月	44,043	43.8	32,235	32.0	2,125	2.1	34,360	34.1	17,663	17.6
	4月	39,044	43.7	27,180	30.5	3,797	4.3	30,977	34.7	14,240	16.0
	5月	30,833	43.7	16,871	23.9	4,734	6.7	21,605	30.6	11,378	16.1
	6月	26,495	46.3	12,520	21.9	4,478	7.8	16,998	29.7	8,546	14.9
	7月	32,448	45.7	11,529	16.2	8,202	11.5	19,731	27.8	9,365	13.2
	8月	30,814	46.4	10,615	16.0	7,767	11.7	18,382	27.7	9,331	14.1
	9月	30,296	47.7	10,733	16.9	5,580	8.8	16,313	25.7	8,553	13.5
	10月	31,473	44.5	20,008	28.3	2,713	3.8	22,721	32.1	12,306	17.4
	11月	29,947	41.8	22,971	32.1	1,792	2.5	24,763	34.6	13,384	18.7
	12月	31,231	41.8	25,484	34.1	989	1.3	26,473	35.5	13,667	18.3
2013	1月	33,101	42.1	27,417	34.8	994	1.3	28,411	36.1	14,532	18.5
	2月	35,086	39.3	30,613	34.3	2,092	2.3	32,705	36.6	16,320	18.3
	3月	53,851	42.5	42,583	33.6	3,215	2.5	45,798	36.1	22,115	17.4
	4月	45,089	42.3	32,669	30.6	4,396	4.1	37,065	34.7	19,025	17.8
	5月	33,749	42.5	20,509	25.8	4,477	5.6	24,986	31.4	14,085	17.7
	6月	31,774	43.3	15,743	21.5	6,416	8.8	22,159	30.2	13,314	18.2
	7月	35,920	45.3	14,317	18.1	8,130	10.3	22,447	28.3	12,249	15.5
	8月	40,599	46.2	16,117	18.3	9,126	10.4	25,243	28.7	12,274	14.0
	9月	38,846	46.5	15,898	19.0	7,882	9.4	23,780	28.5	12,727	15.2

資料：竹富町役場 http://www.town.taketomi.lg.jp/town/index.php?cat_id=3 より筆者作成。

第2章 新たな局面を迎えるパインアップル　47

への観光客

(単位：人、％)

黒島島		波照間島		鳩間島		新城島		加屋真島		合　計
度数	割合	度数	割合	度数	割合	度数	割合	度数	割合	
12,280	2.0	10,116	1.7	140	0.0	680	0.1	4,692	0.8	606,242
15,448	2.1	9,588	1.3	530	0.1	1,932	0.3	6,989	0.9	737,721
18,146	2.0	12,821	1.4	586	0.1	2,103	0.2	7,598	0.8	923,690
17,904	2.1	13,538	1.6	2,475	0.3	1,663	0.2	11,772	1.4	869,836
23,245	2.4	14,354	1.5	3,162	0.3	1,240	0.1	7,298	0.7	978,023
21,266	2.1	16,453	1.6	1,974	0.2	1,224	0.1	7,309	0.7	1,025,171
37,492	3.4	20,555	1.9	7,962	0.7	1,874	0.2	6,722	0.6	1,101,690
42,072	3.7	30,205	2.7	10,106	0.9	1,931	0.2	5,874	0.5	1,138,656
34,422	3.6	26,432	2.8	9,150	1.0	2,623	0.3	4,543	0.5	946,001
30,087	3.4	27,567	3.1	8,856	1.0	3,195	0.4	4,101	0.5	888,564
27,319	3.5	30,597	3.9	5,419	0.7	2,596	0.3	2,818	0.4	778,811
29,506	3.4	25,866	2.9	5,911	0.7	2,248	0.3	2,394	0.3	880,715
1,933	3.0	1,114	1.7	71	0.1	93	0.1	168	0.3	64,802
2,889	3.6	1,216	1.5	90	0.1	41	0.1	88	0.1	80,311
2,003	2.0	1,980	2.0	279	0.3	110	0.1	196	0.2	100,634
2,171	2.4	2,150	2.4	557	0.6	79	0.1	39	0.0	89,257
2,566	3.6	2,352	3.3	1,231	1.7	245	0.3	346	0.5	70,556
2,245	3.9	2,077	3.6	642	1.1	206	0.4	54	0.1	57,263
3,815	5.4	3,806	5.4	1,084	1.5	588	0.8	194	0.3	71,031
3,472	5.2	3,119	4.7	712	1.1	314	0.5	207	0.3	66,351
3,140	4.9	4,106	6.5	719	1.1	250	0.4	115	0.2	63,492
1,946	2.8	1,624	2.3	298	0.4	170	0.2	170	0.2	70,726
1,698	2.4	1,328	1.9	148	0.2	70	0.1	281	0.4	71,619
1,610	2.2	994	1.3	80	0.1	82	0.1	536	0.7	74,673
1,449	1.8	1,004	1.3	63	0.1	58	0.1	55	0.1	78,673
3,365	3.8	1,392	1.6	169	0.2	109	0.1	98	0.1	89,244
1,932	1.5	2,637	2.1	256	0.2	139	0.1	121	0.1	126,849
1,991	1.9	2,495	2.3	845	0.8	152	0.1	16	0.0	106,678
2,001	2.5	2,768	3.5	1,281	1.6	253	0.3	336	0.4	79,459
2,246	3.1	2,525	3.4	876	1.2	370	0.5	44	0.1	73,308
3,057	3.9	3,717	4.7	1,182	1.5	502	0.6	180	0.2	79,254
3,299	3.8	4,230	4.8	1,235	1.4	730	0.8	224	0.3	87,834
2,561	3.1	3,832	4.6	1,200	1.4	461	0.6	84	0.1	83,461

2）西表島への訪問方法とその頻度

　西表島への訪問について、どのような形態のツアーで訪問しているのかを表2－14に整理した。出発地にある旅行会社が企画したパック商品を利用している回答者は、女性11名（28.2%）、40歳未満で14名（27.5%）、3人以下世帯10名（40.0%）、就業者10名（34.5%）である。一方で、個人企画によるツアーは、女性22名（56.4%）、40歳未満22名（43.1%）、3人以下8名（66.7%）に多く回答している。旅行会社が企画したパック商品によるツアーは参加する訪問者の行動での自由度が少ないことで、利用した回答者は多くない。アンケート結果からすると、個人が企画したツアーで訪問するものが多く、それがここに反映されている。つまり、今や自発的で自律的なツアーを旅行者が自ら企画してそれを実施しているということである。したがって外発的な観光の典型のマスツーリズムを利用するのではなく、内発的な観光を志向する観光客が増えてきている。今や、訪問者が自らの意志でオリジナルな観光を楽しむようになってきている。そしてそれが自然豊かな八重山地域において、八重山の貴重な資源である自然を能動的にかつ自然を壊さないようにただ活用するかたちでのツー

表2－14　回答者の旅行目的および方法

（単位：人、%）

		東京などの旅行会社企画		石垣島で購入したパック		個人企画のツアー		帰省		その他	
		度数	割合	度数	割合	度数	割合	度数	割合	度数	割合
性別	男	5	20.8	1	4.2	8	33.3	0	0.0	8	33.3
	女	11	28.2	2	5.1	22	56.4	0	0.0	3	7.7
年齢別	39歳以下	14	27.5	3	5.9	22	43.1	0	0.0	9	17.6
	40歳以上	2	16.7	0	0.0	8	66.7	0	0.0	2	16.7
世帯員別	3人以下世帯	10	40.0	2	8.0	9	36.0	0	0.0	4	16.0
	4人以上世帯	6	20.7	1	3.4	15	51.7	0	0.0	6	20.7
就業別	就業者	10	34.5	1	3.4	10	34.5	0	0.0	7	24.1
	非就業者	6	18.2	2	6.1	19	57.6	0	0.0	4	12.1
小遣い	5万円未満	6	27.3	0	0.0	10	45.5	0	0.0	5	22.7
	5万円以上	9	25.7	3	8.6	17	48.6	0	0.0	6	17.1
月収	29万円以下	8	28.6	1	3.6	12	42.9	0	0.0	6	21.4
	30万円以上	6	26.1	2	8.7	11	47.8	0	0.0	4	17.4

資料：アンケートより筆者作成。

リズムを実施しているということである。

　西表島を含む八重山地域への訪問頻度を表2-15に整理した。訪問頻度をみると男女とも「はじめて」という回答に65％以上となっており、八重山地域の認知度はまだ低いといえる。年齢別にみても40歳未満で「はじめて」訪問したとする回答者が33名（64.7％）であり、「2回目」「3回目」にそれぞれ同数の回答となっている。年齢別の40歳未満でみてもまだ認知度が低いということである。同様に40歳以上では「はじめて」に10名（83.3％）となっているが、「2回目」とする回答者はなく、「3回目」で1名となっている。このことから年齢別でみると若い世代が八重山地域への訪問頻度が高い。また世帯員数別にみると、「はじめて」に対して3人以下と4人以上ともにそれぞれ19名（76.0％）と18名（62.1％）となっており、2回以上の訪問をしている者は少ない。小遣いの多寡でみると、「はじめて」に対して5万円未満の回答者では12名（54.5％）であるに対して、5万円以上の回答者は27名（77.1％）となり、月当たりの小遣いの額の多寡で訪問頻度に差がみられている。一方で、月収の多寡でみると、「はじめて」に対して30万円未満と30万円以上ともに18名（64.3％）と16名（69.6％）と回答が多く集まり、世帯主の月収の多寡で西表島への訪問頻度が高

表2-15　西表島を含む八重山地域への訪問頻度

(単位：人、％)

		はじめて		2回目		3回以上	
		度数	割合	度数	割合	度数	割合
性別	男	16	66.7	3	12.5	5	20.8
	女	27	69.2	6	15.4	6	15.4
年齢別	39歳以下	33	64.7	9	17.6	9	17.6
	40歳以上	10	83.3	0	0.0	2	16.7
世帯員別	3人以下	19	76.0	3	12.0	3	12.0
	4人以上	18	62.1	5	17.2	6	20.7
就業別	就業者	17	58.6	5	17.2	7	24.1
	非就業者	26	78.8	4	12.1	3	9.1
小遣い	5万円未満	12	54.5	4	18.2	6	27.3
	5万円以上	27	77.1	4	11.4	4	11.4
月収	29万円以下	18	64.3	5	17.9	5	17.9
	30万円以上	16	69.6	2	8.7	5	21.7

資料：アンケートより筆者作成。

まっているわけではない。回答者である訪問者は、月当たりの小遣いでは経済的な要素が訪問回数を決めている要素であるが、月収でみると経済的な要素で今までの訪問回数が決めてきたわけではない。月収の多寡と小遣い多寡ともに経済的な要素であるが、相反する結果となった。

3）西表島における主要なアクティビティへの評価

　訪問者がどのようなアクティビティに参加したのかを表 2-16 に整理した。これらのアクティビティは、運営している主体の居住歴に差がみられている。しかし基本的に西表島に居住する住民主体で主に運営されているものである（大地〔3〕）。これらのアクティビティは地域の観光資源をあるがまま利用し、外部者中心のツアー形態をとらない内発的な観光業の運営となっている。

　訪問者である回答者が西表島での体験するアクティビティは、カヌー、トレッキング、シュノーケリング、ナイトツアーといった訪問者自らが体を動かす能動的なアクティビティ、由布島水牛車、星の砂浜散策、仲間川遊覧ボートといった受動的なアクティビティがある。これらのアクティビティを体験した回答者に対して、それらのアクティビティについて 5 段階で評価していただいた（表 2-17）。どの項目でもおおむね 4.0 点以上となっている。回答者は西表島でのアクティビティについて高い評価をしている。しかし、性別において女性で「星の砂浜散策」に対して 4.5 点でありながら、男性が 3.9 点とやや低い評価となっている。同様に就業別では非就業者で「星の砂浜散策」が 4.6 点でありながら、就業者は 3.9 点と評価があまり高くなっていない。男性と就業者は、変化の乏しい散策中心となる受動的なアクティビティに対して高い評価をしない傾向にある。「ナイトツアー」をみると小遣い 5 万円未満の回答者は、3.8 点と低い評価である。一方で、小遣い 5 万円以上の回答者は 4.4 点と高い評価をしているので、普段の生活のなかで金銭的に自由な状態にない回答者からすれば、「ナイトツアー」が期待した内容ではなかったということであろう。同様に「ナイトツアー」については世帯主の月収 30 万円未満についても 3.9 点と低い評価であった[12]。一部に 4.0 点未満と評価されるアクティビティがあるものの、西表島に居住する人たちが考えた地域の自然を持続的に活用しようとする、これら

第2章　新たな局面を迎えるパインアップル　51

表2-16　回答者が参加した西表島でのアクティビティ（複数回答）

(単位：人，%)

		カヌー（半日）		カヌー（1日）		トレッキング		シーカヤック		シュノーケリング		ナイトツアー	
		度数	割合	度数	割合	度数	割合	度数	割合	度数	割合	度数	割合
性　別	男	8	13.3	0	0.0	5	8.3	2	3.3	11	18.3	5	8.3
	女	10	12.8	2	2.6	7	9.0	1	1.3	19	24.4	7	9.0
年　齢　別	39歳以下	17	15.2	2	1.8	10	8.9	3	2.7	28	25.0	12	10.7
	40歳以上	1	3.8	0	0.0	2	7.7	0	0.0	2	7.7	0	0.0
世帯員別	3人以下世帯	4	7.4	0	0.0	4	7.4	0	0.0	9	16.7	2	3.7
	4人以上世帯	12	19.0	1	1.6	5	7.9	1	1.6	15	23.8	7	11.1
就業別	就業者	7	10.6	1	1.5	4	6.1	1	1.5	14	21.2	5	7.6
	非就業者	11	16.4	0	0.0	7	10.4	1	1.5	15	22.4	6	9.0
小遣い	5万円未満	5	10.4	1	2.1	3	6.3	0	0.0	9	18.8	5	10.4
	5万円以上	12	15.8	0	0.0	6	7.9	2	2.6	18	23.7	5	6.6
月　収	29万円以下	6	10.0	1	1.7	4	6.7	2	3.3	13	21.7	7	11.7
	30万円以上	7	13.2	1	1.9	4	7.5	1	1.9	10	18.9	1	1.9

		由布島水牛車		沖釣り		仲間川遊覧ボート		浦内川遊覧ボート		その他	
		度数	割合	度数	割合	度数	割合	度数	割合	度数	割合
性　別	男	13	21.7	0	0.0	5	8.3	5	8.3	6	10.0
	女	18	23.1	0	0.0	10	12.8	3	3.8	1	1.3
年齢別	39歳以下	19	17.0	0	0.0	10	8.9	5	4.5	6	5.4
	40歳以上	12	46.2	0	0.0	5	19.2	3	11.5	1	3.8
世帯員別	3人以下世帯	17	31.5	0	0.0	9	16.7	6	11.1	3	5.6
	4人以上世帯	12	19.0	0	0.0	5	7.9	2	3.2	3	4.8
就業別	就業者	14	21.2	0	0.0	9	13.6	6	9.1	5	7.6
	非就業者	17	25.4	0	0.0	6	9.0	2	3.0	2	3.0
小遣い	5万円未満	11	22.9	0	0.0	6	12.5	4	8.3	4	8.3
	5万円以上	19	25.0	0	0.0	8	10.5	4	5.3	2	2.6
月　収	29万円以下	14	23.3	0	0.0	6	10.0	4	6.7	3	5.0
	30万円以上	15	28.3	0	0.0	8	15.1	4	7.5	2	3.8

資料：アンケートより筆者作成。

のアクティビティが回答者からすると好評とされている。つまり、内発的な観光に対する評価は高く、また回答者の自律的な観光への自己評価としても高い評価としているといえる。

表 2-17　回答者によるアクティビティの評価

(単位：点、人)

		カヌー（半日）		トレッキング		シュノーケリング		ナイトツアー	
		点数	標準偏差	点数	標準偏差	点数	標準偏差	点数	標準偏差
性　別	男	4.5	0.53	4.2	0.84	4.5	0.69	4.0	1.00
	女	4.7	0.48	4.7	0.49	4.8	0.41	4.4	0.98
年齢別	39歳以下	4.6	0.49	4.7	0.48	4.7	0.56	4.3	0.97
	40歳以上	-	-	-	-	-	-	NA	NA
世帯員別	3人以下	4.8	0.50	4.2	0.84	4.4	0.79	4.0	1.41
	4人以上	4.6	0.51	4.8	0.50	4.9	0.36	4.6	0.79
就業別	就業者	4.6	0.52	4.3	0.82	4.8	0.39	4.0	1.00
	非就業者	4.6	0.52	4.6	0.55	4.5	0.66	4.3	1.03
小遣い	5万円未満	4.6	0.55	-	-	4.8	0.46	3.8	1.10
	5万円以上	4.7	0.49	4.4	0.79	4.6	0.63	4.4	0.89
月　収	29万円以下	4.7	0.52	4.3	0.96	4.7	0.48	3.9	1.07
	30万円以上	4.6	0.53	4.5	0.58	4.6	0.70		

		由布島水牛車		星の砂浜訪問		仲間川遊覧ボート	
		点数	標準偏差	点数	標準偏差	点数	標準偏差
性　別	男	4.4	0.67	3.9	1.13	4.3	0.52
	女	4.6	0.62	4.5	0.65	4.4	0.52
年齢別	39歳以下	4.6	0.63	4.4	0.79	4.3	0.50
	40歳以上	4.5	0.69	4.0	1.22	4.4	0.53
世帯員別	3人以下	4.6	0.51	4.0	1.00	4.5	0.52
	4人以上	4.6	0.73	4.6	0.74	4.0	0.00
就業別	就業者	4.5	0.66	3.9	1.04	4.3	0.50
	非就業者	4.5	0.65	4.6	0.52	4.4	0.53
小遣い	5万円未満	4.3	0.71	4.4	0.73	4.3	0.52
	5万円以上	4.6	0.62	4.1	1.05	4.4	0.52
月　収	29万円以下	4.7	0.63	4.1	1.05	4.5	0.53
	30万円以上	4.3	0.65	4.1	0.90	4.3	0.49

資料：アンケートより筆者作成。
注：1）該当者3人以下は「-」で表示した。
　　2）カヌー（1日）は該当者が少ないので表示していない。
　　3）評価は「1：非常に悪い、2：悪い、3：普通、4：良い、5：非常に良い」の5段階とした。

4）訪問者による西表島への再訪問意識

　西表島への再訪問の可能性を表2-18に整理した。再訪問について、どの属性でみても「思わない」「あまり思わない」を合わせても2人以下であり、再訪問したいとする回答が多い。表2-17でみたように回答者によるアクティビティへの評価が高いことで、西表島への再訪問を望む結果につながったといえよう。とくに再訪問で「そう思う」「強く思う」を選択した回答者は、概ね40％以上となっている。「そう思う」「強く思う」に対して年齢別の40歳以上と世帯員別4人以上、就業別の就業者で50.0％以上が回答しており、西表島への回答者における再訪問の可能性が非常に高いといえる。再訪問を「強く思う」とする回答は、男性5名(20.8％)、4人以上世帯6名(20.7％)、就業者7名(24.1％)、小遣い5万円以上8名(22.9％)、世帯主の月収30万円以上5名(21.7％)に多くなっている。この傾向は、日常的に趣味的な消費に多く費やすことが可能となっている小遣い5万円以上の者で、さらに、世帯主の月収の高い就業者の回答者が再訪問を強く希望しているということである。再訪問への意向は、経済的な要素が作用している。また、家族が良い評価をしたとみられる世帯員の多

表2-18　回答者の再訪意向

（単位：人、％）

		強く思う		そう思う		あまり思わない		思わない		わからない	
		度数	割合	度数	割合	度数	割合	度数	割合	度数	割合
性別	男	5	20.8	6	25.0	1	4.2	0	0.0	1	4.2
	女	6	15.4	11	28.2	0	0.0	1	2.6	1	2.6
年齢別	39歳以下	9	17.6	13	25.5	1	2.0	1	2.0	1	2.0
	40歳以上	2	16.7	4	33.3	0	0.0	0	0.0	1	8.3
世帯員別	3人以下世帯	4	16.0	3	12.0	0	0.0	1	4.0	2	8.0
	4人以上世帯	6	20.7	10	34.5	0	0.0	0	0.0	0	0.0
就業別	就業者	7	24.1	9	31.0	0	0.0	0	0.0	0	0.0
	非就業者	4	12.1	7	21.2	1	3.0	1	3.0	2	6.1
小遣い	5万円未満	2	9.1	8	36.4	0	0.0	0	0.0	1	4.5
	5万円以上	8	22.9	6	17.1	1	2.9	1	2.9	1	2.9
月収	29万円以下	3	10.7	10	35.7	0	0.0	0	0.0	0	0.0
	30万円以上	5	21.7	5	21.7	1	4.3	0	0.0	0	0.0

資料：アンケートより筆者作成。

い回答者や、受動的なアクティビティであっても 40 歳以上の回答者では非日常的な体験を期待して西表島への再訪問を求めているといえる。

5　産地の今後

　本章ではパインアップルを東村および石垣市において生産する農家について調査した。まず東村における農家の販売や経営管理に関した意識は次の 3 点に整理できる。第 1 に、パインアップル農家は、どの地区であっても 65 歳以上の高齢の経営主が一定数おり、もはや生産を担う者の高齢が常態化している。そして、後継者を確保できていない地区が 3 地区あり、現状を維持することすら将来的に困難となる可能性を持っている。東村全体でパインアップル産地として維持するには、月並みであるが後継者もしくは新規参入者を確保していくことである。第 2 に、事例となった農家は組織的な販売に関する意識が低い。農家の意識は規模メリットを活用する組織的な販売をするより、様々な販路により小口に利益を拡大しようとする意識が強い。この傾向は、経営の自己評価の高い農家が個別対応を望んでいる点に表れている。歴史的にみてパインアップルの栽培は長いにも関わらず、産地における技術力からみると、まだ生食用としてのパインアップルについて品質の一定化が生産する農家の間で定着していないということである。第 3 に、東村のパインアップルをブランド化させることに対して、沖縄県統一といった組織的なブランド化を望むのではなく、村内もしくは地区内で個別のブランド化を望む傾向にある。沖縄県統一ブランドとしてのパインアップルができないのであれば、東村全体で品質の統一を図ることが、ブランド化に不可欠である。意識の高い農家は、組織的なブランド化に対して自らの主導がとれない場合、組織に参加しない傾向となっている。

　東村で今後解決していかなければならない問題として、消費者によるブランドの認知である。ブランド化にはどの程度沖縄県産でさらに東村産のパインアップルを、一般消費者が認知しているかを把握することである。また、ブランドパインアップルを安定的に確立させることに欠くことのできないことは、ブランドを評価する第三者の存在である。この存在がパインアップルを中心と

した産業集積のキーステーションとなりうる可能性がある。

　石垣市の組織的対応と販売体制を検討した。本章の事例となったパインアップル農家は、年齢層が高い状況で後継者が全体で51.9％しか確保できていない。次に、石垣市の事例をまとめると次の3点に整理できる。第1に、販売体制は組織的な対応をもたず、小口に顧客中心の販売となっている。その理由は、農家は個の裁量を活かせる顧客販売を中心にしている。現状維持型や低生産力型においてみられることである。一度確保したロイヤリティー効果を手放さず、そしてもはやこの販売方法が安定的なものとなっていることで、あえて冒険してまで新たな販路拡大や販路変更はしない傾向にある。第2に、戦略的経営実施型に属する農家の多くは、有志で出荷組合を作り上げ、その販売方針に従って販売している場合が散見された。この組織において組織文化を形成して、販売体制を強化していこうとする方向性がみえる。つまり組織が個々の農家を束ね、その束ねるものが組織文化という図式を形成しつつある。第3に、個の力が強く、組織的な対応ができない。とくに現状維持型や低生産力型は個々を束ねて組織的な販売体制をとるよりも、それぞれが自らの裁量によって栽培し、出荷する方法を最善としている。組織があっても個の力が強すぎて組織の活動が不十分であって、そうしたなかで組織文化は醸し出されず、組織的な販売するための対応ができない状況にある。

　顧客中心の販売であれば組織文化の形成や生産組織の形成は必要ない。すでにロイヤリティー効果を得ているため、生産性を無理して高める必要がない。しかし、集団的な販売をするのであれば、組織文化は必要となる。これがないのであれば、永続的な生産の継続につながりにくく、場当たり的な販売となり、安定した販売網を確立するには困難となる。戦略的経営実施型の経営内容をさらに発展させるようとすることが、石垣市のパインアップルのブランド化に対して今後の一層前進した展開につながる。

　一方でパインアップル産地における新たな動きとして、観光産業との連携である。パインアップル農家と観光産業との連携は本島北部であれば1990年代後半から、八重山地域であれば1990年代半ばから徐々に農業と観光が連携して地域の経済活性につながってきた。石垣空港の拡張による関東および関西か

らの石垣直行便設定は、石垣島（石垣市）を含む八重山地域での観光入り込みでの効果を上げたといえる。当初危惧されていた、空港の石垣市中心部から郊外への移転については、アンケート結果からすると回答者は問題視していないことがわかった。アンケート結果から西表島でのアクティビティに対する評価は、次の4点に整理できる。第1に回答者である訪問者は、能動的であれ受動的であれ、特別な準備を必要としないアクティビティに参加している。第2に、西表島への再訪問、つまりリピーターとなる可能性は経済的な要素が作用していない。訪問者の多くは西表島でのアクティビィティに対して高い関心をもつ者が繰り返し訪問している。月収や小遣いの多寡で左右されていない。今後は彼らが自ら様々な体験をできるようなさらなる質の高いメニュー作りが求められるであろう。第3に、増加するであろう高齢訪問者対策である。西表島でのアクティビティの醍醐味は、あくまでも自然をそのまま活用することになる。機敏な動作が苦手な高齢者であっても能動的に体験しながら楽しめるアクティビティの開発と受動的に楽しめるアクティビティを考案することも西表島の入込観光客数の増加につながる。第4に、内発的な観光に対して回答者は高く評価しており、これは回答者のような自律的な観光を楽しもうとする者が内発的な観光を提供するところに増えてきたということである。とくに自然の豊かな西表島では、訪問者が他律的な観光よりも自ら組み立てるオーダーメイド的な自律的な観光を望んでいる。

　東村の位置する北部や石垣市を含む八重山地域は、パインアップルやさとうきびの生産現場であるが、それだけでは農家が再生産しにくい状況にある。本章ではパインアップルの産地として東村と石垣島（石垣市）を事例としたが、両事例とも若い担い手が少なく生産の継続性に問題を抱えている。農業だけでの地域振興に限界があるのかもしれない。しかし、本章では触れなかったが東村は農家民泊が盛んであり、そうした農家には活気がみられている。パインアップル畑、山や川といったその場にある風景を借りることで、観光の資源となり、今後の重要な地域振興の財産となっている。一方で、石垣市を含む八重山地域では観光業が盛んである。そして、農家は民宿を兼ねる場合が多くある。農産物の生産地だけにとどまらず、観光業にも力を入れてきている。そのなかで、

空港が新しくなり農業と観光業に変化をもたらす要因となるものと考えられた。パインアップル産地の西表島では内発的な観光により、地域の自然や風景を活用した観光で成り立ち、農業であっても１つの農村という原風景を提供している。今後の農村は単に食料の供給基地としての位置づけから農家と都市居住の非農家が交わる場とし、かつ地域の資源を持続的に活用することで、農家は経済的に潤い、非農家は癒しを得ることで地域の振興が図られることが望まれる。その意味でみると北部と八重山地域は、非農家である訪問者からすると非日常を体験できる貴重な場である。内発的な観光を続けることで、これらの地域活性化を図り、生産の若い担い手を戻していくことがパインアップル産地における地域振興に望まれることであろう。

注

1) 沖縄県（2010）による TQ 制度は次のとおりである。沖縄産パインアップル缶詰を購入するものが、その数量に見合った一定量を輸入する場合に無税（１次税率）を適用し、沖縄産パインアップル缶詰の販路を確保する一方、その他の輸入については、33円/kg（２次税率）の関税を適用する仕組みである。
2) 加工用パインアップルは、TQ 制度が主要な存続可能とさせる政策的な要因であろう。この関税割当制度が加工用パインアップルを存続可能とさせている一方で、産地において生産農家が自由な販売ができないという問題点もある。
3) 南西食品は、パインアップル部門からの撤退に伴い、名古屋市に本社のあるポッカコーポレーションと共同出資の沖縄ポッカ食品(株)が設立された。
4) JA おきなわ八重山地区営農振興センターに対するヒアリング結果による。なお、八重山地区におけるパインアップル農家は、2007 年に 40 戸であったことから増加傾向にある。
5) 加工用は価格でみると安価であるが、果実基金より肥料や農薬での補助や補給金といったサポートがある。一概に価格だけでの比較はできない。
6) この方法は、菊地（2009）で 60 点以上を自己評価の基準点としていた。本章も 60 点を基準とした。
7) 主成分分析をした後にクラスター分析をする方法は藍澤宏ほか（1998）がある。
8) 菊地（2008）によれば、産地商人の介在した販売が多くみられたが、2007 年収穫においては、農家を中心に収穫作業ができたことで、産地商人が介在することがなかった。

9) 航空貨物も十分に積載できないので、ハイシーズンには滞貨が多発していた。
10) 新石垣空港と観光については、まだ空港開設してから日が浅く、直接的な研究成果はまだ見当たらない。
11) 属性では訪問者の出発地を調べなかった。理由として、回答者が出発地となる場所を居住地と石垣島もしくは拠点とした沖縄本島とする可能性があり、正確なデータを得られないと判断したためである。
12)「ナイトツアー」はその日に出没する動物が参加者にとって期待したものではなかったり、また全く動物をみることができなかったということもある。このようなことで、残念な「ナイトツアー」となった場合もあったといえる。

〔引用文献〕

藍澤宏・鈴木直子・有泉龍之（1998）：「過疎地域における中心集落との関係からみた集落分布構造に関する研究」『農村計画学会誌』16（4）、pp.304-314.

石井淳蔵・栗木契・嶋口充輝・余田拓郎（2004）：「ブランドのマネジメント」『マーケティング入門』日本経済新聞社、pp.421-458.

石森秀三（2011）：「観光文明史からみるエコツーリズム　緑の観光革命への期待」真板昭夫・石森秀三・海津ゆりえ編『エコツーリズムを学ぶ人のために』世界思想社、pp.1-12.

沖縄県農林水産部編（2010）：『沖縄県の園芸と流通』沖縄県、p94.

菊地香・中村哲也（2004）：「収量低下傾向にあるパインアップル産地の生産・流通対応に関する研究－加工中心から生食へ転換する東村の事例調査をもとに－」『沖縄農業』38(1)、pp.35-47.

菊地香・魏台錫・中村哲也・川満芳信（2006）：「パインアップル産地の流通対応に関する研究－加工中心から生食へ転換する東村をもとに－」『食品流通研究』23（2）、pp.31-52.

菊地香（2008）：「生食用パインアップル産地の経営存続の可能性－石垣島を事例に－」『農業および園芸』83(10)、pp.1063-1068.

菊地香（2009）：「沖縄県におけるマンゴー農家の経営意識に関する研究」『農業および園芸』84(3)、pp.341-350.

十代田朗（2010）：『観光まちづくりのマーケティング』学芸出版、197p.

宮本憲一（2007）：「維持可能な社会と住民自治」『環境経済学新版』岩波書店、pp.305-374.

〔1〕沖縄県
http://www.pref.okinawa.jp/site/somu/yaeyama/shinko/documents/documents/kankoutantou.html，2013 年 11 月 20 日アクセス
〔2〕沖縄県
http://www.pref.okinawa.jp/site/bunka-sports/kankoseisaku/kikaku/report/policy/h24-33tourismpolicy.html，2014 年 7 月 3 日アクセス
〔3〕大地俊介
http://matagi.fr.a.u-tokyo.ac.jp/rinsei/paper/syuyosi2003/otit.pdf，2014 年 1 月 22 日アクセス
〔4〕竹富町町役場
http://www.town.taketomi.lg.jp/town/index.php?cat_id=3，2013 年 11 月 20 日アクセス
〔5〕八重山毎日新聞
http://www.y-mainichi.co.jp/news/22338/，2014 年 6 月 26 日アクセス

第3章 競争品目としてのマンゴーにおける地域振興の可能性

菊地　香

1　はじめに

　沖縄県では県統一ブランドを目指している。ブランド化を図る上で重要なことは、産地組織だけではなく販売組織を含めて統一的な経営戦略をもった組織を作ることである。そしてそれには農家個々が様々な生産や管理にかかわる情報を共有することである。また、販売組織は農家の利益拡大に資するような運営をすることで農家組織と販売組織が意思統一を図り、共通した目標をもちえていることを認識することが不可欠である。沖縄県の県外出荷は、航空機や船舶を利用した輸送となる。小口による移出は、単位当たりの輸送コストが高くなる。農家が組織的な対応を採らないと、規模メリットを活用できない。

　沖縄県では、2004年度からの沖縄県の果樹振興策をみると、「トロピカルおきなわフルーツアイランド支援事業」を展開し、熱帯果樹のブランド化を図ろうとしているわけである。この支援事業の中に、ブランド化を推進する組織を立ち上げようとする具体的な方策がある。それを受けて2008年4月に沖縄県青果物ブランド確立推進協議会（以下「協議会」と略す）は設立された。協議会は、青果物ブランド確立に関した全般的な策定、推進、生産・出荷・販売計画をする組織である。さらに、協議会は担い手の育成・確保、拠点産地や生産部会等の育成について協議して、今以上の沖縄県産の青果物の振興を目指している。戦略的な適合を考慮した経営戦略が必要である[1]。

　沖縄県のブランドマンゴーに関した研究を整理すると、トレーサビリティーから品質の管理をする重要性を明らかにした研究（廣瀬ら 2005）、沖縄本島のマンゴー産地での経営戦略や品質問題について整理した（菊地ら 2011）があげられる。適切な品質管理によりブランドマンゴーの品質安定化につながる。そし

て、農家は安定して生産を継続することが可能となるとみられる。

　本章では、2つの事例から実証的に明らかにしようとし、さらに1つのモデルケースをもとに加工品によるブランドの拡張の可能性を明らかにしようとするものである。最初に沖縄本島において沖縄本島南部地域の事例では、JA系統販売よる共販率の高いといわれる沖縄本島南部地域の農家を事例とした。JA系統販売を利用している農家の経営内容を中心に品質管理体制を検討する。また、沖縄本島北部地域は沖縄県においてマンゴーの生産量の多い地域である。この沖縄本島北部の農家を事例に農家の品質管理の実態を明らかにしようとするものである。一方で、加工品でのモデルケースとしては宮古島市でマンゴーの加工品での高級商品戦略についてである。このモデルケースは熱帯果樹の加工商品に対する高級イメージを確保しつつ、収穫物を無駄なく活用させながら、ブランドの拡張の可能性が見いだそうとするものである。

2　調査方法

（1）調査対象地のマンゴー生産

　沖縄県におけるマンゴーの結果樹面積を表3-1に示す。南部の結果樹面積が2005年の48ha（22.4％）であるのに対して、沖縄本島北部（以下「北部」と略す）は74ha（34.6％）である。JAおきなわによれば、沖縄本島におけるマンゴーの特徴は、JA系統販売を利用する農家にある。このことについて菊地（2010）によれば、北部のマンゴー農家は個選中心であり、沖縄本島中部と同南部（以下「中部」「南部」と略す）はJA系統販売である共選が多いとしている。つまり、個人の経営の特徴を強く出せる個選を選択している産地は北部、組織的な販売をしている産地が南部、

表3-1　沖縄県におけるマンゴーの結果樹面積

(単位：ha、％)

	2005年		2006年	
	実数	割合	実数	割合
本島全体	214		212	
北部	74	34.6	73	34.4
中部	17	7.9	18	8.5
南部	48	22.4	51	24.1
宮古	55	25.7	51	24.1
八重山	19	8.9	21	9.9

資料：沖縄総合事務局『農林水産統計』より作成。

という産地の特性が沖縄本島のなかでみられている。南部での組織的販売にメリットが見いだせるのであれば、個選中心の農家をJA系統販売へ引き寄せることが可能となる。これには複数共同計算を採用して、同一品目でも通常の品質の農産物と高品質の農産物を区別して農家のモチベーションをあげていくことが望まれる（魏・菊地 2003）。実際のところ複数共同計算は採用されており、農家とすればより品質の良いものを作る努力をしている。

（2）調査方法

　南部を対象とした調査方法は次のとおりである。JAおきなわの系統販売を利用している農家16戸を対象にしてヒアリングを実施した。実際の調査は2009年8月26、27日と補足調査を11月14日に実施した。

　調査内容は、所有土地、施設面積、栽培歴、農業従事者数、農業経営費、販売先といった経営内容のほかに、規格品を栽培するにあたっての基準、品質の安定状況、農家の経営目標などの項目である。

　北部を対象とした調査方法も同様に面接調査を実施した。調査は、2008年9月に本島北部の農家22戸を対象にした。調査対象となった農家のなかには、個人経営している農家と法人経営が含まれているものの、具体的な戸数については個人情報なので表示できない。

　調査項目は、大きく分けて経営内容と品質管理の2つとした。経営内容について主な項目は、経営主年齢、後継者の有無、農業従事者数、結果樹面積、施設面積、農業経営費、出荷先割合等である。品質管理については、品質管理方法の有無、出荷基準、品質保証基準の有無、栽培履歴の記帳等である。

　宮古島におけるマンゴーの加工についての調査方法は有限責任事業組合アグリネット宮古島（以下「LLP」と略す）を対象にインタビューを実施した。調査は、2011年3月にLLPに対して実施した。調査項目はマンゴー加工のあり方、地域への波及効果、雇用への影響、原料確保のあり方、販売戦略等である。

3　沖縄県における組織的な取り組み

　2009年3月現在において沖縄県が指定している園芸の拠点産地は70ヵ所である。果樹に限定してみると主にマンゴー、パパイヤ、パッションフルーツ、シークヮーサー、パインアップルといった5品目の産地が該当する。該当する主な産地としてマンゴーは南部の豊見城市、中部の沖縄市、宮古島市、パインアップルは北部の東村、八重山地域の石垣市と竹富町である。

　今まで沖縄県の青果物は、様々な組織や個人が県内において計画的な生産と出荷を実施してきたものとみられる。しかし、実際は県内の各機関が共有認識をもつことなく、それぞれの機関で実施してきた。県で統一した青果物のブランド化を進めていて行くには程遠い状況にあり、これを改善すべく前述した協議会を2008年4月に立ち上げて、県内で関係機関が連携して取り組むこととなった。大消費地から離れた島嶼で構成される沖縄県では、小口販売より組織的な販売をすることが規模のメリットを発揮しやすい。個別農家の販売を中心にするのではなく、JAおきなわによる共販を増やして計画的な出荷をすることが価格交渉力を強められることから理想的である。この協議会は県内で、統一的に組織だって目標を設定しようとするものである。そして活動の評価について事前・中間・事後の目標確認と達成状況を確認していくことで、計画の進捗管理体制を構築することで責任のある産地を形成しようとしている[2]。さらにブランド化に欠かせないことは、栽培される青果物の統一的な栽培体系を確立し、それを浸透普及させることであり、そして、どこをとってみても常に同一品質とさせることである。これには品質基準を統一することが必要となる。また、産地側が需要者に対して常にとるべきことは、一定量を出荷できる体制を作ることである（斎藤2008）。沖縄県は、現時点において栽培要領を農家に配布し、JAおきなわは栽培暦を配布するなど栽培体系を確立させて品質の向上を目指している。またブランドは常に育成していくことが必要不可欠となる。消費者が購買時の連想順位においてランク付が上位になるような工夫が大切となる。協議会の設立によってブランド化は、先に示したような活動を通じて実現可能へとつながったとみられる。今後の活動次第では沖縄県産ブランドのラインの

奥行きが広がり、今以上の飛躍の可能性を秘めている。ラインの奥行きの拡がりとしては、生食にとどまらず、高級感をもたせた加工マンゴー商品の開発が望まれる。これには中核となるべき存在が不可欠となる。

4 南部マンゴー農家の経営実態

(1) 南部における販売実態

調査時点における南部でのマンゴーの等級別出現率(2008年収穫)と主要な販売経路は、図3-1と図3-2に整理した。出荷量でみると良品が57.6％(58,228kg)であり、良品が全体のなかでかなりのシェアを占めている。特A品は0.043％(43kg)、秀品は9.4％(9,525kg)であった。良品は、秀品より品質が低く、秀品や優品に比較して価値の低いマンゴーである。このマンゴーが県外向けに21％(12,033kg)出荷されていることは、沖縄県産マンゴーが低品質のものと消費者に誤解されかねない。

また2007年収穫における48.0％のマンゴーが市場(県外)向けとなっていた。さらに産直・個人・宅配において21％となっており、このなかから県外に向けてマンゴーが出ていったのであろう。このなかで良品の56％が市場(県外)向けとなっている。2008年収穫では40.0％のマンゴーが市場(県外)向けである。

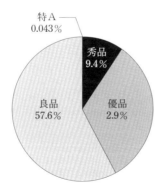

図3-1　本島南部における等級別出現率
資料：JAおきなわ南部地区営農振興センター資料より作成。

66 第Ⅰ部 農・食・観光クラスターの展開

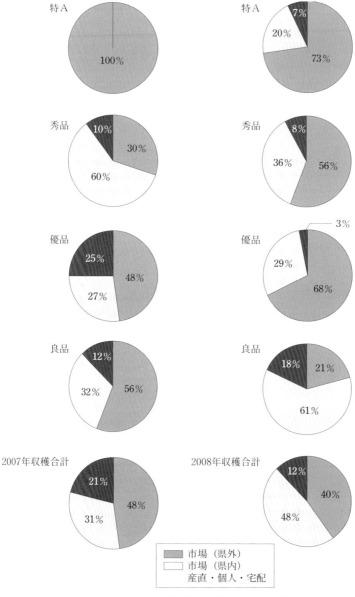

図3-2 本島南部における主要な販売経路先割合
資料：図3-1に同じ。

2ヵ年の等級別にみた販路の特徴によれば、消費者は、マンゴーに対して高級感のあるものと、手軽に購入できるものと区別して購入している可能性がある。今後の販売促進にあたっては、品質を基準にして高級ブランドと廉価ブランドといったカテゴリー区分し、消費者の用途別に対応した販売を展開することが望まれる。

（2）調査農家の経営内容

表3-2の調査結果の概要から農家の平均収穫面積は40.8aであり、農家の経営規模は小さい[3]。マンゴーに関した経営規模の大きい農家は、最大で130〜170aの規模であり、最小は10a以下となっている。調査した農家の多くは50a前後に集中している。単収をみると、939.1kgである。収穫年が異なるため単純に比較できないものの、調査農家の単収は県平均の728kg（2006年産）を211.1kg上回っている。

マンゴー農家の経営主の年齢は平均で59.1歳、9戸の農家は60歳以上である。そして事例となった農家の多くは、マンゴー栽培歴は、最短で5年以内、最長で20年である。なかでも5戸の農家は栽培歴が10年以下であり、栽培歴が浅い。マンゴーは栽培にあたって、農業機械を使用する機会が少ないことで新規参入に

表3-2 調査農家の概要

（単位：歳、人、年、kg/10a、％）

農家番号	年齢層	従事者数	マンゴー栽培歴	単収	経営耕地に占めるマンゴー比率
1	65	3	11	1,700	100.0
2	60	3	16	1,500	25.0
3	60	1	10	360	72.5
4	60	1	5	400	12.5
5	50	1	15	550	100.0
6	50	1	3	1,650	100.0
7	50	1	17	560	40.0
8	65	2	6	510	60.0
9	65	1	15	1,520	86.8
10	30	3	8	670	100.0
11	60	1	15	1,200	81.8
12	60	2	9	610	100.0
13	60	1	20	570	77.1
14	60	2	6	300	28.6
15	50	2	8	1,000	13.3
16	70	1	12	1,300	100.0

資料：調査結果より作成。

あたっての機械装備が少なく済む。耕うん機やトラクターなどを所有している農家は7戸であり、それらの馬力数は小さい。経営耕地に占めるマンゴー収穫面積は78.6％であり、経営耕地の多くがマンゴーである。マンゴーは露地栽培ではなく、ハウスでの栽培である。事例農家のハウスは自己資金による設置が多く、補助事業によってハウスを設置した農家は2戸だけであった。調査した農家の多くは、マンゴー栽培以前に別の農作物を栽培していた農家や異業種に就業していた者であり、ヒアリングによれば十分な資金力をもってマンゴー栽培に転換したということであった。

　事例となった農家の69.2％は、マンゴー以外の農作物を何かしら栽培しており、収入の機会をマンゴーのみとしていない。とくに果樹は隔年結果を起こしやすいこともあり、農家は主力作目以外に収入源を確保しておくことで危険分散を図っており、この方法が安定的な経営に欠かせないと判断をしている。

（3）品質管理と秀品率

　農家は図3－3に示すように、農家の61.5％が品質管理をすることでマンゴーを栽培し販売している。残りの農家が品質管理をしないで栽培して販売している。この場合、個別の農家は独自に販売しているのであれば問題がない。しかし、県下統一ブランドを推進している状況の下で品質管理をしないことは高い

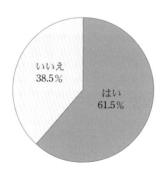

図3－3　品質管理基準の有無

資料：調査結果より作成。

品質のマンゴーの出現が不安定となり、消費者に対して品質保証したマンゴーを安定的に供給することを確保できなくなる。この部分の農家をいかにして減らしていくかがブランドマンゴーを安定的に出荷していくうえで必要である。

農家は品質管理の基準となるものをどこが作成した基準に対して準拠しているかをみると、JA おきなわが作成する栽培暦を中心にして品質管理をしている農家が多く、次いで独自の方法による基準に従っている。この独自の方法の基準が非常に曖昧であり、農家間での基準の格差が激しく、JA おきなわでの栽培暦とも異なる。JA おきなわによれば共選で徹底的に選別された秀品と比較すると、独自の管理方法で個選された秀品では、品質に大きな差が生じる場合が多くみられている。独自の管理方法で厳しく選果しているのであれば個選であっても問題ない。しかし、自ら甘く選別して秀品とし、それが長期間にわたって秀品として販売されることは、はたして農家にとって良い効果を見出すか、また、JA 系統販売をしている農家への影響はどのようなものとなるか疑問の残るところである。

実際の秀品率を表3－3に示す。調査した年において秀品を JA おきなわに出荷できる農家は非常に少なく、優品を中心の出荷であった。しかし、農家の秀品に対する認識が JA おきなわと異なる。ヒアリング時に聞かれたことであったが、農家は秀品を顧客販売用として優先的に販売する傾向がある。単価の高い秀品を JA おきな

表3－3 調査農家の総出荷量と品質割合

(単位：kg、%)

農家番号	総出荷量	品質管理の有無	秀品率	優品率	良品率
1	4,500	無	32	46	22
2	740	無	2	10	88
3	9	無	0	18	82
4	380	有	8	29	63
5	225	有	4	38	58
6	2,840	有	18	49	33
7	2,200	有	36	52	12
8	470	無	6	26	68
9	940	有	19	53	28
10	65	無	87	12	1
11	1,810	有	22	78	0
12	7,825	有	14	56	30
13	445	有	2	35	63
14	298	有	2	13	85
15	1,400	有	2	38	60
16	690	有	3	30	67

資料：調査結果より作成。

わに出荷すると、手数料などによって農家の手取りが少なくなる。農家は自ら価格設定ができる顧客販売をすることにより、手取りを最大化しようとした結果から優品中心のJAおきなわへの出荷となったのであろう。秀品の出現率をみると80％以上となった農家が1戸あるだけで、あとは30％台に2戸、なかには秀品となったマンゴーがなかった農家もいる。また良品の出現率についてみると60％以上となっている農家が8戸であった。良品の多い農家は、秀品と優品の出現率が低く、品質の高いマンゴーを栽培できていない状況にある。これらの農家は、品質の高いマンゴーを栽培できる農家と比較して、技術の改善すべき点がある。したがってまだ潜在的に高品質のマンゴーを栽培できる可能性をもっている。また良品率60％以上となった農家には、品質管理をしていない農家の割合が60％となっている。

　良いマンゴーを収穫することには品質管理が必要である。これがなければ結果として高い収益を実現することが困難となる。農家にすれば高い秀品率を実現させる契機として、協議会の設立にある。農家は県の機関やJAおきなわによる技術指導を受けることで、技術力を高め併せて生産量を高めて収益を増大させようとするさらなる意欲をもったといえる。農家は、協議会が設立される前、個々で技術力を高めるしか方法がなかった。南部においてはJAおきなわが中心となって組織的な産地化を目指し、産地化のために技術力の平準化を収穫前の目揃え会、収穫後の反省会などの技術講習会によって図ってきた。まだ一部に良品率が高いが、今や技術の平準化が進展し高い秀品率により産地全体の品質向上を図っている。農家の利益を向上させられる可能性をもっている。

（4）農家のJA系統販売選択

　事例となった農家におけるJA系統販売の利用率は、最低で20％、最高で100％の平均59.3％である。JA系統販売利用率が50％となっている農家は20戸のなかで14戸、JA系統販売利用率90％以上は7戸となっている。それ以外の販売先もあるものの、JA系統販売を利用することの割合が高い（菊地 2009）。

　JA系統販売を農家が活用する理由は、第1に出荷作業の簡略化であり、第2に組織的な販売による規模メリットがあげられる。個選のみであると、収穫後

に選果から出荷までの作業を自ら行わなければならない。農作業に従事している者が最大3名、最小1名となっている事例農家からすれば、これらの作業はかなりの労働強化となる。むしろ、選果作業からはJAおきなわに担わせて、栽培に特化することで品質の良いマンゴーを生産した方のメリットが大きい。また、組織的な販売をすることで、収穫前の目揃え会、収穫後の反省会といった会合により統一的なマンゴーとすべく、農家間での技術の画一化と技術力の平準化が可能となった。協議会ができる以前のマンゴーは、JA系統販売をしながらも品質の安定化が図れず、個々バラバラの品質とならざるを得なかった。本島南部は協議会の設立とJAおきなわが中心となって産地育成をしていることもあり、さらにJAによる組織的な対応で価格競争力をもって量販店への販売促進を図ることにより安定的な販路を確保しつつある。この販売方法により農家は販路拡大を自ら行う必要がなくなり、栽培に特化できている。

前述したように農家がJA系統販売を選択することにより、

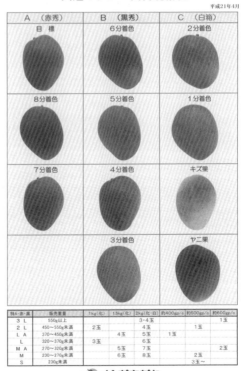

図3-4 JAおきなわによるマンゴー出荷規格
資料：JAおきなわ作成。

品質向上の効果がみられた。それは、JA おきなわが農家に対して図 3-4 に示す品質基準を提示し、それを順守させている。とくに農薬使用に関しては厳しく、JA おきなわは農家が防除記録を提出しなければ JA おきなわは農家からのマンゴーを受け取らない。

　品質を一定化した半面、良品以下の扱い方が問題となる（表 3-4）。高品質のブランドマンゴーを JA おきなわは販売していくが、農家はどのようなものであっても余すことなく販売し、それにより利益最大化を追求している。JA 系統販売のなかに入ってこない良品以下について、農家の 56.3％が販売していない。ただし、販売はしていないものの、顧客販売時に秀品や優品などの箱に無償のサービス品として入れて活用している。良品以下のマンゴーをこのような方法ならば価格をつけずに消費者に与えていることで問題とならないだろう。しかし、農家とすれば直接的に利益を得ることができていない。次回の購入を促すためのサービス品として良品以下のマンゴーを活用しているに過ぎない。むしろ、良品以下のマンゴーを加工用原料として仕向け、生食用としての商品から加工して新たな付加価値のある商品に生まれ変わらせて、それにより利益を得られるような方向性をとることが必要であろう。

　農家の経営目標の達成度は、最低 50 点、最高 100 点であった。50 点と自己評価した

表 3-4　調査農家の生産管理と良品以下の販売意向

(単位：点、人)

		自らの 経営評価	良品以下の販売	
			はい	いいえ
	1	100	0	1
	2	70	0	1
	3	60	1	0
	4	70	1	0
	5	100	0	0
	6	80	0	1
	7	100	0	1
	8	60	0	1
	9	75	0	1
	10	50	0	1
	11	50	0	1
	12	70	0	1
	13	80	1	0
	14	60	1	0
	15	70	1	0
	16	90	1	0
経営 評価	平均値	74.1	37.5	56.3
	標準偏差	16.66	0.500	0.512

資料：調査結果より作成。

農家は、マンゴー以外にもほかの農作目を栽培していることで、マンゴー栽培に関して十分に集中できなかったことを理由としている。しかし、秀品と優品の出現率で95％以上を占める農家であり、この2008年産のマンゴーに対する品質管理だけが十分でなかったということである。一方で、60～70点台の農家は、秀品と優品の出現率が低い[4]。これらの農家は、安定したマンゴーの収穫を実現できるようになったが、高い品質のマンゴーを収穫できるところに至っていない。これらの農家の回答は、マンゴー以外の品目を栽培しているので、マンゴー栽培に十分集中できなかったことによりJAおきなわの出荷規格に見合うだけのマンゴーを栽培できていないということである。

5 北部の農家によるマンゴーの品質管理

（1）調査結果の概要

表3-5に調査結果の概要を示す。品質管理を全くしていない農家は2戸であった。経営規模により3つの経営区分に整理して説明をする。調査した農家の平均的な経営規模として、結果樹面積が60aとなっている。ここでは、60aを平均経営規模とした。経営主の平均年齢は調査結果の全体でみると58.6歳である。経営規模でみると小規模は59.3歳、平均規模は52.3歳、大規模は60.2歳である。経営主の年齢が高く、若年経営主の存在が少ない。

沖縄県におけるマンゴーは、病害虫の関係から露地栽培に適さない。農家にとってすれば、施設化率はマンゴーにどれだけ特化しているかを示すことにも

表3-5 調査農家の経営概況

(単位：戸、歳、％、kg/10a、人、年、円)

	該当農家数	経営主年齢	施設化率	単収	農業従事者	後継者確保率	マンゴー栽培年数	10a当たり経営費
小規模	13	59.3	52.7	524.2	1.8	53.8	19.2	424,410.3
平均規模	3	52.3	52.1	387.4	1.3	33.3	23.0	412,576.9
大規模	6	60.2	58.7	352.3	1.5	66.7	14.2	818,924.3
全体	22	58.6	54.3	458.6	1.6	54.5	18.3	530,391.4

資料：調査結果より作成。

なっている。大規模で58.7％となっており、マンゴーに特化した経営となっている。しかし、小規模や平均規模の農家では、マンゴー以外の作物も栽培していることで施設化率が55％未満となっている。マンゴーは収穫作業に限らず、摘果、袋掛けなどの管理作業で人手が多くかかる。調査した農家では雇用労働を入れて、人手を確保している。これらの雇用労働は近隣の者である。

　後継者について、大規模に経営している農家では、後継者を確保している割合が70％となっている。しかし、小規模では、半数の農家が確保できておらず、生産の継続性に問題をもっている。平均規模は後継者の確保率が33.3％である。確保率は低いが、その理由として、経営主が経営を継承したばかりであること、経営主の年齢が若く後継予定者がまだ就学中ということで、まだ後継問題が発生していない。

　調査時点の農家におけるマンゴー栽培年数をみると、平均規模の農家が3戸でありながら、標準偏差が8.89であり、それほどバラつきはない。平均規模では23年（平均値）の栽培歴である農家が集まり、経験の豊富なマンゴー農家ということとなっている。小規模においても栽培歴19.2年が平均値であり、標準偏差は5.97であった。この経営規模においてもほぼ20年前後の栽培歴をもった農家が該当している。大規模に展開している経営規模では栽培歴が14.2年（標準偏差5.67）であり、他の経営規模に比べると栽培歴が浅い。

　10a当たりの経営費をみると、平均規模において最小値となっている。大規模は、小規模や平均規模のほぼ倍の金額となっている。

（2）経営規模別にみた品質管理

　図3-5に品質管理をしている農家の販売先を示す。この図は、2008年に調査した時点における農家全体の状況を表している。構成比のなかで一番多く占めているのがJA系統販売の41.14％であり、次いで顧客販売28.5％、卸売市場26.1％、直売4.0％となっている。JA系統販売では、農家が品質保証として栽培記録を提出しないと、マンゴーを受け取らない。農家はJA系統販売を利用するためには品質管理をしなければならない。この販路は、選果作業から販売にかかわる業務をJAが担うので、農家としては手間がかからない。農家による顧

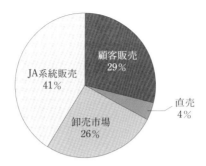

図3−5　品質管理をしている農家の販売先
資料：調査結果より作成。

客販売では、ロイヤリティー効果をすでに確保していることから、農家は今や販売努力をしなくても良いようにみられる。しかし、品質で一度信用を失うと、消費者を呼び戻すことに多大な労力が必要となることから、農家は品質が常に一定となるような管理を実施している。卸売市場への出荷は、価格が品質の良し悪しと市況に左右される。農家は単価を少しでも高くなるように品質の管理を入念に行い、なおかつ一番価格の良い時期を狙って卸売市場に出荷している。直売のような対面販売では、低品質のマンゴーでも直接消費者に説明することで販売となることから、品質管理を重要視することはない。

　品質管理をしている農家において、その根拠を保持しているかどうかを図3−6に示す。品質管理そのものをしているとしながらも、その基準の根拠を具体化できずあいまいにしている農家が少なからず存在している。明確な根拠がない理由としては、経営主に蓄積された経験に基づいて現在栽培しており、JAおきなわや公的機関による統一的な基準を参考としていない。品質管理の記録をしている農家とっても実際の記録は、作業日誌の記帳、防除だけの記録といったことである。しかし、JA系統販売への出荷の場合は、栽培記録とくに防除記録がなければ受け付けない。農家が顧客との信頼関係を長期間にわたり築きあげた顧客販売でも、客からマンゴーがどのような経過で栽培されたのか、具体的な説明を求められる場合もある。品質管理を十分に実施している農家のなかには、顧客販売であっても、品質管理の記録を蓄積して要望に応じていつでも

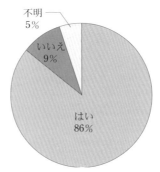

図3-6 品質管理の根拠の有無
資料：調査結果より作成。

提示できるようにしている場合もある。

販売先別を経営規模別にみると表3-6のようになる。大規模の顧客販売は、19.4％となっている。顧客販売が多いのは平均規模(40.0％)であり、ついで小規模(30.4％)となっている。大規模は卸

表3-6 経営規模別にみた販売先割合

(単位：%)

	顧客販売	直売	卸売市場	JA系統販売
小 規 模	30.4	2.7	15.4	51.5
平均規模	40.0	0.0	12.0	48.0
大 規 模	19.4	6.9	34.7	39.0
全 体	26.5	4.4	24.1	45.1

資料：調査結果より作成。

売市場への出荷を中心としており、一定の収入をJA系統販売で確保して、高品質のものを市況に応じて卸売市場に出荷という方法を選択している。小規模や平均規模に比べ大規模は収穫量が多く、販売先としての選択肢を多く持っていることの強みから、様々な販売方法を採用できている。

(3) 経営規模別による規格統一のあり方

経営規模別にみた規格のあり方について、まずは等級別の出現率から検討したい (表3-7)。小規模のように経営規模の小さい小規模に該当する農家では、秀品率を高めることで利益を向上させようとしている。実際の秀品率は32.6％

と高いものの、良品率が29.5％と平均規模や大規模の経営規模に比較して高い。小規模であるのでもう少し集約的な管理が可能であろうから今後、秀品率を高めながら、良品率を下げることが望まれる。平均規模をみると、優品率は42.5％である一方、秀品率は30.0％となっている。低い秀品率が問題となっている。収益を向上させるには、秀品率を上げることである。大規模をみると、良品の出現率は24.6％と低く、秀品率は36.7％と高い。秀品率をもっていることにより大規模の農家では、高い収益を確保できている。

表3-7　各等級内における出現率

(単位：％)

	秀品	優品	良品
小 規 模	32.6	37.9	29.5
平均規模	30.0	42.5	27.5
大 規 模	36.7	38.7	24.6

資料：調査結果より作成。

　高い品質のマンゴーを販売することにより、全体の利益を向上させられる。しかし、低品質のマンゴーを販売することでその後の消費者の購買意欲を減退させると、取り返しのつかないことになる。等級外のマンゴーは販売せず、別の用途に仕向ける方が良い。今のところどのようなマンゴーであっても売れることもあって、農家は等級外のものを廉価で販売してしまっている。等級外品は一定のニーズがあるものの、低い等級で安価であるマンゴーを販売すると消費者はマンゴーへの高級品としてのイメージを損ねてしまう。そして、消費者は高級なマンゴーを購入するよりも、安価なマンゴーで納得してしまい、安価な贈答用果物となってしまい、高級な贈答用果物としての価値を著しく損ねてしまう。良品以外のマンゴーの取り扱いについて経営規模別にヒアリングした（図3-7）。意外にもどの経営規模別においても、低い等級のマンゴーを何らかの方法で販売している。販売方法は、通常のマンゴーというカテゴリーとせずに、ミニマンゴーという別枠での販売や、加工用原料、規格外品として卸売市場へ出荷となっている。農家からすれば現金収入の方法を確保すべく低い等級のマンゴーを販売してしまうであろう。しかし現状のままであるとマンゴーそのものが持つイメージを悪化させないだろうか。低い等級を不良品と考えれば、現状のままの販売のあり方は悪貨が良貨を駆逐するということになってしまう。等級の高いマンゴーをブランドマンゴーとしてJAおきなわが扱って販売促進をしている。低い等級を販売し続けることは形や色、食味などをそろえ高級感

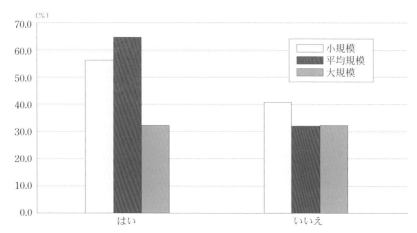

図3-7 良品以下マンゴーの販売の有無
資料：調査結果より作成。

のあるブランドマンゴーのイメージを低下させてしまう。今後の販売促進としては消費者に品質の良し悪しにより、希少で高級感をもつ価値あるマンゴーと日常的な値ごろ感のあるマンゴーといったマンゴーの財としての区分を明確にさせることが大切である。消費者は農産物のカテゴリーが区分されることにより、それぞれ別の財としての農産物と認識する。カテゴリー分けをしないと消費者は良品以下であっても同等の財として認識し、優品以上のブランド品の価値を破壊してしまう恐れがある。

表3-8にマンゴーの品揃えとして階級を整理した。小規模な農家は、最上級である3Lを収穫しているものの、MAとMで18.2％の出現率としている。平均規模ではLの階級に50.0％の出現率としており、そのうちLAに35.0％の出現率となっている。平均規模の農家は玉揃えのできやすい階級を多く出現させている。大規模においては、MAとMの出現率を7.3％と抑えて、LとくにLとLAを中心に出現させて玉揃えをしている。M以下のSは230g未満の小さいマンゴーである。これは農家やJAおきなわではミニマンゴーというカテゴリーに分類されている。ミニマンゴーは、販売用とするならば単価は安く、贈答用としての用途はない。

階級外となるS以下の販売動向をみると（図3-8）、どの経営規模においても一定量を販売をしている。販売方法として、ファーマーズマーケットにて廉価で販売、ミニマンゴーというカテゴリーにして廉価で販売、加工用原料として業者に販売、顧客販売時のおまけとして添えるといった方法である。このなかで廉価販売が問題となる。消費者は廉価販売され、それに満足するとそれを購入の基準としてしまう。Lの階級のマンゴーよりも安価で値ごろなミニマンゴーで満足してしまう。このことが浸透すると一定階級のものより、安価な小さなマンゴーで消費者が満足してしまう。L以上の階級のマンゴーの販売に影響を及ぼす危険性がある。つまり、財としての価値を明確に区分して販売するならば良いが、その区分なくして販売することは農家にとってすればメリットが薄れてしまう。

協議会が設立される 2008 年度以前、沖縄県のマンゴーは農家が個別に販売

表3-8　階級別マンゴーの出現率

（単位：％）

	3L	2L	LA	L	MA	M
小　規　模	7.6	11.1	33.1	30.0	12.5	5.7
平均規模	0.0	7.5	35.0	50.0	7.5	0.0
大　規　模	0.0	23.3	33.0	36.3	6.6	0.7

資料：調査結果より作成。

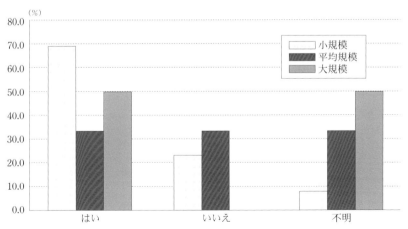

図3-8　S級以下マンゴーの販売の有無

資料：調査結果より作成。

しており、農家それぞれで差別化をして販売をしていた。現在、協議会が立ち上がり県下統一でブランドマンゴーにして、他県で作られるマンゴーと差別化を図っている。農家にとってすればブランド化によって得られた効果は、栽培技術を県全体で統一することで品質の安定化となり、一般的にみて有利な販売につながった。これについて農家としての対応は、どのようなものであるのかを検討したわけである。

　JAおきなわのブランドマンゴーを維持するためにJA系統販売では品質管理についてJAおきなわの基準にあわないものを引き取らないという、管理を徹底して行っている。卸売市場の場合は品質の良し悪しによって価格が決まることから、管理されていないものは市場で評価されず、単価は安くなる。つまり、これらの販路としている農家は、品質管理を必ず実施している。県下統一ブランド化を図る以前では、農家によって栽培方法がバラバラとなっていたが、今や農家は出荷前の講習会や出荷後の反省会を通じて、高位に技術を統一できるようにしている。

6　宮古島におけるマンゴーを活用した産業集積化の可能性

　宮古島で夏季に収穫されるブランドマンゴーは、完熟に近いものを出荷している。しかし、収穫されたものすべてが出荷されるわけではなく、出荷基準に適さないものは規格外品となり出荷されない。また、宮古島のマンゴーは沖縄本島に渡り、そこから改めて県内外に出荷されていく。ここで問題となるのは、観光シーズンと収穫期、さらに台風の来襲が重なることである。航空機の欠航は、その後の積載に影響し、欠航後の再開便では、航空機に積載することができず、滞貨する生食用マンゴーが宮古島で発生している。このマンゴーを活用する方法を検討した結果が、ジュースやゼリーということである。滞貨するマンゴーと規格外品マンゴーを加工用に仕向け、それを高級なイメージを満たせる加工品とする、つまり加工品であってもブランド商品とする動きが宮古島でみられている。そして、滞貨するマンゴーと規格外マンゴーによる加工で産業の集積がなされようとしていることをここでは検討する。

（1）マンゴーの加工による効果

　宮古島でのマンゴー栽培は基本的に生食用としてであり、農家も生食用を前提に栽培しており、はじめから加工を前提としている訳ではない。しかし、農家は前述した通りの滞貨をさけられない。この問題から生食用として収穫したマンゴーを廃棄するのではなく、何らかの価値をつけさせることで農家への収入機会をもたらすこととし、それが可能となってきた。ここに LLP（有限責任事業組合　アグリネット宮古島）が高級イメージを付加したジュースやゼリーを作ることで、従来のマンゴー土産物とは異なる方向をとろうとした。これは沖縄県内の企業と連携した六次産業化事業として進められた（食品需給研究センター〔1〕）。このことで、本来ならば生食用を収穫していた農家も、滞貨が見込まれてしまう分を LLP に出荷しようとする動きが表3－9 に示したようにあらわれている。2007 年には 10 戸の農家から 4t の供出となっていたが、徐々に増加して 2009 年には 20 戸の農家から 7t の供出なっている。この安定した原料確保により、マンゴーの加工が成り立つ見込みも出てきた訳である。そこで、加工に携わる雇用が必要となり、調査時点で 8 名の雇用を確保している[5]。

　この宮古島においてマンゴーを加工することは、雇用を創出できたという副次的な効果をもたらした。宮古島では加工などの製造業があまりなく、前述したようにマンゴーの加工により 8 名を雇用させたということは地域経済にとってすれば大きな効果をもたらしたといえる。表3－10 は沖縄県、県庁所在地の那覇市、宮古島市の事業所数と従業者数について整理したものである。毎年の調査ではないので、総務省・経済産業省「経済センサス活動調査」による実施の年次に従ってここでは検討したい。

　なお表3－10 は、民営部門における統計を筆者が整理したものである。県全体で見ると事業所数それ自体は、減少傾向にある。その反面で雇用されている従業者数は増加傾向となっている。事業所1カ所あたりの従業者数が多く

表3－9　宮古島におけるマンゴー加工

（単位：t、戸）

	原料受入量	原料供出農家
2007 年	4	10
2008	5	15
2009	7	20

資料：調査結果より作成。

なっていることを示している。ほぼ同様の傾向は那覇市でみられている。しかし、宮古島市において事業所数は増減を繰り返しており、安定していない。このことにより、従業者数においても安定することなく、増減を繰り返している。宮古島市では15歳から64歳の生産年齢の定着を図るべく安定した雇用の場が

表3-10 沖縄県、那覇市、宮古島市の常用雇用者規模別事業所数、従業者数および常用雇用者数

(単位：カ所、人)

	沖　縄　県					
	総　数			9人以下		
	事業所数	従事者数	事業所1カ所当たりの従事者数	事業所数	従事者数	事業所1カ所当たりの従事者数
2001年	70,578	460,859	6.5	60,446	171,758	2.8
2004	65,609	447,408	6.8	55,774	159,183	2.9
2006	69,997	491,290	7.0	59,348	169,748	2.9
2009	68,543	517,580	7.6	57,259	167,657	2.9
2012	62,977	514,802	8.2	53,911	184,444	3.4

	那　覇　市					
	総　数			9人以下		
	事業所数	従事者数	事業所1カ所当たりの従事者数	事業所数	従事者数	事業所1カ所当たりの従事者数
2001年	19,591	135,560	6.9	16,709	47,424	2.8
2004	17,578	125,559	7.1	14,897	42,268	2.8
2006	20,700	149,640	7.2	17,567	50,811	2.9
2009	19,596	154,196	7.9	16,361	47,976	2.9
2012	17,287	149,325	8.6	14,766	50,473	3.4

	宮　古　島　市					
	総　数			9人以下		
	事業所数	従事者数	事業所1カ所当たりの従事者数	事業所数	従事者数	事業所1カ所当たりの従事者数
2001年	3,317	16,798	5.1	2,932	7,946	2.7
2004	3,138	16,219	5.2	2,767	7,735	2.8
2006	3,181	16,484	5.2	2,811	7,649	2.7
2009	3,103	17,508	5.6	2,684	7,618	2.8
2012	2,784	16,732	6.0	2,463	8,241	3.3

資料：総務省・経済産業省『経済センサス活動調査』および沖縄県統計課『事業所・企業統計調査結果報告』より作成。

求められている。雇用の創出が少しでも図られることが望まれている状況にある。

（2）宮古島におけるマンゴーの加工仕向け

　宮古島におけるマンゴーによる産業集積は、図 3-9 に示す通りである。このなかで中核を担う組織体は LLP である。この LLP の存在により、宮古島にあるマンゴーが従来なら生食用にほとんどが仕向けられていたが、加工用への用途に仕向けられている。宮古島に観光で訪問する人達のお土産として生食用マンゴーは求められるが、この生食用としての期間は夏季に限定される。生食用マンゴーは収穫期のみの販売となり、宮古島のマンゴー関連業界では安定した収入となっていない。年間を通して訪れる観光客を対象とするのであれば、生食用に限定することなく加工した商品が必要となる。その加工された商品であっても、高級感を持たせた商品とすることで加工品であっても生産する農家への収入が多くなるような戦略が必要となる。つまり、ブランド化されている生食用としてのマンゴーのラインを拡張して、加工品であってもブランド商品としての高級イメージを持たせた商品を開発することが必要となる。

　LLP におけるマンゴーの加工品にはジュースやゼリーとしてそれを製品化し、このジュースは廉価なものでなく贈答用に向く商品を開発している。しかし、ここでの問題として一般に農村での加工品はジュースとジャムとなる場合が多い。守友によれば漬け物、ジャム、山菜などは市販での競合品が多く、余程の特徴が出せない限り市場形成ができない。このことが問題となりがちなのである（守友 1991）。これらを近隣の直売所のみで販売しているのであるが、それが他産地のモノと比較して差別化されておらず、ただラベルが違う程度となっている。今までのマンゴーに関しても他の土産物と同等の位置づけである場合が多く、他の土産物との差別化はできていなかった。加工マンゴーにおける LLP の方法は、マンゴーの持つ高級感を活用して差別化を図っているということである。宮古島での中心的な存在は LLP であり、この存在により宮古島で高級マンゴーの加工が始まった。

　LLP の存在により廉価な土産物となりがちなものを高級イメージを保持し、

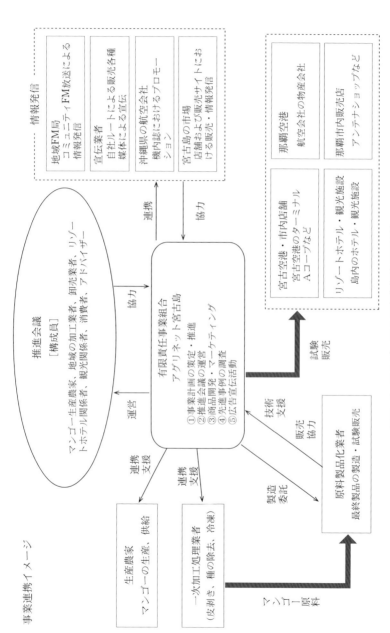

図3-9 マンゴーによる産業集積の可能性

資料：LLPアグリネット宮古島より。

様々なチャネルへ販路を拡大していった。ブランド商品としての加工品であることから、ブランド育成を常に実施することが必要となる。ブランドは育成することでブランドが充実する。ブランド育成には受身的な戦略と能動的な戦略を持った方法がある。消費者である観光客からみて受身的なものと育成する側からすると能動的なものとなる戦略はメディア媒体の活用となる。消費者へのアピールとして、メディア媒体の活用は観光客を対象とした戦略において航空機の機内誌に定期的に取り上げてもらうようすることである。これにより国内線に配置されていれば、どこでも観光客の視界に入れさせて、宮古島のマンゴーをイメージを定着させようとすることが可能となる。この方法は、消費者の連想順位を上げさせる効果をもっている。

　また、能動的な戦略として販売促進活動がある。沖縄県を含む道府県では物産の宣伝・販売活動をする組織をもっている。沖縄県では、沖縄物産公社であり、この公社が県産品を県外に売り込むことをしている。この公社の店舗がわしたショップであり、このショップは県内の観光客が多い場所に出店するだけでなく県外展開している。そして県外に居住している沖縄ファンが、定期的に店舗を訪問するところとなっている。LLPとすれば、まずこのわしたショップで取り扱いをしてもらうことで、県外での販路を安定的に確保する足がかりができている。しかも、わしたショップは価格的に安価なものから高価なものまで扱っている。県外に固定的に客が多くいて、そのなかにおいて高価なブランド商品であっても、それを嗜好する者が一定数いる。様々な商品を求める多様な客層があり、これにショップが対応している。販売促進活動はこれらの店舗に客として訪問する消費者に向けて情報を提供し、高価な商品であっても消費者が納得して購入し、かつその商品に対する感想を店舗が汲み取ることで商品のブランド育成につなげている。

　2つの販売戦略は県外対策だけではない。LLPは宮古島での活動としては、宮古空港の土産店での販売、宮古島内の土産物店での販売といった、観光客を相手にしている。これらの販売方法は既に宮古島に来ている観光客に対して販売する待ちの状態、つまり受動的な販売方法である。しかしこの方法が成功するには、まず島外に居住する者が観光をするために宮古島に訪問してもらうこ

とが重要となる。つまり、宮古島のなかで組み立てられている観光の誘致戦略があってこそ受動的な戦略を採ることが可能となる。いかに潜在的な観光客となりうる者が沖縄県外にいても、それらの者に対して宣伝活動を行って客を掘り起こすことにより、来島させるということが宮古島での販売活動への重要な戦略のベースとなっている訳である。宮古島内において受身的に土産物店が販売している背景には、月並みなことであるが、忘れがちなこととして観光の誘致戦略による積極的な集客活動をする能動的な戦略があってこそ成り立つことである。つまり能動的な販売戦略と受身的な販売戦略を織り交ぜながら、観光客相手に土産物店がマンゴーの加工品を販売しているということである。したがって、受身的な戦略と能動的な戦略は宮古島において表裏一体で実施されている。

　以上のことから、宮古島での取り組みは規格外品のマンゴーや滞貨してしまうマンゴーについて形を変えて加工されたブランド商品としてのマンゴーへと転換させている。このことは、宮古島産ブランドマンゴーを生食用だけとした考え方から、ブランドのラインを拡張して加工品であってもブランドマンゴーの一商品ということとなる。これはLLPの存在が大きい。この事例はLLPがバラバラになっていたマンゴー生産に関わる組織を結合させて、1つのブランド商品を作り上げたということである。

　LLPの存在により、生食用だけの状態からブランドを拡張させた効果であり、それを効果的に機能させたのは農家と販売業者の間にLLPが介在したことである。農家と販売業者の連携は他の産地で普通にみられることであるが、宮古島においてはこのLLPが介在することで何を消費者が求めているのかを農家に伝えるといったLLPが両者の橋渡し的な存在となっていた。そして販売業者といった流通業者への情報交換にもつながり、結果として産地での加工品であってもブランド商品化させて、無駄なくマンゴーを活用させたということにつながった。以上のことからブランドマンゴーが加工というラインの拡張によって産業を集積させた好例となっている。

7 おわりに

　設立された協議会により技術の平準化が可能となり、組織的な販売を中心にして農家と県内関係機関との連携をとられるようになった。個選個販での顧客販売特化からJA系統販売のような共選共販による組織的販売が、結果として安定的な販路を確保し、それを農家に保証することによりマンゴーの有利販売が可能となった。個選個販は、販売益を全て農家が手取りとして確保することができる。しかし、農家の横のつながりが希薄となりがちであり、技術を平準化することが困難となる。結果として、農家にとってすれば良いが、技術力の蓄積のない状況からみて長期間安定した産地を形成することに適していると言い難い。南部におけるマンゴー農家の経営実態は、次の3点にまとめられる。第1に、農家の栽培歴が10年前後と、十分に技術が蓄積されていない。協議会が設立される以前、JAや行政による技術指導がなく、農家が独自に栽培技術を向上させてきた。しかし、農家が独自に培った技術には必ずしも適切な技術とは言えないものもあった。第2に、農家がもっている良品以下の販売の方法である。JA系統販売は、ブランドマンゴーとして秀品と優品を中心にして販売している。農家における良品以下の扱いは、廉価品としての扱いとなっている。良品以下のマンゴーは、顧客販売を継続的にできるようにするためにサービス品として活用している。そして農家は収穫されたものを余すことなく利用しようとしている。サービス品といえども良品以下を消費者に渡すことはブランドの維持を困難とさせる。この販売方法では粗悪品を消費者に認識させてしまうのである。第3に、南部はJA系統販売を中心とした産地であるとみられた。しかし、農家は今まで確保していた固定客である顧客販売という有利な販売網を確保すべく、全量をJA系統販売とするのではない。

　次に、農家の販売方法から、マンゴー農家の多い北部における品質管理に対する取り組みをみると以下の3点に整理できる。

　第1に、小規模の農家は、マンゴーの収穫量が少なく、この限られた数量を確実で安定した販路に重きを置いている。とくに栽培開始当初からの顧客への販売を重要視している。この販売方法はロイヤリティー効果をもつ販売であり、

この方法であると多少の品質のばらつきがあっても顧客は納得し、そして継続的に購入する。第2に、平均規模の農家は、販売方法は小規模の方法に類似した形態となっている。しかしここでは該当した農家が少ないこともあり、普遍的な考察といえないものの、マンゴーを栽培開始から確保した顧客との信頼関係を崩さないようにしている。そしてそこに一定量のマンゴーをJA系統販売へ組み入れることにより安定した販路を確保している。第3に、大規模に展開している農家は、収穫量が大規模ゆえに多く、卸売市場出荷、JA系統販売、顧客販売といった複数の販路を選択している。そして階級をLAとLを中心に揃え、等級の高い選りすぐりを卸売市場に出荷し、次いで高い階級と等級のマンゴーをJA系統販売としている。

　県庁や市町村などの行政機関とJAや農家組織、流通業者などが一体となった協議会による県統一ブランド化は、品質管理や栽培基準が統一的になった効果をもたらした。そして、結果的に全体的な品質向上の契機につながった。さらに、協議会によるブランド化は農家に対して品質を管理することで単価の高いマンゴーが販売できるという意識を植え付け、農家にとって経営の発展の契機となったといえよう。農家が十分に品質管理を維持しながら、良品以下のマンゴーを安易に販売もしくは無償譲渡しないようにして、消費者に沖縄県産マンゴーのもつ高級イメージを崩さないようにすることである。

　現状であると、北部と南部での農家は、売り上げを伸ばすため、粗悪品であっても販売してしまう。農家は薄利多売することで少しでも売り上げを伸ばそうとする。この傾向は収益を上げようとする農家の行動に起因している。良品以下でS以下のマンゴーは、生食用よりも加工品の原料として活用することで、新たなマンゴー商品としてのカテゴリーに入れ、これにより新たな収入源を開拓することが求められる。今後のブランドマンゴーは、生食用としての商品だけでなく加工用としての商品への位置づけもすることが望まれる。このことについて、宮古島では規格外品だけでなく滞貨されるブランドマンゴーの加工品への応用が図られている。この良品以下の活用方法について、生産側からの考察が中心的であったが、若干加工の取り組みについて考察をした。次に加工品による高級イメージを演出した宮古島での取り組みをまとめると次の3点にま

とめられる。第1に加工品の意義は規格外品並びに滞貨するマンゴーを余すところなく活用できるということである。規格外品は別として滞貨する生食用ブランドマンゴーを加工品に転用することがなければ廃棄されるだけである。加工用に転用することに着目して、さらに規格外品も原料とする発想は、他の離島での応用が可能であろう。第2にブランドのラインの拡張が図れたという副次的な効果を生み出したことである。これは生食用中心のブランドの中に、加工品を取り入れたことである。第3に加工品を製造することにより雇用の場の少ない離島で、雇用の創出を導きだせたことである。製造業の少ない沖縄県では土産物の製造を地元の雇用でまかなわせることで立地し、それを観光客に販売するという製造と販売を結びつけることができたことである。島の外からカネを引き込ませることにつながり、それが可能となったといえる。

　沖縄県でのマンゴーのブランド化は、まだまだ発展の途上であり、さらなる飛躍の可能性を秘めている。生食用一辺倒とするのではなく、高級イメージを醸し出したブランド加工品をつくりだすことも望まれる。

注
1) このことについては、伊丹敬之（2009）を参照。
2) 沖縄県青果物ブランド確立推進協議会資料より作成した。
3) 2007年8月に調査した北部では107.5a であり、南部は収穫面積の規模が小さい。
4) 2名の農家は、優品率50％を超えているが、それ以外では良品率60％以上となっている。なお、自己評価の基準点は菊地（2009）と同様に60点以上とする。
5) LLP は2014年現在では既に解散している。しかし、その後に類似の起業があり、高級嗜好の組織の参考となったといえる。

〔引用文献〕
伊丹敬之(2009)：「経営戦略とは何か」『経営戦略の論理 第3版』日本経済新聞社、pp.1-31.
魏台錫・菊地香 (2003)：「新たな共販理念の創出による農家の経営者意識の高揚」『沖縄農業』36(1)、pp.29-42.
菊地香 (2009)：「沖縄県におけるマンゴー農家の経営意識に関する研究 －アンケート結果を中心に－」『農業および園芸』84(3)、pp.341-350.
菊地香 (2010)：「沖縄本島北部におけるマンゴー生産者の品質管理実態」『農業および園

芸』85(9)、pp.895-901.

菊地香・平良英三・中村哲也（2011）:「マンゴー産地の経営戦略 －沖縄本島北部を事例に－」『開発学研究』21(3)、pp.18-29.

斎藤修（2008）:「地域ブランドの戦略的課題」斉藤修編著『地域ブランドの戦略と管理』農文協、pp.17-26.

廣瀬牧人・名城敏（2005）:「沖縄産マンゴーの品質に関する比較分析(1)」『産業総合研究調査報告書(13)』沖縄国際大学産業総合研究所、pp.53-59.

守友裕一（1991）:『内発的発展の道 －まちづくり むらづくりの論理と展望－』農山漁村文化協会、pp.49-52.

〔１〕食品需給研究センターhttp://www.fmric.or.jp/facobank/fieldstudy/2010/05okinawa.pdf, 2014 年 7 月 9 日アクセス

第4章 「文化」因子の資源化に向けた
観光クラスターモデルの援用事例
－愛知県における観光開発事例から－

山下 哲平・橋本 孝輔・朽木 昭文

1　はじめに

　本章の目的は、地域経済の段階的発展モデルとして開発されたシークエンス理論を、日本の観光開発の事例に援用し、その有効性を明示化することである。

　愛知県が日本の観光名所として、どこまで認知され、どのくらいの観光客が訪れているのかを把握するために、観光庁の観光入込客統計を参照してみる。愛知県への日本人の県外からの宿泊客 (1,000 人回) をみると、2,179 (1,000 人回) で都道府県別で 21 番目（集計中を除く）、トップの長野県の 9,426 (1,000 人回) に比べ 23％程度である。また、外国人観光客は 209 (1,000 人回) で都道府県別で 7 番目（集計中を除く）である。ちなみにトップは、東京都で 1,646 (1,000 人回) である。外国人観光客について、この愛知県とほぼ同位なのが沖縄県で 207 (1,000 人回)、8 番目（集計中を除く）である。他方で、「観光地点」数のランキングをみてみると沖縄県が 23,141 地点で 31 番目（集計中を除く）であるのに対し、愛知県は 103,944 地点で 5 番目（集計中を除く）と多い。このことは、愛知県の国内観光客集客力が、観光地点数の多さの割に低いということと、沖縄県の観光地点数が少ない割に外国人観光客への高い集客力を示している。

　このような状況を踏まえ、沖縄県の観光開発のプロセスを成功事例として捉え（また参考としてベトナムの事例を対照させる）、シークエンス経済モデルを援用しながら、観光開発に置ける発展要素の整理と観光資源となる文化資源の因子化を実施する。

　シークエンスの経済とは、インプットの投入の配列（シークエンス）順番を正しくたどることで経済効果がより高まるという理論仮説である。アジアを中心とする発展途上国では、社会経済成長の要因が圧縮的かつ重層的に投入される

ことにより、急速なマクロ経済の成長を実現すると同時に国内所得格差の拡大、環境問題、文化・伝統の一次的断絶が顕在化している（図4-1）。

ここで、3つの課題が浮き彫りとなる。1つめは上述の通り、急速なマクロ経済成長とともに生じた外部不経済への対応である。2つめは、社会経済成長の要因間の関係性（連続性）が不明確であること。3つめは、文化・伝統という要因が与える社会経済成長への貢献度の検証方法である。1つめの課題に関しては、すでに途上国開発における最重要課題の1つとして位置づけられており本稿においては言及しない。2つめと3つめの課題について、朽木（2007）がシークエンス理論を用いて分析を試みている（図4-2）。

これはアジアにおける産業クラスター形成プロセスについて、要因とその発展について定性的に整理したものである。このシークエンスに係る研究はフローチャート・アプローチとして、図4-3の通り発展段階と各要因の序列をイノベーションとクラスター化に至る過程として整理され、研究が進められている（Kuchiki A. et al. 2011）。

本研究では、上記のシークエンス理論仮説を日本の新興セクターと目される観光開発に当てはめ、「文化」要因が蓄積された段階（第1段階：集積）について文化の基礎因子の整理を行う（第2節）。具体的には、国際イベントの開催と

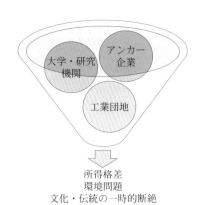

図4-1　圧縮的経済成長と社会問題
資料：筆者作成。

第4章 「文化」因子の資源化に向けた観光クラスターモデルの援用事例　93

図4-2　産業クラスター形成プロセス
資料：筆者作成。

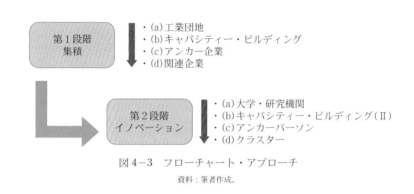

図4-3　フローチャート・アプローチ
資料：筆者作成。

国際空港の開港を同時期に行った愛知県について分析し（第3節）、今後の課題について整理する（第4節）。

2　観光開発と文化

(1) 日本の観光開発の経緯

　日本の観光開発に係る現在までの概要は、以下の通り整理される。平成19年1月に観光立国推進基本法が施行され、平成19年6月には、観光立国に向けての総合的かつ計画的な推進を図るため観光立国推進基本計画が閣議決定された。また観光庁の設置を目指した「国土交通省設置法等の一部を改正する法律」が平成20年4月25日に成立、平成20年10月1日に国土交通省に観光庁が設置（観光庁 2010）されている。この背景には、日本が観光で地域経済を活

性化し地域の再生を観光力の増進により成し遂げることが期待されていること（水野 2011）、観光消費による他産業への波及効果への期待も大きいこと（日比野ら 2009）、心の豊かさを求める社会的ニーズ、地域活性化、歴史的建造物を含む文化的資源を観光に活用、まちづくり・地域産業育成につなげようとする試みが増えつつあることなどがあげられる（垣内ら 2009）。

（2）文化の構成因子：沖縄の事例

Kuchiki A. et al. (2011) によれば、琉球王朝という歴史・伝統の文脈の下で、食文化や芸能などが涵養され、沖縄の海を含めた美しさ（沖縄美ら海水族館）と健康・癒しを主軸として、これらを観光資源化（観光クラスター化）させるイノベーションが生じたとしている。

この背景には、昭和 46 年沖縄振興開発特別措置法による大規模な社会関係資本（特に道路、港湾、空港など）への投資、さらに平成 14 年の沖縄振興特別措置法による集中的な観光産業・情報通信産業・国際物流拠点産業等の振興、また文化や環境（良好な景観の保全や自然環境の保全や再生など）、国際協力や国際交流に係る努力義務規定が創設されている。また、平成 12 年には第 26 回主要国首脳会議（九州・沖縄サミット）が開催され、日本初の地方開催サミットとして注目を集めた。このように観光資源のベースとして「文化」があり、これらを観光クラスターとして資源化する為のインフラ投資と知名度を上げるイベントが行われることで、平成 17 年には観光客数 500 万人を突破、平成 24 年 1 月時点では 548 万人と安定的に観光客数を確保している。

これら沖縄の多様な観光資源について、図 4-4 では食、音楽、歴史、織、工芸・美術、保養地、酒、祭り・舞踏、宗教、建築物に文化の構成因子として分類し、観光客数の増加とともに整理した。

（3）文化の構成因子：日本全国およびベトナム中部

前項で行った文化の構成因子の洗い出しについて、日本全国およびベトナム中部について同様の手順で行い表 4-1 の通り整理した。表 4-1 の通り観光資源となり得る因子は各地に集積しており、資源化を待っている状況と見ること

第4章　「文化」因子の資源化に向けた観光クラスターモデルの援用事例　95

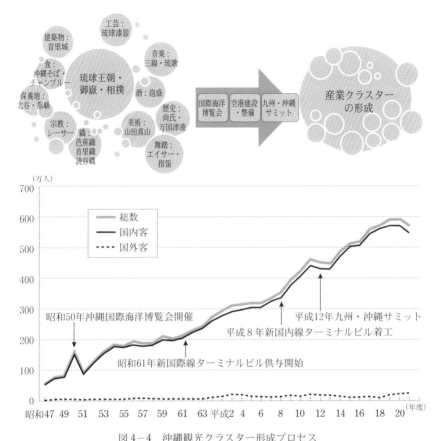

図4-4　沖縄観光クラスター形成プロセス
資料：沖縄県企画部統計課（http://www.pref.okinawa.jp/toukeika/）。

ができる。ここで沖縄の事例にもどり、空港インフラの整備と九州・沖縄サミットという2つのインパクトに着目したい。離島である沖縄において空港は、港湾と並び交通インフラの主軸である。

　県外や国外からの観光客は、この2つの交通インフラを利用せずに沖縄に訪れることができない。しがって空港の整備は、観光開発において最重要であることは自明である。他方で、九州・沖縄サミットのような国際的な大イベントによって大きな知名度を獲得したことも事実である。

表 4-1 文化の

	沖 縄	宮 崎	鹿児島	中部ベトナム	北海道	宮 城
文化の基礎因子	琉球王朝 御嶽・相撲	ひむか神話の街道	薩摩藩・桜島	チャンパ王国	蝦夷 アイヌ民族	陸奥国の国府 奥州藤原氏
食	豚肉・豆腐 昆布・沖縄そば チャンプルー	地鶏・宮城牛 かぼちゃ	さつま揚げ 黒豚	フエ宮廷料理	トウモロコシ 魚介類 ジャガイモ ラーメン ジンギスカン	米・ずんだ 牡蠣・牛タン ふかひれ 笹かまぼこ
音 楽	神歌・三線 琉歌	民謡 芋がらぼくと		クアンホー(民謡) ニャック クエ	バラライカ トンコリ ウマントンコリ	大漁唄い込み さんさ時雨
歴 史	尚氏 万国津凌	天岩戸 伊藤家 古墳	島津家	チャム王国 グエン朝	アイヌ文化 シャクシャイン 明治期開拓	伊達正宗
織	芭蕉織・首里織 読谷織 ミンサー織 宮古上布 八重山上布 久米島紬	綾織り	大島紬	チャム織物 ドンソン文化	蝦夷錦	仙台平
工 芸	ガラス 琉球漆器 壺屋焼き びんがた	日向塗(沖縄から) 碁盤・碁石	薩摩焼	伝統漆器	ガラス工芸 木彫り	こけし 仙台箪笥
美 術	山田真山	瑛九	黒田清輝 洋画	ドンホー版画		
保養地	北谷市 沖縄市 那覇市	えびの高原	指宿	ホアヒン・ビン	ニセコ・富良野 知床・旭川 小樽・釧路 函館	松島・蔵王 中山平
酒	泡盛	そば焼酎	さつま白波	ネプチャン	ビール	一の蔵 雪の松島 浦霞
祭り舞踊	エイサー 指笛・琉球舞踊 組踊		霧島音頭		よさこい ソーラン節 さっぽろ雪まつり	仙台七夕祭り
宗 教	シーサー				函館ハリスト正協会 自然信仰	鹽竈神社 金華山
建築物	城				五稜郭 時計台 小樽運河	多賀城 青葉城址

資料：筆者作成。

第4章　「文化」因子の資源化に向けた観光クラスターモデルの援用事例　　97

構成因子（各地）

新　潟	神奈川	愛　知	大　阪	広　島	愛　媛
豪雪地帯 米どころ 酒どころ	開港の町 京浜工業地帯 海岸・山	戦国武将 中京工業地帯 新しいもの好き	商人の町 天下の台所 上方文化	毛利氏 尾道トンビ 厳島文化	伊予の湯 水軍
米・餅・米菓 枝豆 ナンバエビ	焼売・三浦大根 カレー シロコロホルモン しらす サンマーメン かまぼこ	名古屋めし	たこやき 串揚げ お好み焼き 関西風うどん いかやき	お好み(鉄板)焼き 尾道ラーメン 牡蠣 もみじ饅頭	みかん いよかん 鯛飯 たこ飯 五色そうめん
佐渡おけさ 米山甚句	横浜市歌 赤い靴 ダンチョネ節	岡崎五万石	河内音頭 六甲おろし	敦盛さん	宇和島さんさ
上杉謙信 直江兼続	源頼朝 北条氏 吉田新田	織田信長 豊臣秀吉 徳川家康 桶狭間古戦場 長久手古戦場	難波長良豊埼宮 豊臣秀吉 古墳 堂島の米市場	毛利元就 平清盛	夏目漱石 お遍路（四国）
小千谷縮 塩沢紬	スカーフ	尾州 名古屋友禅	織絨毯 泉州タオル 綿スフ織物	備後絣	今治タオル
村上木彫堆朱 桐箪笥 越後与板打刃物 ステンレス製洋食器	箱根細工 大山こま 小田原提灯 芝山漆器	赤津焼	難波錫器 欄間彫刻 泉州桐箪笥 大阪張り子	熊野筆 広島仏壇 宮島細工 福山琴	砥部焼き 大洲和紙
越後湯沢 妙高高原 佐渡	葉山・湘南 丹沢・箱根 湯河原	豊川・豊田 蒲郡・犬山小牧		福山・尾道 広島・宮島 道後温泉 宇和島	
八海山・越乃寒梅 〆張鶴・久保田	ビール	清洲桜醸造	天野酒	加茂鶴	梅錦
長岡まつり	平塚七夕祭り	尾張津島天皇祭 国府宮 はだか祭り	天神祭 だんじり祭り	忠海の祇園祭 みこし行事	新居浜太鼓祭 り松山まつり
弥彦神社 白山神社 神社数日本一	川崎大師 寒川神社 鶴岡八幡宮	豊川稲荷 伊賀八幡宮	住吉大社 四天王寺	厳島神社 安芸門徒	宇和津彦神社 石手寺・太山寺 大宝寺 犬山祇神社
萬代橋・高田城 宿根木	ランドマークタワー 外国人墓地 小田原城 三渓園	名古屋城 岡崎城・犬山城 如庵・金蓮寺	大阪城・通天閣 太陽の塔	原爆ドーム 広島城	松山城 宇和島城 瀬戸内しまなみ 海道

以下では、国際空港の開港と国際イベントを同時期に行い、かつ、それ以前にも新幹線や高速道路など他の十分なアクセスビリティを有していた愛知県の事例を見てみたい。

3　愛知県と名古屋市および万博・中部国際空港

（1）愛知県の概要

　愛知県は全国平均から比較すると都市化が進んでいるが、大都市圏を抱える県のなかでは、森林や農用地の割合が高く、比較的緑豊かで、ゆとりのある土地利用状況にある。推計人口は741万5,000人（平成24年4月1日）で、これは東京都、神奈川県、大阪府に次ぐ第4位である。県内総生産は31兆8,550億円で、東京都、大阪府に次ぐ第3位となっている。産業別にみると、第三次産業の割合が過半数を占め、第二次産業の割合が約3分の1を占めている。特に製造業の構成比は全国に比べ極めて高く、従業者4人以上の事業所についてみると、製造品出荷額等は38兆2,108億円で34年連続全国第1位である。製造品出荷額等を業種別でみると、輸送機械、鉄鋼、食料品、プラスチックの順となっている。

（2）名古屋市の概要

　名古屋市は関ヶ原の戦いで天下の実権を握った徳川家康が、築城工事を始めたのは、慶長15年（1610）のことで、これに伴って清洲の士民が移り住み市街地ができあがった。以来、徳川御三家筆頭の城下町として尾張藩の中心となり、江戸・大坂・京につぐ発展をした。明治・大正から昭和の初頭には経済界の活況に伴い、商工業都市として順調な発展を続け、昭和12年（1937）に名古屋汎太平洋平和博覧会を開くに至った。戦後、いち早く復興都市計画事業に着手した。100m道路の建設、平和公園への墓地移転などの大事業を行い、今日の基盤が確立されている。

　武長（2011）は名古屋市を以下のように指摘している。名古屋市はトヨタを中心とした製造業の拠点であり、産業都市であった。そのため名古屋市には観

光都市としての視点が弱かったか、むしろなかったかもしれない。そのような観光都市としての視点がないことは、潜在的に多くの豊かな観光資源に気づかないことにも通じる。空港へのアクセス、東京、京都などの関西、高山、長野県などへのアクセスの容易さは名古屋の利点である。名古屋を起点として、広域の観光の推進を交通面からも考えられよう。万博を契機に名古屋は全国的に知られるようになった。ただし、それは観光都市としての魅力ではない。この武長の指摘は観光に対するイノベーションを求められていると考えられるものである。

名古屋市が行ったアンケート「全国から見た名古屋の観光に関する評価」にて、名古屋への訪問目的は「友人・親戚の訪問（32.4％）」「観光施設の見学（30.7％）」「ショッピング（28.5％）」「仕事（27.8％）」となり多岐にわたっている。また同アンケートで認知度の調査も行い、「なごやめし（71.5％）」「名古屋ゆかりの武将や尾張徳川の史跡や遺産（62.4％）」「熱田神宮（53.1％）」「東山動物園（41.1％）」「栄（40.6％）」と続く。これらから食や歴史が名古屋の大きな魅力であるようだ。

（3）万博の概要

万博の正式名称は 2005 年日本国際博覧会であり、略称として愛知万博、愛称として愛・地球博が用いられた。開催期間は、2005 年 3 月 25 日から 2005 年 9 月 25 日の計 185 日間であった。主な舞台は長久手町・豊田市、瀬戸市、会場は長久手会場と瀬戸会場の 2 つに分かれゴンドラで行き来できる。主なテーマは自然の叡智で、長久手会場は「地球大交流」を実現する「グローバル・コモン（外国館）」と「グローバル・ループ（空中回廊）」を基本骨格に構成され、瀬戸会場は自然環境の保全に最大限の配慮を払い、「自然の叡智」というテーマを具現化したシンボルゾーンとなった。最終公式入場者数は、22,049,554 人であった。

またこの万博会場には、隣接する駐車場を設置せず、パーク＆ライド駐車場として開設した。パーク＆ライドとは、交通渋滞の緩和や環境負荷軽減のため、自家用車を万博専用駐車場に駐車し、そこからシャトルバスに乗り換え、会場

まで移動するシステムのことである。万博専用駐車場は、豊田市から豊山町の名古屋空港までと幅広く、会場までのシャトルバス所用時間が、15 分から高速利用 35 分となっている。鉄道の場合、最寄り駅である「万博八草駅」からシャトルバスおよびリニアモーターカーを利用して会場に向かえる。また開催期間中は臨時列車として「名古屋駅」から「万博八草駅」までの直通電車を用意したり、輸送力を増強したりした。バスでは駅シャトルバスが用意され、名古屋駅からの直通バスが開設された。

（4）中部国際空港（セントレア）の概要

セントレアは中部国際空港の愛称であり、中部を表す「central」と、空港や航空をイメージする「air」をもとに、日本全国の人々から公募し選ばれた愛称である。2005 年 2 月 17 日に開港し、愛知県名古屋市から南へ 35km の知多半島の都市常滑の伊勢湾海上に立地している。長崎空港、関西空港に次ぐ国内 3 番目の海上空港で 24 時間運用可能で、出発地や到着地の便利な時間に発着できるようになり、また深夜でも貨物専用便の発着が可能になったため貨物の流れがよりスピーディーとなる。さらに、滑走路が 3,500m と長いため、より多くの旅行者や貨物を、アメリカ東海岸や南ヨーロッパ、北アフリカなどの、より遠くの都市へ直接飛ぶことが可能になる。

アクセス方法は、車の場合名古屋市内からセントレアへは、名古屋高速・知多半島道路・セントレアラインを利用して、30 分から 40 分である。ターミナルビルに直結した駐車場は 24 時間営業で、早朝や深夜の入出場も自由に利用できるよう開設されている。鉄道の場合、名古屋鉄道を利用した場合、名古屋から最速 28 分である。その他には、中部の各都市を結ぶバス、津および松阪への航路がある船、タクシーが利用可能である。ターミナルビルには約 110 店舗が入り、セグウェイを使ったガイドなどのイベント開催が行われ、空港利用者を「飛行機に乗る」以外にも積極的に集客している。

（5）愛知県内における観光客数の増減

愛知県は、2005 年に万博開催および空港開港が行われた。愛知県観光コンベ

ンション課の公表する観光レクリェーション利用者統計をグラフ化すると、2005 年およびそれ以降に大きく利用者数を伸ばした 3 地域（名古屋、尾張北部、知多・衣浦東部）が明らかになった。なかでも、尾張北部では典型的な一過性のインパクトを示している（図 4-5）。

（6）万博開催と空港開港のインパクト比較

名古屋、尾張北部、知多・衣浦東部の 2005 年以降の外れ値と想定される期間に、両要因についてダミー変数を用いた t 検定行った（表 4-2）。

この結果、万博開催の場合、開催地である尾張北部での万博ダミーは空港ダミーよりも有意水準は高く、一方で、空港開港の場合、空港のある知多・衣浦

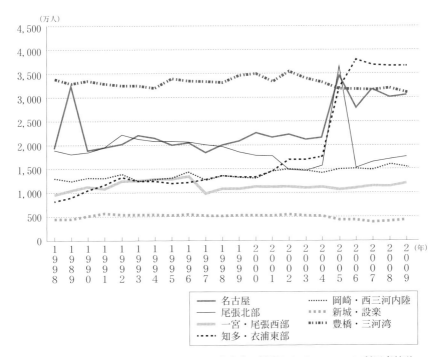

図 4-5　愛知県観光コンベンション課の公表する観光レクリエーション利用者統計
資料：平成 22 年愛知県観光レクリエーション利用者統計（産業労働部観光コンベンション課）をもとに筆者作成。

表4-2　万博開催と空港開港に関するt検定結果

	名古屋	尾張北部	知多・衣浦東部
万博ダミー	2.2106[**]	11.0013[***]	0.9356
空港ダミー	4.6087[***]	1.8049[**]	17.9736[***]

有意水準　[*]=0.10　[**]=0.05　[***]=0.01

資料：筆者作成。

東部と名古屋は空港ダミーのほうが、万博ダミーより高かった。観光客が以前より高い水準で推移していない万博ダミーと、観光客が以前より高い水準で推移している空港ダミーが、万博開催も空港開港も愛知県の中心都市として間接的に関与する名古屋における空港ダミーの方が有意差があると認められたことから、空港開港の方が万博開催といったイベント開催を行うよりもインパクトが高いことが明らかとなった。

4　今後の課題

　第1に、イベント開催の一過性の問題である。アクセスビリティの改善が観光クラスター形成の一義的要因であることが明らかとなったが、他方で、イベント開催のインパクトをいかに持続させるかという課題が浮き彫りとなった。また、東日本大震災の放射能問題のように一過性で終わって欲しいが、その期待が難しい負のイベントもある。

　第2に、PULLとPUSHの問題がある。知多・衣浦東部は、2つの要因により高い観光客数の確保を保っている。これは、潜在的にあったマリンスポーツなどのリクリエーション資源がアクセスビリティの改善と知名度の獲得によって掘り起こされた好事例であり、強いPULL効果を発揮したと見ることができる。他方で、豊橋・三河湾や新城・設楽エリアは徐々に観光客数が減っており、周辺の観光資源が開発されることでPUSH効果（またはTHROUGH）を助長したと考えられる。本来の観光クラスターの視座は、周辺の観光資源因子が互いにつながることでより高い集客力を発揮するというものであったが、今回の愛知県事例では必ずしも観光クラスター化の好事例とはいえないことがこの点から

いえる。

　第3に、国内観光客と国外観光客とのターゲットの差別化問題である。日本を訪れる国外観光客の多くはアジア、特に中国（台湾、香港を含む）と韓国である。2012年1月から5月までの観光客数約236万人のうち、中国（台湾、香港を含む）が約102万人、韓国が約60万人となっている。そしてその60％以上が東京に、その他大阪(26.1%)と京都(24.0%)が主たる観光目的地としている(2010年JNTO調べ)。すなわち国外観光を対象に考えれば、VISIT JAPANキャンペーンの大部分はこの3都府のPULL効果に吸収されていると考えることができ、従来のアプローチから脱却しなければこの構造を脱することは難しい。

　最後に、今後は文化の構成因子という基礎的要素の比較とともに、各地方の空港開港および各地方のイベント開催の比較をより精緻に行っていきたい。また上記の第3の問題の通り、従来のアプローチでは、東京・大阪・京都の3大都市に対抗することは難しい。したがって今後は、中部観光圏としてその観光資源をクラスター化していく方策についてより深めて行く必要がある。

〔参考文献〕

垣内恵美子・奥山忠裕（2009）：「文化観光の経済効果 －岐阜県高山市伝統的建造物群保存地区の事例－」『文化経済学』第6巻3号，pp.137-145．

朽木昭文（2007）：『アジア産業クラスター論 －フローチャート・アプローチの可能性』（有）書籍工房早川。

武長脩行（2011）：「名古屋市における観光まちづくりの現状と今後の方向 －他都市との比較からみて－」『椙山女学院大学研究論文集』第42号。

野村證券株式会社 東海3県プロジェクトチーム編（2004）：『東海ビッグバン グレーター・ナゴヤの新たなる飛躍に向けて』中日新聞社。

日比野直彦・早川伸二・森地茂・金兌奎（2009）：「観光地の特性と入込客数の時系列変化に関する基礎的研究」『運輸政策研究』Vol.11, No.4, Winter（通巻043号）pp.030-036．

細川昌彦（2008）：『メガ・リージョンの攻防』東洋経済新報社。

水野紀男（2011）：「地域再生の基軸としての観光 －岐阜県東濃地区・多治見市における観光を考える－」『学苑 総合教育センター・国際学科特集』No.847, pp.48-61．

Kuchiki,A., T. Mizobe and T. Yamashita(2011): A Study on Industrial Cluster Policy in Beijing, Studies in Human Sciences(#9), pp.22-67.

〔**参考 web サイト**〕
観光庁ホームページ　http://www.mlit.go.jp/kankocho/
愛知県 統計調査　http://www.pref.aichi.jp/kanko/menu/kankou/toukei.html
愛知県公式 Web サイト　http://www.pref.aichi.jp/
名古屋市公式ウェブサイト　http://www.city.nagoya.jp/
中部国際空港 セントレア　http://www.centrair.jp/index.html
EXPO 2005 AICHI,JAPAN　http://www.expo2005.or.jp/jp/

第5章　由布市の観光クラスター形成の事例

朽木　昭文・溝辺　哲男・菊地　香・山下　哲平

1　はじめに

　大分県由布市（旧湯布院町）における観光クラスター形成は、日本において特異な経緯をたどっている。それは「開発を抑制する」という、通常とは逆行する理念を基にしたものであった。この理念が形成された背景には、1955年に湯布院町初代町長となった岩男頴一氏が掲げた「湯布院町保養温泉地構想」がある。この構想を具体化するため、岩男町長は1969年に西ドイツの温泉保養地を視察し、「湯布院町クアオルト構想」を着想した。さらにこれを後押しすることとなった、1971年のヨーロッパ研修がある。

　そもそも由布院温泉は「保養地」としての性格が強く、リゾートではなく湯治場としての歴史を歩んできた。1955年2月に由布院町と湯平村が合併し、湯布院町が誕生した。岩男町長は、産業・温泉・自然の山野の3つを統合し、ダイナミックに機能させた町づくりを表明し、「湯布院町保養温泉地構想」の取り組みを開始した。そのモデルとして、ドイツの滞在型保養都市として知られるバーデン＝バーデンに着目し、同地への視察が検討されることになった。1971年に同氏の後押しを受け、「由布院

表5-1　由布院温泉観光協会　歴代会長

	会長名	所属
初代	小野　順吉	山水館
1974～1975年	冨永　岩夫	万象苑
1976～1979	溝口　薫平	玉の湯
1980～1981	小野　和俊	ペンションゆふいん
1982～1983	志手　康二	夢想園
1984～1985	衛藤　昭彦	なか屋
1986～1991	志手　一夫	三角屋
1992	小野　正文	山水館
1993～1994	溝口　薫平	玉の湯
1995～2000	中谷健太郎	亀の井別荘
2001～2007	志手　淑子	夢想園
2008～	桑野　和泉	玉の湯

資料：『ゆふいん観光新聞』No.47(2012)、由布院観光総合事務所。

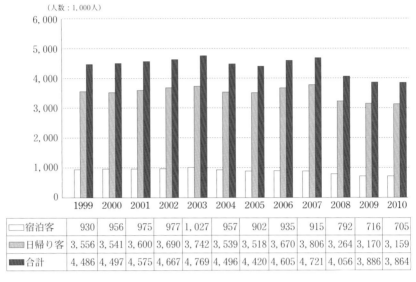

図 5−1　由布市入込観光客数（1,000 人）の動向
資料：湯布院観光動態調査より筆者作成。

「玉の湯」の溝口薫平氏、「亀の井別荘」の中谷健太郎氏、「夢想園」の志手康二氏によるヨーロッパ研修視察が行われた（表 5−1）。同研修視察を経て、①癒しの場としての緑や空間、②滞在型保養地への特化、③地域「全体」でツーリストを迎える体制を学び、由布院の包括的な保養地としての町づくりが進められた。

　由布市の入込観光客数は図 5−1 に示すとおり 2007 年までは宿泊客 90 万人前後、日帰り客 300 万人台後半で推移した。2008 年のリーマンショック以降、宿泊客が 79 万人、日帰り客が 326 万人まで落ち込み、平成 21、22 年も減少傾向にある。消費額ベースでは 173 億円から 137 億円へ、3 年間で 30 億円以上のマイナスとなっている。

2 由布市観光クラスター形成の経緯

　由布市のクラスター形成の契機となったのは、皮肉にも 1952 年のダム建設計画であった。1955 年に由布院町・湯平村が合併し、岩男町長の体制がスタートした。町長は、当時の有数の温泉地であった別府とは異なるタイプの保養温泉地構想（「湯布院町保養温泉地構想」）を掲げた。当時は、1960 年にゴルフ場開発計画、1973 年にサファリパーク誘致計画が出ており、開発と環境共生との選択分岐点にあった。結果、これらの開発計画の反対運動は、1982 年の自然環境保護条例へとつながり、自然保護を重要視する考え方が確立した。

　表 5-2 で示すように、この計画の実行で決定的な役割を果たしたのは、岩男町長の 1969 年の西ドイツ視察、1971 年のヨーロッパ研修視察旅行、1978 年

表5-2　大分県由布市のまちづくり年表

西暦	年号	開発計画	まちづくりのための活動	政治的要因
1952	昭和 27 年	ダム建設計画		
1953	28 年			
1955	30 年		「保養地温泉構想」	由布院町・湯平村が合併し湯布院町となる。岩男町政スタート
1956	31 年	自衛隊湯布院駐屯地開隊		
1959	34 年			国民温泉保養地に指定
1964	39 年	九州横断道路全線開通		
1967	42 年			全日本観光地百選入選
1968	43 年			
1969	44 年		岩男町長西ドイツ視察→「湯布院町クアオルト構想」の着想	
1970	45 年	猪ノ瀬戸ゴルフ場建設計画	湯布院の自然を守る会発足	
1971	46 年		ヨーロッパ研修視察旅行→「湯布院町クアオルト構想」を後押し 明日の由布院を考える会発足→牛一牧場運動開始	
1972	47 年	統一案内標識設置	環境計画展	自然環境保護条例制定
1975	50 年		第1回牛喰い絶叫大会開催 第1回ゆふいん音楽祭開催 辻馬車運行開始	大分中部大地震
1976	51 年		「この町に子どもは残るか」シンポジウム開催 第1回湯布院映画祭開催	
1977	52 年		第1回ジャズ祭開催	
1978	53 年			第2回ドイツ健康温泉地研修
1979	54 年		ゆふいん源流太鼓結成	平松県政スタート

表5−2 大分県由布市のまちづくり年表（つづき）

西暦	年号	開発計画	まちづくりのための活動	政治的要因
1980	55年		1万2,000千人の祭典始まる	
1981	56年		「明日の由布院を考える会」発足	環境庁より「国民温泉地」指定 観光協会、一村一品運動奨励賞受賞
1982	57年		サントリー地域文化賞受賞	健康温泉館建設に関する100日シンポジウム開催
			西日本文化賞受賞	
			第2回食べ物文化フェア開催	
1983	58年		湯布院物産展協会発足	潤いのある町づくり自治大臣表彰
1984	59年	地域ビジョン（33の行動計画）		日本の旅ペンクラブ賞受賞
1985	60年			クアオルト構想促進委員会発足 環境デザイン会議設置
1986	61年		第1回商工祭り開催	アメニティコンクール最優秀賞受賞
1987	62年	総合保養地整備法（リゾート法）	第1回牛喰いサミット開催	コミュニティマート構想推進
1989	平成元年	高速道湯布院・別府間開通 特急ゆふいんの森号スタート		ふるさと川環境会議設置 水と緑のふれあい基金設立
1990	2年	JRゆふいん新駅舎完成 由布院温泉観光五ヵ年計画策定	ゆふいん女性フォーラム開催 ゆふいん健康温泉館オープン	潤いのある町づくり条例制定
1991	3年	湯布院町総合計画策定		人材育成ゆふいん財団発足
1992	4年		全国和牛能力共進会開催	
1994	6年	九州横断道路無料化		
1995	7年			「湯の坪街道」が都市景観大賞受賞 第4回環境自治会議開催
1996	8年	由布院温泉観光基本計画策定 大分自動車道前線開通		
1997	9年	川上手などのウォーキングトレイル事業実施商業ビジョン	商業ビジョン	ゆふいん建築環境デザイン協議会発足 岩切章太郎賞を受賞
1999	11年	ゆふいんの森構想策定	人と車が折り合った湯布院の交通のしくみを考える会発足 「ゆふいん建築環境デザインガイドブック」作成 町民参加による交通量調査の実施	
2000	12年		町民参加による交通駐車場情報提供による誘導実験の実施	
2001	13年	湯布院男女共同参画推進条例制定		
2002	14年	大分自動車道別府−湯布院間3車線化 ゆふいん名称使用届出要綱制定	湯布院まちづくり交通対策協議会設置 交通社会実験実施	ゆふいん観光行動会議市町村合併問題研究会発足 ゆふいんらしい景観をつくる屋外広告物を考える会 大分郡任意合併協議会設置
2003	15年		合併問題を契機に湯布院町の未来を考える会	
2004	16年		合併問題プロジェクトチーム結成	
2005	17年	6月、大型旅館建設計画、町に申請（77室） 「由布市都市計画マスタープラン」策定	8月、大型旅館建設計画への反対集会	4月、湯布院町国民宿舎由布山荘指定管理者指定式 10月1日、由布市誕生

資料：由布院温泉観光基本計画1996.3および国土交通省『民間都市開発』事例番号146 森としてまちを育てる（大分県由布市（旧由布院町））より、筆者作成。

の第 2 回ドイツ健康温泉地研修であった。これらの研修が、由布市観光クラスターの理念形成に大きな影響を与えた。その理念は大型プロジェクトによる大開発とまったく異なる考え方であったといえる。

3　由布市観光クラスターの方向性と決定因子

　1971 年のヨーロッパ視察を受けて、湯布院はドイツのクアオルトでの保養温泉地を目標とした。これが「湯布院クアオルト構想」である。これは、観光の町をつくることではなく、温泉、スポーツ、芸術（アート）文化、自然環境などの生活環境を整え、住民の暮らしをより充実させ、独自の保養温泉地の形成を目指している。このクアオルト構想は、熊野古道や山形かみのやま温泉と連携し、気候性地形療法による滞在型の温泉健康保養地の確立を目的とした、つまり温泉、滞在、ウォーキングを組み合わせた健康づくりをコンセプトとしている。

　湯布院町は、1981 年に観光庁より「国民保養温泉地」指定を受けた。これにより、「それまで守り育んできた自然の山野と温泉、そして新しく育んだ文化は、まちの経済活性の打ち出の小槌となり、町づくりへの百年の大計がここにきて定まった」（湯布院町 HP）のである。その後、1982 年の「明日の由布院を考える会」などの活動により、第 1 次産業である農業と第 3 次産業である観光の連携を目指すようになった。この 1 つが、牛一頭牧場運動である。これは後に、グリーンツーリズムへと繋がっている。また同年、保養温泉地の核ともなるべき施設である「保養温泉館」建設のための 100 日シンポジウムが開催された。

　1987 年に総合保養地整備法（リゾート法）が施行され、湯布院町にも開発の波が押し寄せてきた。このバブルのような地価の高騰、大規模リゾート計画の乱立に対し、町は 1990 年に、「潤いのある町づくり」条例を制定した。この条例は、1990 年のバブルの絶頂期に制定され、その基本理念が開発を促進するだけではなく、開発事業などの調整、すなわち「成長を管理」する基本姿勢を示したのである。この前提には、美しい自然環境、魅力ある景観、良好な生活環境が湯布院のかけがえのない資産であるという基本理念がある。その条例の骨子

は、第1に町民の生活に支障が生じない、第2に公共、公益施設の整備と適切な調和を保つ、第3に町の財政または行政事務上の過重な負担を生じない、第4に公共の福祉の増進に貢献することとなっている。

　1996年に「由布院温泉観光基本計画」が策定された。これは、3つ理念と4つの基本計画からなる。図5-2に示すように基本理念は、第1に自然環境や景観を守り育てていく、第2に豊かな暮らしを成立させる、第3に由布院流の

図5-2　由布院温泉観光基本計画の理念
資料：由布院温泉観光基本計画（1996年3月）より、筆者作成。

交流をするとなっている。この基本計画は、第1に由布院の道と交通を考える（広域的な観光交通を適切に誘導する）、第2に由布院のデザインと風景・景観を考える、第3に異業種との連携を考える、第4に地域との連携を考えるとある。ここで、異業種との連携は、農・食・観光クラスター形成にとって不可欠な取り組みであることを指摘したい。観光業者は、農業者や商業者と連携することになる。まず「農」との連携では、契約農園の積極的な推進や由布院流のグリーンツーリズムの推進である。「商」との連携では、地元商業の積極的な活用し、町中観光としての魅力づくりの推進をすることが可能になる。これが農業、飲食業、観光業の連携によるクラスターの形成であり、由布院温泉は見事にこのシークエンスを辿ってきたのである。

2005年に湯布院町、庄内長、狭間町が合併し、由布市が誕生した。2013年には、由布市観光基本計画として「由布市都市計画マスタープラン」が策定さ

表5-3　由布市都市計画マスタープランの基本理念

○自然の恵みに感謝し、生業を尊ぶ由布市観光
　由布市では、これまでの地域の個性を彩ってきた農業をはじめとして商業や工業、観光産業などの地場産業を、地域の大切な"生業"や"暮らし(生活)"として将来にわたり尊び、観光振興をはかっていく。

○個性ある人、個性あるまちを育む由布市観光
　由布市は、個人や地域の特性を尊重し、それらを公開、共有、認め合う場（機会）を提供していくことで、さらに個性豊かな人やオリジナリティー溢れるまちを育んでいく。

○内と外の"交流・出会い"を設える由布市観光
　由布市は、市内の地域間連携や、市外の人々との交流・出会い―様々な生業の連携、世代を超えた交流など―を通じて、"つながり"や"ふれあい"が生まれる場(機会)を積極的に創り出していく。さらには、そうした場(機会)を設けることで、"ヒト""モノ""コト"の循環システムを構築し、由布市観光の振興を図っていく。

○真心でもてなす由布市観光
　由布市は、"真心のおもてなし"が感じられる環境整備などを着実に行っていくとともに、"真心でもてなそう"とする人や団体の取り組みを積極的に支援していく。

○古きを大切にし、新しき"風"を起こす由布市観光
　由布市は、今後も、今日まで受け継がれてきた古き良き風習や習慣、まちの佇まい、醸し出される暮らしぶりなどを大切にしつつ、内と外との交流を通じて新しい"空気"を取り入れることで、地域内外に新しき"風"を起こしていく。

資料：由布市都市計画マスタープランより、筆者作成。

れ、5つの基本理念が設定された（表5-3）。

図5-3は、地域別（狭間、庄内、湯布院）構想における湯布院地域の現状と課題をマッピングしたものである。この枠組みは、①土地利用、②交通環境、③その他の都市施設等の3つの分野に分けられており、それぞれについて地域の町づくり方針が示されている（表5-4）。この中で、特に土地利用について、各地区の観光資源因子（例えば、由布院地区は農地、塚原地区は雄大な自然環境、湯平地区では温泉など）を特定し、これを核とした町づくりが方向づけられている点が特筆すべき点である。次節に示す通り、観光クラスター形成において、基本因子の選定は重要な鍵となる。本湯布院地域の事例は、まさにこの観光クラスター基本因子の発掘と選定にもとづくマスタープランの構築と繋がっていることが分かる。

表5-4　湯布院地域町づくり方針

①土地利用
○開発が適切にコントロールされ、自然・生活・農業・商業・観光の調和がとれた環境づくり
○魅力的な町の佇まいの形成
○由布院地区の重要な資源である農地の保全
○塚原地区における雄大な自然環境と調和したまちづくり
○川西地区における独自の地域資源を生かした定住地づくり
○湯平地区における魅力あふれる生活温泉地づくり
○下湯平地区における農産物を生かした活力ある地域づくり
○由布岳をはじめとした山林・草原の保全

②交通環境
○総合的な交通体系の確立
○広域的な観光周遊ネットワークの形成
○観光車輌の誘導と局所的な道路改築の組み合わせによる効果的な道路環境整備
○役割や必要性の変化を踏まえた都市計画道路網の見直し
○安心で快適な道路空間づくり
○誰もが使いやすい公共交通づくり

③その他の都市施設等
○癒しの場としての「滞在型保養温泉地」の基本となる健康な心身を育むための環境づくり
○定住を支える水道施設の整備
○清らかな河川環境保全
○水と緑の軸としての大分川活用

資料：由布市都市計画マスタープランより、筆者抜粋。

第 5 章　湯布院市の観光クラスター形成の事例　113

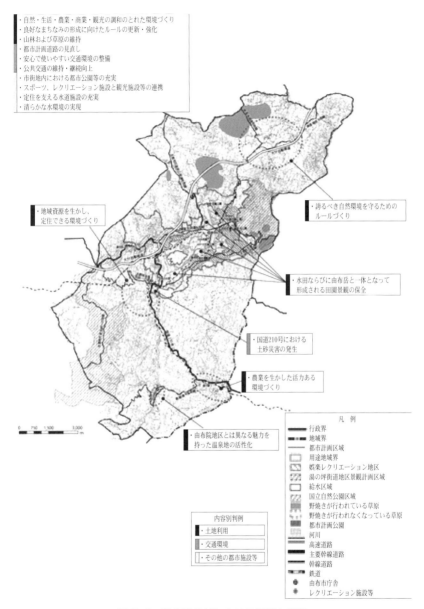

図 5-3　湯布院地域における現状と課題
資料：由布市都市計画マスタープラン。

4　クラスター形成の基本因子

　上記では、旧湯布院町を核に、現在の由布市に至る観光開発を整理してきた。以下では、観光クラスター理論に基づき、クラスター形成の基本因子を整理していく。

　はじめに、クラスター形成は「理念」がその端緒となる。由布市の事例では、岩男頴一氏（旧湯布院町初代町長）の構想（「理念」）があった。これは、反大型開発事業と、自然共生型の保養地としての町づくりであった。さらに1972年自然環境保護条例の制定、1990年潤いのある町づくり条例の制定、2005年由布市都市計画マスタープランへと継承されていく。また、この「理念」を下支えする住民の参加も大きな役割を果たしている。これに関連して、1991年に人材育成のための財団が設立、2001年には男女共同参画条例が策定された。「理念」を社会実装する上で、「規制」の在り方が問われている。近年のグローバル化と自由化への傾向は、「規制」を緩和へとむけている。由布市の規制の歴史は、これに逆行する方式であるといえる。同市の「規制」は、2013年施行の由布院盆地景観計画に集約されているが、そこに至るまでの経緯として、1991年の湯布院町総合計画、1996年の由布院温泉観光基本計画、1997年に「ゆふいん建築環境デザイン協議会」が発足、1999年の「ゆふいん建築環境デザインガイドブック」の作成などがあった。これは「小規模な建築・開発行為」という一貫した「理念」の元に、進められてきた。すなわち、五感全体で感じられる心地よい空間づくりをめざし、美しい景観づくりと質の高い生活環境づくりを推進してきた。また景観方針としては、高さに関する基準、壁面後退に関する基準、敷地緑化に関する基準、色彩・素材に関する基準などである。なお、景観については、2008年3月に「湯の坪街道周辺地区景観計画・景観協定」が策定・締結している。この計画・協定は、計画Aと協定BからD、そして紳士協定Eからなる。計画Aが前述の建物の高さなど5基準であり、例えば高さは8m以下と指定されている。協定BからDでは、商品の陳列、植樹・緑化、照明、地区活動を規定する。看板協定について、高さ、枚数、面積、形態、色彩を規定する。おもてなし協定として、声掛け・客引き、試飲・試食、音楽・音声、駐車スペー

スを規定する。例えば、試飲・試食は店外での営業行為を禁止している。

　次に、岩男氏の構想（「理念」）を下支えし、クラスター形成の基本因子である「自然」と「文化」因子がある。すなわち「由布岳」（「自然」）が、このクラスター形成の「理念」基盤となっているのである。同地の山岳信仰を背景に、「自然」との共生は共認知の土台となり、やがて「自然」―「文化」をつなぐクラスターの形成が始まったといえる。例えば、1972年に自然環境保護条例が制定され、1989年にふるさと川環境会議が設立し、同年に水と緑のふれあい基金が設立された。さらに「文化」因子について、観光クラスターの形成には「文化」因子を基盤とすることが、長期的な発展において必要であると指摘できる。大分県（旧豊前・豊後）では、念仏踊りや風流踊りなど「盆地踊り」が特に盛んな地域であった。由布院盆地や英彦山付近には種々の踊りが集中しており、例えば由布市には鮎川・津々良の地名に由来する「津鮎踊り」がある。このような「盆踊り」の復興によって1980年に1万2,000人の祭典がはじまり、1976年には映画祭、1977年には音楽祭が開催された。これらは、単なるPR活動に収まらず、外部との交流や「文化」の再評価に繋がったことに特長がある。その後、1985年に環境デザイン会議を設置した。また、1975年に辻馬車運行が始まり、1979年にゆふいん源流太鼓が結成された。

　もう1つの「食」は、ホテルなどの宿泊施設や各種サービス業と結びつき、文化に根ざす観光産業にとって重要な要素の1つである。1975年に牛喰い絶叫大会、そして1987年に牛喰いサミットの開催、1992年に全国和牛能力共進会の開催などにより「牛のブランド化」を目指した。これが、のちに湯布院の第3次産業であるホテル・レストランで「豊後牛」としてのブランド化につながる。1982年に「食べ物文化フェア」が開催された。この「食」因子の形成に、一村一品運動が1つの役割を果たした。1981年には由布院観光協会が「一村一品運動奨励賞」を受賞した。ただし、一村一品運動は一品に限定することではなく、多品も可能である（2014年1月24日観光協会）。このような取り組みの成果として、1982年にサントリー地域文化賞と西日本文化賞を、1986年にアメニティコンクール賞を受賞している。

　次に、「交通」因子について分析する。高速道路について、1956年に九州横

断道路が全路線開通し、1989年に湯布院と別府の間が開通した。特に、1996年の大分自動車道全線開通は、大きな観光客数増加に貢献した。しかし同時に、観光収益率の低い日帰り客の増大という課題も生じている。鉄道については、1989年に特急ゆふいんの森号がスタートし、翌年にJR新駅舎が完成した。すなわち、由布市までの旅客輸送という点での「交通」因子は十分に揃っている。他方で、市内における総合的、快適、ネットワークとしての「交通」因子の整備、整理が今後の課題となっている（前項表5－3参照）。

5　クラスター形成のシークエンス

　最後に、由布市観光クラスター形成のシークエンスについて整理・構造化する。前節までの整理の通り、①「理念」の設定→②規制の設定→③「文化」の復興→④「食」とサービス業→⑤「交通インフラ」というシークエンスが確認できた。

　由布市は、短期的な世界遺産などの登録を目指すことなく、むしろ長期的・持続的な町づくりを志向してきた。その中で重要な課題を「第1次交通アクセス」の整備、顧客満足を高めるための情報を活用した「マーケティング」、そして「人づくり」に設定し、「由布」ブランドの向上を図ってきた。

　今後は、由布市から他地域へと繋がる広い地域連携への発展が課題となる。このことを気づかせた契機の1つが、2013年のJR西日本による「ななつ星」の成功であった。このルートの1つは、博多駅から始まり、湯布院駅、宮崎駅、都城駅、隼人駅、鹿児島駅、阿蘇駅、豊後森駅の後に博多駅に戻るものである。ななつ星は、九州の7つの県で、観光素材を楽しむことが可能である。観光素材とは、自然、食、温泉、歴史文化、パワースポット、人情、列車である。つまり、九州の一単位を観光クラスターとして捉える「交通」因子が整備されたことを意味している。これは、さらに沖縄などとも組み合わせ、拡大することによりアジア大のクラスターの形成につながる。

謝辞：本稿の作成には生野敬嗣氏（由布院温泉観光協会事務局長）にご教授をいただいた。

〔参考文献〕
由布院温泉観光基本計画、1996 年 3 月。
国土交通省『民間都市開発』事例番号 146 森としてまちを育てる（大分県由布市（旧湯布院町））
『ゆふいん観光新聞』No.47（2012）、由布院観光総合事務所。
由布市観光動態調査
由布市都市計画マスタープラン

第6章 沖縄北部地域の産業観光施設および直売所へ来訪する訪沖客の顧客特性
－名護パイナップルパークとサンライズひがしを事例として－

中村 哲也・霜浦 森平・菊地 香・山田 耕生

1 課題

沖縄県が発表した2011年度の沖縄県の観光客数は、国内航空路線の座席数の減少、東日本大震災の影響もあって、前年実績を37.6万人下回る547.9万人に減少した。同県の観光客数の減少は、外国人観光客の減少が僅か4,700人に過ぎなかったのに対し、県外客が37万1,000人も減少したことに起因する。1人当たりの旅行消費額も7.5万円をピークに、昨年度は7.0万円に減少した。東日本大震災直後の2011年には、沖縄観光ブームも落ち着き、すでに頭打ちという声も囁かれはじめていた。このように、沖縄への観光客数が伸び悩んでいる中で、沖縄北部地域では第一次産業に依存する割合は5.6％と、沖縄本島では最も高い。しかし、北部地域は過疎化に加えて、農業者の高齢化、海洋の赤土土壌汚染や鳥獣害被害によって、離農者や遊休地が増加している[1]。

しかしながら、沖縄農業はマイナス面だけが目立つわけではない。大城(1997)は、沖縄県では、多くの企業や団体が参画した農林水産物販売促進協議会が発足し、県物産公社とともに全国販売に向けた取り組みが始まり、これまでに見られなかった農業に対する他部門からの力強い応援体制が構築されつつあると述べている。つまり、沖縄では、農業と他産業を結ぶネットワークが構築されつつあるものと予想される。また、石垣(2009)は、沖縄農業が国際化時代を生き残るためには、地域の共有財産である技術と自然資源、風土、地域文化、食文化などでイメージを作り上げることが不可欠であると述べている。

そこで本研究では、減少する観光客に歯止めをかけ、北部地域の自然や農業を活かした農村ツーリズムを推進するための産業観光施設である名護パイナッ

プルパークと，地元住民に親しまれる直売施設であるサンライズひがしでの調査をもとに、地元客だけではなく県外観光客がどのような顧客特性を持って来訪しているのか、把握する。石垣（2009）は、沖縄の農業が今後もサトウキビ、水稲、肉用牛、園芸作物、およびパインアップルがバランス良く発展することが望ましいと述べており、本研究で対象とする作物は、パインアップルを選択した。両施設はパインアップルの加工品を取り扱っており、観光だけではなく、パインアップルを中心とした果実加工品（ジュース・ジャム・ワイン等）を販売している。両施設での調査結果から、沖縄北部地域に訪沖する観光客の顧客特性を考察することによって、リーマンショックおよび震災後に落ち込んだ観光産業の活性化を探る。

具体的な方法については、以下の通りである。

第1に、名護パイナップルパークとサンライズひがしを訪問する来訪客の旅行に対する考え方や、交通手段、情報源、および沖縄北部地域の知識を把握する。

第2に、沖縄北部地域の来訪者の顧客特性が個人属性によって、どのくらい差異があるのか、考察する。

第3に、両施設の顧客特性を把握した上で、両施設が北部観光と農業に果たす役割について述べたい。

2　調査概要

（1）調査方法

沖縄北部地域の観光調査は、ナゴパイナップルパーク（名護市）、サンライズひがし（国頭郡東村）にて実施した。両施設について、①パイナップルパークはパインアップルやフルーツを対象とした産業観光施設、②サンライズひがしは、ウッパマ（青い海）を利用した海水浴場を併設した特産品の直売施設である。

調査は、東日本大震災後の2011年8月8日〜9日、8月28日〜29日に実施した。調査は、筆者等4名と、琉球大学のポスドク1名、大学院生1名で実施した。

調査票はパイナップルパークでは56通、東村内では99通を回収したが、完全有効回答数はパイナップルパークでは52通、東村では80通であった。

（２）サンプル属性と調査地の特徴

表6-1はサンプル属性と、サンプル2群間の差異を母比率の差の検定と母平均の差の検定により推計した結果を示している。

まず、来訪客のサンプル属性についてである。

性別であるが、サンライズひがしでは女性（63.7％）が多いが、パイナップルパークでは男性（63.5％）が多い。母比率の差の検定の推計結果からみても、サンライズでは女性の買い物客も多いので、有意水準1％でパイナップルパークでは男性客が母比率差27.2％で有意に多い。

平均年齢はサンライズが47.6歳であるのに対し、パイナップルパークが33.5歳と若い。表中下の2群間の母平均の検定の推計結果をみても、有意水準1％でサンライズの方が14.2歳年齢は高い。母比率の差の検定の推計結果をみても、19歳以下（母比率差6.4％）、20～29歳（差31.1％）まではパイナップルパークの方が有意に多く、50～59歳（差-11.6％）、60～69歳（差-13.8％）ではサンライズの方が有意に多い。パイナップルパークは若者が多いテーマパークであり、サンライズは中高年の買い物客が多い施設といえる。

サンライズの来訪客は62.5％が沖縄であるが、パイナップルパークの来訪客は86.5％が県外客であった。母比率の差をみても、沖縄県（差-49.0％）の者はサンライズの方が多いが、関東地方（差19.2％）や九州地方（差12.2％）、東海地方（差6.4％）、北陸地方（差3.8％）の者はパイナップルパークの方が多い。パイナップルパークは県外客が多く、サンライズは地元客が多い施設である。職業についても、母比率の検定の推計結果をみると、調査集計期間が夏休みということもあり、パイナップルパークでは学生（差16.7％）が、サンライズは農漁村である東村に立地するため農家・漁家（-10.0％）が統計的にも多かった。

また、宿泊数であるが、パイナップルパークでは2.5日、サンライズでは1.7日であり、母平均の差をみてもパイナップルパークは0.6日間多い。他方、1か月当たりの訪問回数については、パイナップルパークは0.04日、サンライズ

122　第Ⅰ部　農・食・観光クラスターの展開

表6-1　サンプル属性と2群間の差の検定（母比率・母平均）

施設名		(A)パイナップルパーク(n=52)		(B)サンライズひがし(n=80)		母比率差(A)-(B)	施設名		(A)パイナップルパーク(n=52)		(B)サンライズひがし(n=80)		母比率差(A)-(B)
属性/項目		度数	割合	度数	割合		属性/項目		度数	割合	度数	割合	
性別	男性	33	63.5%	29	36.3%	27.2%***	居住地	沖縄県	7	13.5%	50	62.5%	-49.0%***
	女性	19	36.5%	51	63.8%	―		関東地方	23	44.2%	20	25.0%	19.2%**
年齢	19歳以下	4	7.7%	1	1.3%	6.4%*		近畿地方	7	13.5%	5	6.3%	7.2%
	20～29歳	22	42.3%	9	11.3%	31.1%***		東海地方	4	7.7%	1	1.3%	6.4%*
	30～39歳	12	23.1%	15	18.8%	4.3%		東北地方	0	0.0%	1	1.3%	-1.3%
	40～49歳	8	15.4%	21	26.3%	-10.9%		北陸地方	2	3.8%	0	0.0%	3.8%*
	50～59歳	5	9.6%	17	21.3%	-11.6%*		四国地方	1	1.9%	1	1.3%	0.7%
	60～69歳	0	0.0%	11	13.8%	-13.8%**		中国地方	1	1.9%	0	0.0%	1.9%
	70歳以上	1	1.9%	6	7.5%	-5.6%		九州地方	7	13.5%	1	1.3%	12.2%***
所得	20万円以下	14	17.5%	16	20.0%	-2.5%		その他	0	0.0%	1	1.3%	-1.3%
	21～35万円	18	22.5%	32	40.0%	-17.5%	職業	会社員	18	34.6%	30	37.5%	-2.9%
	36～50万円	6	7.5%	20	25.0%	-17.5%*		公務員等	8	15.4%	13	16.3%	-0.9%
	51～75万円	6	7.5%	6	7.5%	0.0%		(専門職等)	5	9.6%	6	7.5%	2.1%
	76～100万円	1	1.3%	1	1.3%	0.0%		自営業	1	1.9%	5	6.3%	-4.3%
	101～150万円	4	5.0%	2	2.5%	2.5%		農家・漁家	0	0.0%	8	10.0%	-10.0%**
	151万円以上	3	3.8%	3	3.8%	0.0%		学生	10	19.2%	2	2.5%	16.7%***
学歴	中学校	2	2.5%	2	2.5%	0.0%		パート・アルバイト	2	3.8%	3	3.8%	0.1%
	高等学校	13	16.3%	18	22.5%	-6.3%		主婦	4	7.7%	7	8.8%	-1.1%
	短大・専門	11	13.8%	14	17.5%	-3.8%		働いていない	2	3.8%	3	3.8%	0.1%
	大学・大学院	26	32.5%	46	57.5%	-25.0%***		その他	2	3.8%	3	3.8%	0.1%

施設名	(A)パイナップルパーク(n=52)		(B)サンライズひがし(n=80)		母平均差(A)-(B)	施設名	(A)パイナップルパーク(n=52)		(B)サンライズひがし(n=80)		母平均差(A)-(B)
属性/項目	平均	SD	平均	SD		属性/項目	平均	SD	平均	SD	
年齢（歳）	33.5	12.6	47.6	14.6	-14.2***	宿泊数（日）	2.5	1.2	1.9	1.7	0.6**
世帯員数（人）	3.19	1.40	3.15	1.61	0.0	1か月あたり訪問回数	0.04	0.08	3.26	8.06	-3.2***
休日日数（日）	8.3	4.9	8.6	6.2	-0.3	訪問人数（人）	2.92	1.06	3.10	1.79	-0.2
所得（万円）	46.9	44.3	40.1	34.1	6.8	移動時間（H）	1.9	1.4	2.1	1.9	-0.2
子供の数（人）	0.8	0.9	1.6	1.3	-0.8**	滞在時間（H）	1.5	0.1	1.6	1.5	-0.1

資料：アンケートより作成。
注：1) サンプルは132名、18歳以上を対象とし、性、年齢、所得、学歴、居住地、職業の無回答は含まない。
　　2) 上段の母比率差とは、2群間の母比率の差の検定を推計した結果であり、***、**、*は1％、5％、10％の水準で統計的に有意であることを示す。
　　3) 下段の年齢と所得は上段の年齢階級と所得階級から中央値を推定し、平均化した連続変数を示す。
　　4) 下段のSDは標準偏差を示す。
　　5) 下段の母平均差とは、2群間の母平均の差の検定を推計した結果であり、***、**は1％、5％、10％の水準で統計的に有意であることを示す。なお、等分散性の検定が有意でない場合、Welchの母平均の差の検定を採択した。

は1.9日であり、統計的にみてもサンライズが1％有意水準で多い。パイナップルパークへ来る者は宿泊者が多く、サンライズは地元客が多い施設である。

両施設の訪問人数は3人、休日は月8日、移動時間は2時間、滞在時間も1.5時間程度であり、統計的な差異はない。1世帯当たりの所得も、近隣世帯が来訪するサンライズでは40.1万円であるのに対し、県外の来訪客が多いパイナップルパークでは46.9万円と高い水準にあるが、統計的に大差はない。

（3）旅行についての基本的な考え方・旅行回数

表6-2は、旅行についての基本的な考え方や旅行回数と、2群間の差異を母比率の差の検定と母平均の差の検定により推計した結果を示している。

まず、旅行についての基本的な考え方についてである。旅行に行くなら、日

表6-2　旅行についての基本的な考え方・旅行回数と2群間の差の検定（母比率・母平均）

評価	質問項目	全体		(A) パイナップルパーク(n=52)		(B) サンライズひがし(n=80)		母比率差 (A)-(B)
		度数	割合	度数	割合	度数	割合	
旅行についての基本的な考え方	旅行に行くなら、日帰りできるような近場の観光地が良い	9	6.8%	1	1.9%	8	10.0%	-8.1% *
	旅行に行くなら、宿泊できるような遠出の観光地が良い	86	65.2%	35	67.3%	51	63.8%	3.6%
	どちらともいえない	37	6.8%	16	30.8%	21	26.3%	4.5%

評価	質問項目	全体		(A) パイナップルパーク(n=52)		(B) サンライズひがし(n=80)		母平均差 (A)-(B)
		平均	SD	平均	SD	平均	SD	
年間旅行回数（回）	日帰り旅行には、年に何回くらい行きますか	8.1	9.5	7.7	10.2	8.3	9.0	1.2
	宿泊旅行には、年に何回くらい行きますか	2.7	3.3	3.1	4.5	2.4	2.2	2.3

資料：アンケートより作成。
注：1）上段の母比率差とは、2群間の母比率の差の検定を推計した結果であり、*は10％の水準で統計的に有意であることを示す。
　　2）下段の年間旅行回数のSDは標準偏差を示す。
　　3）下段の母平均差とは、2群間の母平均の差の検定を推計した結果であるが統計的に有意でなかったことを示す。

帰りできるような近場の観光地が良いと考える者は、パイナップルパーク（1.9％）よりサンライズ（10.0％）の客の方が、2群間の母比率の検定の推計結果（差-8.1％）をみても10％有意水準ではあるが統計的にその割合が高かった。

また、年間の日帰り・宿泊旅行回数についてである。表中には示していないが、今回の施設は訪問が初めてであった者は、サンライズでは34.7％であったが、パイナップルパークでは63.5％と多かった[2]。サンライズでは年に1～2回訪問する者（23.6％）が多かったが、パイナップルパークでは滅多に来ない者（25.0％）が最も多く、リピーター客の確保に課題を残した。日帰り旅行回数は年間8回前後、宿泊旅行回数は年間3回前後であり、母平均の差の検定の推計結果をみる限り、統計的な差異はなかった。

（4）交通手段・車種・情報源・燃料

表6-3は、沖縄北部地域への交通手段や車種、そして情報源について示したものである。

まず、交通手段であるが、パイナップルパークへ来る客は50.0％が飛行機を交通手段とする県外客であるが、サンライズは18.8％であった。母比率の差（31.3％）をみても統計的にパイナップルパークへ来る客は飛行機で来る客が多いことが分かる。その他、母比率の差をみても、パイナップルパークの方がサンライズより多いのは、レンタカー（差42.3％）、バス（差9.0％）、タクシー（差5.8％）等であり、逆に、サンライズの方がパイナップルパークより多いのは自家用車（-39.5％）であった。パイナップルパークは県外の観光客が多く、サンライズは地元客が多かった。

次に、自動車やバイクの種類であるが、パイナップルパークへ来る客の55.8％は小型自動車であり、トヨタ・ヴィッツやホンダ・フィット等のレンタカーで来る者が多いと予想される。自動車の燃料源については8割前後（パイナップルパーク：76.9％、サンライズ86.3％）がガソリン車で訪問していた。

また、両施設へ訪問することになった情報源については、パイナップルパークは75.0％が雑誌や新聞であり、サンライズは38.8％が偶然訪問していた。

表6-3 沖縄北部地域への交通手段・車種・情報源・燃料と2群間の母比率の差の検定

評価	項目	(A)パイナップルパーク 度数	(A)パイナップルパーク 割合	(B)サンライズひがし 度数	(B)サンライズひがし 割合	母比率差 (A)-(B)	評価	項目	(A)パイナップルパーク 度数	(A)パイナップルパーク 割合	(B)サンライズひがし 度数	(B)サンライズひがし 割合	母比率差 (A)-(B)
交通手段	飛行機	26	50.0%	15	18.8%	31.3%***	情報源	テレビ/ラジオ	1	1.9%	0	0.0%	1.9%
	自家用車	10	19.2%	47	58.8%	-39.5%***		インターネット	1	1.9%	4	5.0%	-3.1%
	バイク	0	0.0%	2	2.5%	-2.5%		雑誌/新聞	39	75.0%	9	11.3%	63.8%***
	自転車	1	1.9%	3	3.8%	-1.8%		空港/機内	1	1.9%	—	—	—
	バス	6	11.5%	2	2.5%	9.0%**		役場広報	—	—	7	8.8%	—
	ゆいれーる	0	0.0%	3	3.8%	-3.8%		口コミ	2	3.8%	5	6.3%	-2.4%
	レンタカー	35	67.3%	20	25.0%	42.3%***		偶然訪問	2	3.8%	31	38.8%	-34.9%***
	タクシー	3	5.8%	0	0.0%	5.8%***		その他	2	3.8%	15	18.8%	-14.9%**
	その他	2	3.8%	2	2.5%	1.3%**		無回答	4	7.7%	8	10.0%	-2.3%
自動車・バイクの種類	軽自動車	3	5.8%	16	20.0%	-14.2%**	自動車の燃料	ガソリン車	40	76.9%	69	86.3%	-9.3%
	小型	29	55.8%	23	28.8%	27.0%***		ディーゼル車	0	0.0%	2	2.5%	-2.5%
	中・大型	9	17.3%	36	45.0%	-27.7%***		ハイブリッド車	2	3.8%	2	2.5%	1.3%
	大型バイク	0	0.0%	1	1.3%	-1.3%		電気自動車	1	1.9%	1	1.3%	0.7%
	無回答	11	21.2%	5	6.3%	14.9%**		無回答	9	17.3%	6	7.5%	9.8%***

資料：アンケートより作成。
注：母比率差とは、2群間の母比率の差の検定を推計した結果であり、***、**は1%、5%の水準で統計的に有意であることを示す。

(5) 観光目的と感想・再訪問

表6-4は、沖縄北部地域の観光目的・感想・再訪問について示した。

まず、旅行の目的であるが、サンライズの目的は食事と買い物と答える者が71.3%であり、統計的にもパイナップルパークの客とは有意な差（差-19.3%）があった。

次に、訪問した感想については、両施設とも大変良かったが3割前後（パイナップルパーク：26.9%、サンライズ：30.0%）、良かったが6割前後（パイナップルパーク：63.5%、サンライズ：66.3%）であり、両施設の感想の間に統計的な差はなかった。

ただし、再訪問の可能性については、両施設の回答に統計的な差がみられた。サンライズは是非訪れたいと答えた者が40.0%であったのに対し、パイナップルパークは機会があったら訪れたいと答えた者が67.3%であった。

表6-4 沖縄北部地域の観光目的・感想・再訪問と2群間の差の検定（母比率・母平均）

評価項目	施　設　名 質問項目	(A) パイナップル パーク(n=52) 度数	割合	(B) サンライズ ひがし(n=80) 度数	割合	母比率差 (A)-(B)	
旅行の目的	『食事』と『買い物』	27	51.9%	57	71.3%	-19.3%	**
	『観光』	12	23.1%	11	13.8%	9.3%	
	どちらも目的	13	25.0%	12	15.0%	10.0%	
訪問した 感想	たいへん良かった	14	26.9%	24	30.0%	-3.1%	
	良かった	33	63.5%	53	66.3%	-2.8%	
	あまり良くなかった	5	9.6%	3	3.8%	5.9%	
	良くなかった	0	0.0%	0	0.0%	0.0%	
再訪問の 可能性	是非訪れたい	9	17.3%	32	40.0%	-22.7%	***
	機会があったら訪れたい	35	67.3%	42	52.5%	14.8%	**
	あまり訪れようとは思わない	8	15.4%	5	6.3%	9.1%	*
	訪れるつもりはない	0	0.0%	1	1.3%	-1.3%	

	施　設　名	(A) パイナップル パーク(n=52)		(B) サンライズ ひがし(n=80)		母平均差 (A)-(B)	
目的地	目的地数	平均	SD	平均	SD		
立ち寄る 目的地	当該施設が主な者の目的地数	2.9	1.4	1.5	1.3	1.5	***
	当該施設以外が主な者の目的地数	5.6	3.0	3.3	2.5	2.3	***

資料：アンケートより作成．
注：1）上段の母比率差とは、2群間の母比率の差の検定を推計した結果であり、***、**、*は1%、5%、10%の水準で統計的に有意であることを示す。
2）下段の目的地のSDは標準偏差を示す。
3）下段の母平均差とは、2群間の母平均の差の検定を推計した結果であり、***、***は1%、5%、10%の水準で統計的に有意であることを示す。なお、等分散性の検定が有意でない場合、Welchの母平均の差の検定を採択した。

（6）沖縄北部地域の特産品に関する知識

　この節では、サンライズでの調査でのみ、沖縄の特産品にどれくらい知識があるのか尋ねてみた。

　表6-5は、東村を事例として、同村の特産品について、どれくらい知識があるのか尋ねた結果を示した。その結果、東村は「パインアップルの村」として知られているため、パインアップルを買いに来る者も多く、77.5％の者が知っていた。以下はタンカン（42.5％）、マンゴー（38.8％）、島ラッキョウ（33.8％）、パインアップル加工品（28.8％）、海ぶどう（26.3％）、ダイコン（25.0％）等の順

であった。東村では近年、力を入れて生産している海ぶどうやダイコンなどの特産品についても知名度が上がっているようである。

表6-5 東村の特産品の知識

評価	項目	度数	割合
村内の特産品	パインアップル生果	62	77.5%
	タンカン	34	42.5%
	マンゴー	31	38.8%
	島ラッキョウ	27	33.8%
	パインアップル加工品	23	28.8%
	海ぶどう	21	26.3%
	ダイコン	20	25.0%
	カボチャ	16	20.0%
	サトウキビ	15	18.8%
	マンゴーゼリー	12	15.0%
	ローゼル	11	13.8%
	食べたことがない	11	13.8%
	タンカンジャム	9	11.3%
	その他	1	1.3%

資料:アンケートより作成。

3 沖縄北部地域来訪者の顧客特性

(1) 推計方法

本章では課題でも示したように、沖縄北部地域の来訪者の顧客特性が個人属性によって、どのくらい差異があるのか推計し、考察する。本章では、OLS、二項・多項ロジスティック回帰分析によって推計することにした。説明変数は性別(男性=1、女性=0)と沖縄県民(沖縄県民=1、沖縄県以外=0)、サンライズひがしでの回答者かどうか(サンライズひがし=1、パイナップルパーク=0)がダミー変数、年齢、世帯員数、休日日数、所得を連続変数とした。以下のOLS、二項・多項ロジスティック回帰分析では、全ての回帰係数がゼロであることを帰無仮説とする分散分析や尤度比検定も、全てのモデルで棄却されている。

(2) 沖縄北部地域来訪者の年間宿泊数・旅行日数・移動時間の差異
ーOLS推計結果ー

表6-6は、沖縄北部地域の来訪者に対して、年間宿泊数、旅行日数、移動時間についてどのくらい差異があるのか、OLSを推計し、分析した結果を示した。疑似R^2は移動時間の推計式が0.075と低いものの、他の2つの推計式は比較的に良好である。

まず、年間宿泊数についてであるが、沖縄県民の係数は-1.824と負の値を示しており、沖縄県民は年間宿泊数が少ないことが分かる。他方、年齢の係数

(0.041) や所得の係数は正の値を示しており、年間宿泊数が多いのは年配で、所得が高い者であり、近年の宿泊旅行者の傾向と矛盾しない。

次に、旅行日数についてであるが、沖縄県民（係数：-1.876）の場合は少ないが、サンライズひがし (0.519) に訪問する者の旅行日数は長かった。同様に、移動時間も沖縄が自宅 (-0.911) の場合は少ないが、東村 (0.063) に来訪する者の

表6-6 沖縄北部地域来訪者の年間宿泊数・旅行日数・移動時間の差異 －OLS推計結果－

変数	年間宿泊数 係数	旅行日数 係数	移動時 係数
男＝1	0.498	0.115	-0.392
沖縄県民＝1	-1.824 ***	-1.876 ***	-0.911
年齢	0.041 *	-0.013	-0.013
世帯員数	-0.093	-0.120	0.053
休日日数	-0.002	-0.025	-0.037
所得	0.020 **	0.000	-0.007
サンライズ＝1	0.190	0.519 *	0.749
定数項	0.868	3.647	3.114
サンプル数	115	113	113
R^2	0.123 ***	0.333 ***	0.075

注：1）***、**、* は1％、5％、10％水準で統計的に有意であるを表す。
2）R^2は自由度修正済み決定係数を示す。
3）OLSについては、表中以外の項目についても計測を行った分散分析の結果、省略した。

移動時間は長かった。サンライズへ訪問する者は移動時間が長く、そして旅行日数も長い客が訪問していることが分かる。

（3）沖縄北部地域訪問施設の情報源と交通手段の差異
　　　－二項ロジスティック回帰分析推計結果－

表6-7は、沖縄北部地域の来訪者に対して、どこから情報源を得て、どのような交通手段で訪問するのか、その差異を検討するために、二項ロジスティック回帰分析を推計し、分析した結果を示した。

情報源と交通手段に関する推計を行う前に、『両施設に初めて』訪問した者はどのような顧客特性があるのか推計してみた。その結果、両施設とも施設に初めて訪問した者は、沖縄県民 (-2.329) 以外の者であった。

そして、『情報源』についてである。

『旅行雑誌』については、沖縄県民 (-2.032) で、かつサンライズ (-2.783) へ訪問する者は、旅行雑誌を見ずに訪問していると考えられる。

『偶然訪問した』という者は、世帯員数 (0.271) が多く、サンライズ (2.681) へ訪問した者が多かった。おそらく、サンライズの直売所で農水産物を購入し、

表6-7 沖縄北部地域訪問施設の情報源と交通手段の差異
－二項ロジスティック回帰分析推計結果－

変数	施設初めて	情報源		移動手段		
		旅行雑誌	偶然	飛行機	レンタカー	自家用車
	係数	係数	係数	係数	係数	係数
男=1	-0.630	-0.619	-0.663	-0.045	-0.127	0.121
沖縄県民=1	-2.329 ***	-2.032 ***	-0.158	-2.441 ***	-2.702 ***	1.696 ***
年齢	0.002	-0.001	-0.005	-0.040 *	-0.018	0.016
世帯員数	-0.231	-0.311	0.271 *	-0.096	0.104	-0.059
休日日数	0.018	0.037	0.028	-0.004	-0.042	0.017
所得	-0.009	0.006	-0.003	-0.003	0.005	0.007
サンライズ=1	-0.285	-2.783 ***	2.681 ***	-0.265	-1.053 *	1.171 **
定数項	2.438	2.260	-3.529	1.967 **	1.959 **	-2.868 ***
サンプル数	113	117	117	117	117	117
疑似R^2	0.236 ***	0.408 ***	0.206 ***	0.252 ***	0.353 ***	0.233 ***

注：1）***、**、* は、それぞれ、1％、5％、10％水準で統計的に有意であることを表す。
　　2）二項ロジスティック回帰分析は、表中以外の項目についても計測を行ったが、尤度比検定（LR-test）の結果省略した。

食堂で昼食をとったものと推測される。

次に、『移動手段』についてである。

『飛行機』を利用して訪問するのは沖縄県民（-2.441）以外の者であり、『レンタカー』を利用するのも沖縄県民（-2.702）以外の者であった。逆に、『自家用車』を利用しているのは沖縄県民（1.696）であった。

また『飛行機』の利用客の年齢（-0.040）は若く、『レンタカー』で来るのはサンライズ（-1.053）以外のパイナップルパークの客であり、『自家用車』で来るのはサンライズ（1.171）の客であった。

（4）サンライズひがしにおける訪問頻度関数の推計結果と消費者余剰

前節で、サンライズへ来る客の移動手段は、自家用車ということが分かったが、訪問一回当たりの消費者余剰はどれくらいだろうか。

表6-8は、サンライズひがしにおける訪問頻度関数の推計結果と訪問一回当たりの消費者余剰を推計した結果を示した。

表中より、往復の燃料代の係数が、-0.001と負の値を示しており、訪問頻度が多いほど、訪問客の燃料代がかかっていないことが分かる。

表6-8 サンライズひがしにおける訪問頻度関数の推計結果（n=70）

	係数	標準誤差
燃料代（往復）	-0.001	0.00 ***
性別（女性ダミー）	0.250	0.21
年齢	0.114	0.07
所得	0.038	0.08
定数項	1.359	0.45 ***
対数尤度		-45.1
尤度比		14.2 ***
訪問一回あたり消費者余剰（円/人）		1000

注：パイナップルパークの訪問頻度関数も推計したのだが、尤度比検定（LR-test）の結果省略した。

また、訪問一回当たりの消費者余剰は、ちょうど1,000円であり、サンライズへ来る客の多くは1,000円程度の出費を払って、施設を利用することが分かる。

（5）北部地域特産品の差異
－二項ロジスティック回帰分析推計結果－

前節では、サンライズへ来る者の消費者余剰は1,000円ほどであることが分かったが、サンライズでは、どのような客がどのような特産品を購入しているのか、検討した。

表6-9は、北部地域特産品の差異を考察するため、二項ロジスティック回帰分析を推計し、分析した結果を示した。

まず『パインアップル』や『パイン加工品』、および『タンカン』については男性の係数（パイン：1.513、パイン加工品：1.147、タンカン：1.126）と沖縄県民の係数（パイン：1.331、パイン加工品：1.744、タンカン：2.423）が全て正の値を示しており、これら3品は沖縄県民が良く知っていた。そして、ダイコンやローゼルについても男性の係数（ダイコン：1.963、ローゼル：2.606）が正の値を示していた。女性が特産品を知っているだけでなく、男性の知識も豊富であることが窺える。

他方、『ダイコン』は、年齢の係数が0.055と正値を示しており、比較的年配の来客が、東村のダイコンを好んで購入しに来ていることが分かる。

表6-9 北部地域特産品の差異 －二項ロジスティック回帰分析推計結果－ (n=70)

変数	パインアップル 係数	パイン加工品 係数	タンカン 係数	ダイコン 係数	ローゼル 係数	食経験なし 係数
男＝1	1.513 *	1.147 *	1.126 *	1.963 **	2.606 ***	-10.004
沖縄県民＝1	1.331 *	1.744 *	2.423 ***	10.683	9.988	-1.872 *
年齢	-0.014	0.028	0.031	0.055 *	0.015	0.059
世帯員数	0.199	0.022	-0.226	-0.171	-0.341	-0.171
休日日数	0.055	-0.063	-0.066	-0.095	-0.071	-0.006
所得	-0.003	-0.011	0.010	0.006	-0.030	-0.008
定数	-0.191	-3.227 **	-3.064 **	-13.476	-10.689	-2.310
疑似 R^2	0.160 *	0.187 **	0.244 ***	0.388 ***	0.430 ***	0.268 ***

注：1) ***、**、* は、それぞれ、1％、5％、10％水準で統計的に有意であることを表す。
　　2) 尤度比、標準誤差は紙面の関係で省略した。
　　3) 二項ロジスティック回帰分析は、表中以外の項目についても計測を行ったが、尤度比検定（LR-test）の結果省略した。

　その他、『食経験がない』者については、沖縄県民の係数は-1.872と負の値を示しているため、沖縄県外の者は東村の特産物を知らないという結果になった。

（6）旅行の考え方・訪問先の感想・訪問目的の差異
　　　－名義ロジスティック回帰分析推計結果－

　表6-10は、次節で両施設への再訪問の可能性を推計するための全段階として、訪問客の旅行の考え方や訪問先の感想、および訪問の目的の差異を考察するため、名義ロジスティック回帰分析を推計し、分析した結果を示した[3]。
　まず、両施設全員の『旅行の考え方』についてである。推計した結果、沖縄北部地域に来訪する者の旅行に対する考え方は、閾値の有意性から考察すると、『近場の観光地が良い』と考えている者と『遠出の観光地が良い』と考えている者との考え方には統計的な差が見られた。
　『近場の観光地が良い』と考えている者は、年齢の係数が0.060と正の値を示しているため、年配の訪問客は観光するならば近場の方が良いと考えている。
　『遠出の観光地が良い』と考えている者は、男性（0.983）であり、そして所得（0.023）が高い者である。そして、沖縄県民の係数は-1.015と負の値を示すため、沖縄県民は遠出したくないと考えているが、逆に沖縄県民以外の訪問客

表6-10 旅行の考え方・訪問先の感想・訪問目的の差異
－名義ロジスティック回帰分析推計結果－

変数	全体								サンライズひがし			
	旅行の考え方				訪問先の感想				訪問目的			
	近場の観光地が良い		遠出の観光地が良い		大変良かった		良かった		『食事』と『買い物』		『観光』	
	係数	標準誤差	係数	標準誤差	係数	標準誤差	係数	標準誤差	係数	標準誤差	係数	標準誤差
男=1	0.485	0.95	0.983	0.52*	0.506	1.37	-0.092	1.34	1.061	1.00	1.127	1.22
沖縄県民=1	1.032	1.33	-1.015	0.55*	15.85	90.6	15.91	90.6	-0.298	0.99	-2.043	1.16*
年齢	0.060	0.03*	0.008	0.02	0.049	0.06	0.039	0.06	-0.030	0.03	-0.061	0.05
世帯員数	0.099	0.25	-0.012	0.16	-1.377	0.58**	-1.341	0.57**	-0.484	0.27*	-0.236	0.34
休日日数	0.005	0.06	-0.009	0.04	0.651	0.24***	0.658	0.24***	-0.039	0.06	-0.010	0.08
所得	-0.023	0.03	0.023	0.01*	0.010	0.02	0.007	0.02	-0.017	0.01*	-0.008	0.01
サンライズ=1	0.456	1.45	0.799	0.60	-1.674	1.34	-1.792	1.30				
定数項	-4.915	1.96**	-0.485	0.89	-0.367	2.92	1.104	2.87	5.752	2.14**	5.039	2.46**
サンプル数	132				132				80			
疑似R²	0.167	*			0.174	***			0.167	*		

注:1) ***、**、* は、それぞれ、1%、5%、10%水準で統計的に有意であることを表す。
　2) 多項ロジスティック回帰分析は、旅行先が「どちらともいえない」、訪問先の感想が「あまり良くなかった」、訪問目的が「どちらも目的」を参照カテゴリーとした。

は遠出の観光地へ行きたいと考えている。

次に、訪問先の感想についてである。推計の結果、『大変良かった』と考えている者についても、『良かった』と考えている者についても、世帯員数の係数(大変良かった:-1.377、良かった:-1.341)はどちらとも負の値を示しているため、世帯員数が少ない者の方が良かったと感じていた。また、休日日数の係数(大変良かった:0.651、良かった:0.658)は正の値を示しているため、休日日数が多い者が良かったと感じていた[4]。

次に、サンライズの訪問客の目的についてである。サンライズへ訪問する主な目的は、『食事』と農産物購入等の『買い物』と、海水浴、自然散策、写真撮影を含めた『観光』に分けられるが、閾値には有意な差異がそれぞれ確認された。そして、その目的が『食事と買い物』と考えている者は、世帯員数(-0.484)は少なく、所得(-0.017)は低かった。逆に、『観光』という者は沖縄県民の係数が-2.043と負の値を示すため、沖縄県民以外の者であった。

4 沖縄北部地域の再訪問の差異
　　－順序ロジスティック回帰分析推計結果－

　表6-11は、沖縄北部地域の再訪問の差異を推計するために、順序ロジスティック回帰分析を推計した結果を示した。

　まず『全体』的には、沖縄県民の係数が1.549と正の値を示しており、沖縄県民が再訪問したいと感じていた。この傾向は『サンライズ』も同様であり、沖縄県民の係数が1.563と正値を示すことから、沖縄県民が再訪問するといえる。

　他方、『パイナップルパーク』は、休日日数の係数が0.116と正値を示しているため、休日日数が多い人が再訪問するといえる。

5 結論

　本稿では、沖縄北部地域の産業観光施設および直売所へ来訪する訪沖客の顧客特性について、名護パイナップルパークとサンライズひがしを事例として、

表6-11　沖縄北部地域の再訪問の差異
－順序ロジスティック回帰分析推計結果－

変　数	全　体		パイナップルパーク		サンライズひがし	
	係数	標準誤差	係数	標準誤差	係数	標準誤差
男=1	0.559	0.42	0.276	0.73	0.678	0.55
沖縄県民=1	1.549	0.48 ***	1.093	0.91	1.563	0.61 **
年齢	-0.007	0.02	-0.050	0.03	0.018	0.02
世帯員数	-0.037	0.13	-0.027	0.25	-0.053	0.16
休日日数	0.053	0.04	0.116	0.07 *	0.002	0.04
所得	0.006	0.01	0.009	0.01	0.006	0.01
サンライズ=1	0.509	0.50				
cut1	2.606	0.79 ***	1.719	1.39	2.919	1.07 ***
cut2	-0.846	0.74	-1.914	1.38	-0.726	1.01
サンプル数	132		52		80	
疑似R^2	0.104	***	0.128	*	0.104	**

注：1）***、**、*は、それぞれ、1％、5％、10％水準で統計的に有意であることを表す。
　　2）順序ロジスティック回帰分析は、「あまり訪れようとは思わない・訪れるつもりはない」を参照カテゴリーとした。

総合的に考察してきた。その結果、下記の諸点が明らかにされた。

まず、沖縄北部地域へ来訪する顧客の特性についての考察結果についてである。県内客と県外客の特性には統計的にも有意な差があった。そして、産業観光と地域のテーマパークであるパイナップルパークの顧客は若い県外客が多いのだが、直売所や自然散策を目的とするサンライズひがしの顧客は年配の地元客が多かった。また、パイナップルパークの顧客は宿泊客が多いが、サンライズの顧客は訪問回数が多かった。パイナップルパークは機会があったら訪れたいと答えているのに対し、サンライズは是非訪れたいと答えていた。

次に、沖縄北部地域の来訪者の顧客特性が個人属性によって、どのくらい異なったのか、統計的に考察した結果についてである。

沖縄北部へ訪問する者は、大多数が県外者なのであるが、一般的に年配で所得が高く、初めて訪問したと答えた者が多かった。パイナップルパークへ訪問する者は飛行機でレンタカーやバスを乗り継いで、旅行雑誌等をみて計画的に訪問するが、サンライズに訪問する者は偶然立寄る者も少なくなかった。ただし、サンライズへ訪問する者は地元客も多く、消費者余剰は1,000円ほどであった。サンライズへ訪問する県外者が購入する農水産物はパイナップルやその加工品、タンカン等の果実特産品が多いが、ダイコンなどは地元の年配客が購入するものと予想される。

旅行の考えとしては、近場の観光地が良いと考えている者ほど年配である場合が多く、遠出の観光客ほど所得が高いことが明らかなため、サンライズの消費者余剰を向上させるには、遠方から来た県外客を集客する必要があった。

また、沖縄へ訪問する県外客の感想として、効用値が高いのは休日日数が多い県外客であることが予想されるのだが、パイナップルパークへ訪問する者の休日日数は十分ではなかった。今後、パイナップルパークは休日日数の少ない県外客が訪問しやすい施設作りをする必要があるだろう。そして、パイナップルパークは産業観光施設として県内客にも親しまれるような施設作りを目指し、かつリピーターの集客に努める必要がある。

他方、サンライズは地元客に愛される施設ではあるが、偶然立寄った4割の一見の観光客に対しても再訪問してもらえる施設作りを目指すべきである。東

村は統計的にも県外から訪問する客が極端に少ないため、旅行雑誌等での宣伝広告などを用いたPR活動も必要となる。

　施設の長所と短所を把握し、改善することで農村ツーリズムは発展し、沖縄北部地域は活性化するのではないだろうか。以上が、北部地域へ訪問する顧客特性の考察結果である。

　最後に、両施設が北部観光と農業に果たす役割について述べたい。パイナップルパークは、地元のパイン農家と契約し、加工場が閉鎖し、かつ加工用パインの生産が縮小する中で、パイン農家の供給先として、地位を確立している。パイナップルパークは、数多くのブランド品を構築し、国内外の観光客に愛される施設に発展してきた。また、サンライズひがしは、直売所としての機能も果たしつつ、地元農家が生食パインを販売するだけでなく、パイン加工品を農家自ら作成し、直売するシステムを作り上げた。沖縄北部の農村という、保守的な農家が多い中で、6次産業化を目指す高齢農家を支える施設にもなっている。両施設は、少なからず、北部地域のパインアップル生産の産業クラスター化に貢献していると考えられる。朽木（2013）は、①沖縄は産業集積段階を終えアジアネットワークとして展開する第1段階から、農・食・観光のイノベーションを必要とする第2段階に達し、②沖縄は農・食・観光クラスターを形成する文化・基礎的要因を兼ね備えており、アジアネットワークの拠点となることによって、経済成長政策に行き詰った日本を成長に導いていくと述べている。沖縄が突然変異をもたらすカギは、アジアの国際都市との地理的重要性を活かすことであり、外国異文化交流が達成するには今以上のロジスティクスの整備が必要である。沖縄は農・食・観光クラスターを形成する文化・基礎的要因を兼ね備えており、アジアネットワークの拠点となることによって、経済成長政策に行き詰った日本を成長に導く起爆剤となるかもしれない。そのためには、過疎化、高齢化する沖縄北部から、観光と農業を再考する必要がある。本稿が、沖縄北部産業のクラスター化に貢献できるものであれば幸いである。

注

1) 沖縄農業の赤土土壌汚染については中村等（2010）を、鳥獣害被害については中村等（2008）を、遊休地の増加についても中村等（2014）を参照されたい。
2) 参考までに、両施設を知ったきっかけは、パイナップルパークでは旅行雑誌／新聞（75.0％）が最も多かったが、サンライズでは偶然立ち寄った（41.7％）者が最も多かった。
3) 表中の推計式以外にも、パイナップルパークの訪問目的も推計したが、サンプル数も少なく、尤度比検定も、全てのモデルで棄却されていないので、省略した。
4) 紙面の関係で、表中には示していないが『パイナップルパークの感想』についても、ほぼ同様な傾向がみられた。

〔引用文献〕

石垣盛康（2009）：『風・水・土・人〔沖縄農業〕現場からの声』ボーダーインク、p.229.

大城善信（1997）：『展望沖縄の農業』琉球新報社、pp.1-169.

中村哲也・矢野佑樹・丸山敦史・菊地香（2008）：「パインアップル栽培の鳥獣害被害に関する分析 －沖縄県国頭郡東村のパインアップル農家調査から－」『2008年度日本農業経済学会論文集』pp.21-30.

中村哲也・菊地香・矢野佑樹・丸山敦史（2010）：「パインアップル栽培の赤土土壌流出に関する分析 －沖縄県国頭郡東村を事例として－」『開発学研究』第20巻第2号、pp.21-30.

朽木昭文（2012）：「「農」そして沖縄「食・観光クラスター」からアジアネットワーク」『日本の再生はアジアから始まる－チャイナプラスワン（ASEAN諸国、インド）の「成長トライアングル」を取り込め！』農林統計協会、pp.22-35.

中村哲也・丸山敦史（2014）：「パインアップル遊休地の現状と今後の課題 －沖縄県国頭郡東村を事例として－」『2014年度日本農業経済学会論文集（投稿中）』

第7章　美ら海水族館へ訪問する外国人客の顧客特性
－国営沖縄記念公園における対面調査からの接近－

中村　哲也・陳　志鑫・菊地　香

1　課題

　沖縄の域内観光客数は、1972年の沖縄返還以来、右肩上がりに急増し、2008年に初めて600万人を超えた。沖縄の域内観光客数が急増した背景としては、国民全体の給与水準が上昇し、わが国の観光産業が拡大したことがあげられる。しかしながら、2009年～2010年の沖縄の域内観光客は、2009年のドバイ・ショックや2010年の欧州ソブリン危機といった世界金融危機の影響で、その客数は伸び悩んだ。これらの世界金融危機に加えて、2011年3月11日の東日本大震災の影響で、観光客数は541.6万人へと2004年以来、550万人を割り込んだ。沖縄の観光産業のここ数年の動きをみると、決して平坦な道のりを歩んできたわけではない。

　しかしながら、2012年11月以降の第二次安倍晋三内閣のアベノミクスや、円安が進んだことにより、外国人観光客は大きな影響を受けた。2011年7月から、中国人が個人観光で沖縄を訪問する際、一定の要件を満たす場合に、3年間有効な数次ビザ(1回の滞在期間は90日以内)を発給した(外務省〔1〕参照)のだが、震災があったこともあり、2011年の観光客数はむしろ減少に転じてしまった。ただし、震災が落ち着いた2012年以降に、観光客数は増加する。2012年の観光客数は583.6万人に回復し、2013年の観光客数は641.4万人と過去最高を記録した。そして、この観光客数の増加に最も貢献したのが外国人観光客であった。2012年の外国人観光客数は37.7万人に達し、過去最高を記録した(沖縄県〔2〕参照)。続く2013年の同観光客数は、過去最高だった前年に比して17.4万人増、46.2％増の55.8万人に達した。今後、アジア諸国の高所得化が見込ま

れることを考慮するならば、外国人観光客がどのような目的で沖縄を訪問したのか、その顧客特性を把握する必要がある。

　沖縄へ訪問する国内観光客の顧客特性については、霜浦等（2013）が、沖縄観光においてリピーター訪問客が地域農産物や郷土料理に対してどのように評価しているのかを考察している。地元農産物や郷土料理への評価は、①訪問回数により異なること、②性別により異なること、③地元農産物や郷土料理の重要度は、世代により異なること、④沖縄観光においてどのような観光資源を重視するのかにより異なることを指摘した。しかしながら、沖縄へ訪問する外国人観光客の顧客特性については言及していない。また、美ら海水族館に関する調査報告は、沖縄県〔2〕や内閣府〔3〕が調査・報告しているものの、外国人観光客を対象とした調査結果はみられない。

　そこで本稿では、国営沖縄記念公園海洋博覧会地区を代表する美ら海水族館を事例とし、同水族館を訪問した台湾人、香港人、中国人を対象とした対面調査を実施した上で、その顧客特性を考察する。

　第1に、国営沖縄記念公園を概説し、外国人観光客の経路や国別の観光客数を把握する。

　第2に、外国人観光客が訪問した目的や訪問先、購入したもの、食べたもの、沖縄旅行の感想等を概観する。

　第3に、沖縄旅行を満足した外国観光客と、満足しなかった外国人観光客の違いには差があるのか、統計的にその差異を推計する。

　梅川（2003）は、都市観光の魅力要素は、「見る」「買う」「食べる」「集う」「憩う」の5つの要素であると述べているが、本稿では沖縄へ訪問する外国人観光客の沖縄観光の魅力について明らかにする。

2　国営沖縄記念公園の概要と外国人観光客数の推移

（1）国営沖縄記念公園の概要

　まず、本節では沖縄記念公園について概説する。

　図7-1は、沖縄県入域観光客数と国営沖縄記念公園の入園者数の推移を示

第 7 章　美ら海水族館へ訪問する外国人客の顧客特性　139

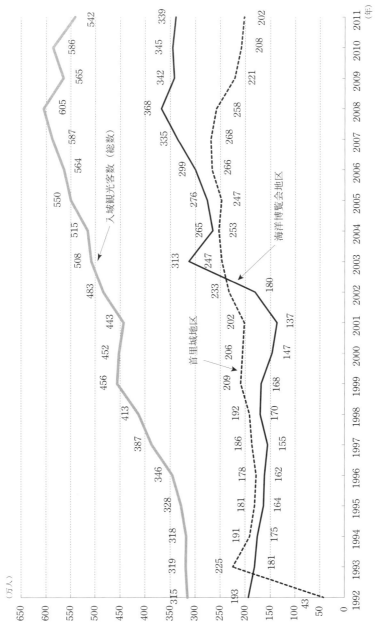

図 7-1　沖縄県入域観光客数と国営沖縄記念公園の入園者推移
資料：沖縄観光要覧より作成。

したものである。図中のデータは、国営沖縄記念公園首里城地区が整備される前の 1992～2011 年までの沖縄県の入域観光客数と、国営沖縄記念公園の入園者数を示している。

まず、1992 年の沖縄県入域観光客数は 315.2 万人であり、1991 年に 301.5 万人と、すでに 300 万人を超えていた。その後、1999 年まで観光客数は 455.9 万人まで上昇するものの、2000 年には円高によって海外旅行が増加し、かつ 2001 に年はアメリカ同時多発テロ事件があったため、443.3 万人へ落ち込んだ。その後の 2002 年以降、観光客は回復し、2008 年には過去最高の 604.6 万人にまで観光客数は増加した。

一方、国営沖縄記念公園首里城地区の入園者数についてである。首里城地区が公開されたのは 1992 年 11 月 3 日であるが、同年の観光客数は 42.7 万人に過ぎなかった（内閣府〔3〕）。しかし、1993 年に 224.7 万人となり、1999 年以降は 201.7 万人（2001 年）～267.9 万人（2007 年）の間で推移している。

他方、国営沖縄記念公園海洋博覧会地区の入園者数についてである。図中には示していないが、海洋博覧会地区の入園者数は、1990 年に 200 万人（正確には 208 万 4,000 人）を達成していた。しかしながら、1990 年代の入園者数は下降気味であり、旧水族館が閉館する前年の 2001 年には 136.8 万人にまで入園者数は落ち込んだ。その後の 2002 年 11 月 1 日に新水族館が開館し、開館以来最高の 312.9 万人に達した。新水族館開館後の翌 2003 年は 264.9 万人に落ち込むが、その後の入園者は上昇を続ける。そして、2008 年には 366.7 万人と過去最高の入園者数を記録し、同年水族館の入館者は 1,500 万人に達した。

しかしながら、2009 年以降は世界同時不況や東日本大震災により、沖縄県入域観光客数も 541.6 万人に減少してしまう。近年は、アジア諸国の所得向上と 2012 年以降の円安傾向によって、外国人の観光客が増加している。次節では、外国人の観光客数の推移を考察する。

（2）外国人観光客数の推移

図 7-2 は、外国人観光客数の推移を空路と海路に分けたものを図示している。

第 7 章　美ら海水族館へ訪問する外国人客の顧客特性

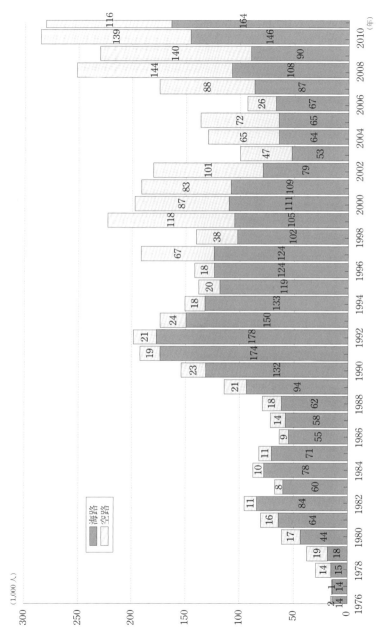

図 7-2　年次別沖縄入域外国人観光客数の推移
資料：沖縄観光要覧より作成。

まず、沖縄が本土に復帰してから、最も古い統計は 1976 年であり、復帰当初の外国人観光客数は海路・空路を合わせても 1.5 万人程度に過ぎなかった。現在でも海路の割合は多く、海路の 9 割は台湾からの外国人客である。

外国人観光客数が初めて 10 万人を超えたのは、バブル経済末期の 1989 年であり、11.5 万人に達した。その後の 1992 年には 20 万人に達する勢いであったが、1990 年代後半以降はバブル経済が崩壊したこともあり、1995～96 年ごろは 14 万人前後に落ち込んでいた。

その後の 1997 年からの大きな変化は、空路割合の拡大である。1997 年には初めて空路の割合が 35％を超え、1999 年には初めて空路の観光客数（11.8 万人）が海路の観光客数（10.5 万人）を超えた。その後、2006 年には 9.3 万人にまで落ち込むが、2008 年には 25 万人を超えた。

東日本大震災後の 2012 年の外国人観光客数は 37.7 万人と初めて 30 万人を突破し、翌 2013 年は 55.8 万人と前年比で 17.4 万人増、46.2％の増加となった。課題でも述べたように、2013 年の沖縄の観光客数は 641.4 万人と過去最高を記録しているが、増加の背景には外国人観光客の増加が大きく影響している。

（3）国籍別沖縄入域外国人数の推移

前節では、沖縄の観光客数の増加は、外国人観光客数の増加と関係が深いことが明らかになった。本節では、沖縄へ訪問する外国人客の国籍について検討する。

図 7-3 は、国籍別に沖縄入域外国人数を示したものである。図より、沖縄へ入域する外国人のうちで、最も多いのは台湾人であり、この傾向は 2000 年から 2011 年までの推移をみても変わらない。2000 年から 2006 年まで、沖縄へ訪問する外国人の国籍は、台湾、アメリカ、韓国の順であった。

この順位が変わったのが 2007 年であり、同年の順位は台湾（79,990 人）、韓国（14,153 人）、北アメリカ（12,853 人）の順となった。翌年の 2008 年には、香港ドラゴン航空が那覇へ就航したことをきっかけに、同年より台湾、香港の順で沖縄に入域している。そして、2011 年には中国人観光客に対して、数次ビザ（1 回の滞在期間は 90 日以内）を発給したこともあり、中国人の入域観光客数は初め

て 2 万人（正確には 20,410 人）と突破し、過去最高を記録した。そのため、2014年現在、沖縄の観光産業は、台湾人や香港人、中国人観光客に大きな期待を寄せている。

3 調査概要

（1）サンプル属性

　前章では、沖縄へ訪問する外国人客数が増加し、かつ台湾人や香港人、中国人の観光客数が増加したことが明らかにされた。そこで、本章では、台湾人や香港人、中国人を対象として、沖縄観光に対して、どのような印象を持っているのか、検証する。

　調査対象地は、国営沖縄記念公園海洋博覧会地区の美ら海水族館であり、日本大学の学生 3 名（陳本人他 4 年生 2 名）と教員 1 名（菊地本人）が水族館前で対面聞き取り調査を実施した。言語は中国で一般的な簡体字を使用した[1]。調査日は 2013 年 9 月 17 日（火）〜18 日（水）であり、合計 114 通を回収した。

　表 7-1 は、サンプル属性を示したものである。表中より、性別では女性（61.4％）が多く、国籍別では台湾（43.0％）、中国（28.9％）、香港（28.1％）の順で多かった。中国人(33 名)の居住地で多かったのは、上海(33.3％)、華南(27.3％)、華東（21.2％）、東北（15.2％）の順であった。上海は華南に位置するが、中国人客の 9 割以上が中国でも所得の高い沿岸部から訪問していることが分かる。所得に相関して、学歴も高く、大学・大学院修了者が 45.6％、短大・専門学校卒業者も 35.1％を占めた。職業別にみると、会社員が 55.3％と圧倒的に多いが、調査日が夏休み期間ということもあって学生（19.3％）も多かった。平均年齢は 30.8 歳であり、美ら海水族館に子ども連れで訪問する者も多いが、中国が一人っ子政策を取っているため子どもの数は 1 名前後（正確には 0.9 人）とみられる。訪問人数は 4.0 人である。月収は中国人民元に換算すると 2.6 万元であり、中国の一人当たりの年間名目 GDP が 42,026 元であることを考慮すれば、かなりの富裕層が訪沖していると考えてよい。お土産等に支払う金額は 2,105 円であるが、標準偏差（SD）をみる限り、かなり分散している。宿泊数は 4 日間で、

144 第Ⅰ部 農・食・観光クラスターの展開

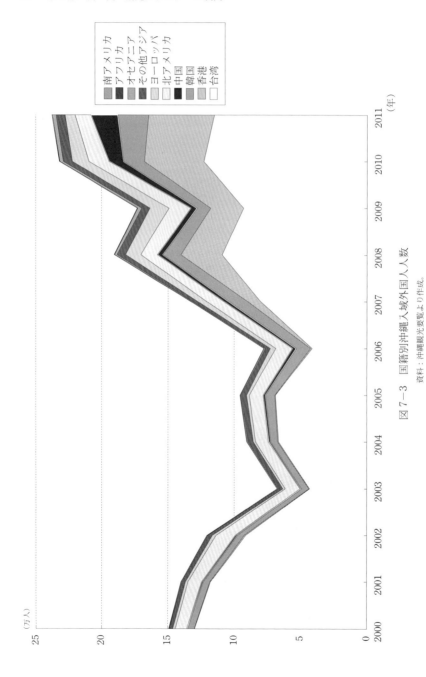

図7-3 国籍別沖縄入域外国人人数
資料：沖縄観光要覧より作成。

表 7-1　サンプル属性（n=114）

		度数	割合			度数	割合
性	男性	44	38.6%	職業	会社員	63	55.3%
	女性	70	61.4%		学生	22	19.3%
国籍	中国	33	28.9%		専門職	10	8.8%
	台湾	49	43.0%		パート	5	4.4%
	香港	32	28.1%		主婦	5	4.4%
中国人の居住地	上海	11	33.3%		公務員	4	3.5%
	華南	9	27.3%		専門職	4	3.5%
	華東	7	21.2%		無職	1	0.9%
	東北	5	15.2%	個人属性		平均	SD
	華北	1	3.0%	年齢（歳）		30.8	7.9
	華中	1	3.0%	子どもの数（人）		0.9	1.3
	西南	1	3.0%	年収（万元）		2.6	2.7
学歴	中学校	4	3.5%	支払金額（円）		2105	3896
	高等学校	18	15.8%	訪問人数（人）		4.0	1.5
	短大・専門	40	35.1%	宿泊数（日数）		4.0	1.3
	大学・大学院	52	45.6%	訪問回数（回）		1.2	0.7
移動手段	レンタカー	84	73.7%	ホテルのランク		3.7	1.2
	バス	19	16.7%	旅行予算（万円）		13.6	7.8
	タクシー	6	5.3%	移動時間（時間）		1.3	0.6
	その他	7	6.1%	滞在時間（時間）		2.1	0.9

資料：筆者作成。

訪問回数は1.2回であり、初訪問の客も多いとみられる。ホテルは三つ星から四つ星以上のグレードのホテルに宿泊し、全日程の総予算は13.6万円であった。観光客一人当たり県内消費額（2011年）が68,962円であることを考慮すれば、外国人客は2倍近い金額を支払っていることになる。他方、ホテルから美ら海水族館までの移動時間は1.3時間、滞在時間は2.1時間と推計される。

（2）美ら海水族館の情報源・訪問手段・訪問する地方

表7-2は、美ら海水族館の情報源・訪問手段・訪問する地方を示している。

まず、観光客が、美ら海水族館の情報をどこから得ているのかについては、インターネット（43.0%）が最も多く、口コミ（22.8%）や旅行雑誌（20.2%）、ツアーの案内（18.4%）といった情報源が多かった。観光客の中で、美ら海水族館へ偶然立寄った（1.8%）という客は、ほとんどいなかった。

表7-2 美ら海水族館の情報源・訪問手段・訪問する地方

		度数	割合			度数	割合
美ら海水族館の情報源	インターネット	49	43.0%	訪問手段	飛行機	114	100.0%
	口コミ	26	22.8%		船舶	0	0.0%
	旅行雑誌	23	20.2%	これから訪問することのある日本の地方	関東地方	57	50.0%
	ツアーの案内	21	18.4%		関西地方	45	39.5%
	偶然立ち寄った	2	1.8%		北海道	41	36.0%
	空港/機内	1	0.9%		九州地方	27	23.7%
今後の旅行での訪問先	沖縄本島を観光	47	41.2%		東海地方	21	18.4%
	帰国	39	34.2%		沖縄のみ	20	17.5%
	沖縄以外の日本国内	15	13.2%		北陸地方	8	7.0%
	沖縄の島を観光	10	8.8%		中国地方	7	6.1%
	日本以外の国を観光	6	5.3%		その他	4	3.5%

資料:筆者作成。

　次に、訪問手段であるが、訪沖する外国人客の4割前後が海路を使って訪問するのだが、美ら海水族館へ訪問する外国人観光客は、100％空路を使って訪問していた。

　一方、今回の沖縄旅行で、今後どこを訪問するかについてであるが、沖縄本島を観光する者が41.2％を占め、美ら海水族館を訪問した後帰国する者が34.2％を占めた。今回の沖縄旅行で、今後沖縄以外の日本国内の地域を訪問すると答えた者は13.2％、沖縄本島以外の島を訪問すると答えた者は8.8％に過ぎず、沖縄だけを訪問する者が4分の3を占めた。

　他方、これから訪問したことのある日本の地域については、関東地方(50.0％)が最も多く、関西地方(39.5％)、北海道(36.0％)、九州地方(23.7％)等の順となった。

(3) 沖縄旅行の目的・料理・立ち寄った施設

　表7-3は、沖縄旅行の目的・料理・立ち寄った施設を示している。

　今回の沖縄旅行の目的として、飲食(54.4％)に立ち寄った者が多く、外国人客が沖縄の飲食店に与える影響は大きいとみられる。飲食を除く順位は、自然の風景・景勝地(49.1％)、ドライブ・ツーリング(48.2％)、レジャーランド・テーマパーク(45.6％)、買い物(44.7％)等が高い割合を占めた。

表7-3 沖縄旅行の目的・料理・立ち寄った施設

		度数	割合			度数	割合
沖縄旅行の目的	飲食	62	54.4%	立ち寄った施設	那覇国際通り周辺	50	43.9%
	自然の風景・景勝地	56	49.1%		恩納村・万座毛	42	36.8%
	ドライブ・ツーリング	55	48.2%		首里城・玉陵	42	36.8%
	レジャーランド・テーマパーク	52	45.6%		那覇中心部・新都心	40	35.1%
	買い物	51	44.7%		DFS	28	24.6%
	スポーツ・アウトドア	37	32.5%		北谷・嘉手納	28	24.6%
	美術館・博物館・資料館	12	10.5%		スーパー	23	20.2%
	名所・旧跡	9	7.9%		お菓子御殿	22	19.3%
	地元の人とのふれあい	4	3.5%		パイナップルパーク	16	14.0%
	その他	1	0.9%		古宇利島	9	7.9%
食べた沖縄料理	豚肉料理	68	59.6%	お土産の表示	沖縄産であること	69	60.5%
	海藻・昆布料理	43	37.7%		中国語の説明	49	43.0%
	海ぶどう	40	35.1%		使用方法	40	35.1%
	豆腐・麩料理	40	35.1%		製造日	35	30.7%
	飲料	36	31.6%		賞味期限	34	29.8%
	魚介料理	34	29.8%		保存方法	30	26.3%
	野菜料理	31	27.2%		名称・品名	28	24.6%
	黒糖かりんとう等加工品	31	27.2%		食品マーク	25	21.9%
	沖縄そば・麺類	30	26.3%		原材料	22	19.3%
	パイナップル	29	25.4%		添加物	21	18.4%

資料：筆者作成。

　また今回の旅行で食べた沖縄料理については、豚肉料理が59.6%と最も多く、世界の 49.3%を生産する中国では最も一般的な肉料理であるため、人気が高かったものとみられる[2]。また、海藻・昆布料理（37.7%）や海ぶどう（35.1%）等の海藻料理の人気も高かった。中国において海藻は不老長寿の薬として珍重され、かつ近年はカロリー摂取量が急上昇し、肥満や成人病等の疾患が増えていることから、海藻料理に人気が高かったものと推測される[3]。

　さらに、美ら海水族館へ来るまでに立ち寄った施設や景勝地等については、那覇国際通り周辺（43.9%）が最も多く、恩納村・万座毛（36.8%）、首里城・玉陵（36.8%）、那覇中心部・新都心（35.1%）の順で景勝地を訪問してから水族館へ来るものが多かった。また、DFS（24.6%）やスーパー（20.2%）、お菓子御殿（19.3%）、パイナップルパーク（14.0%）等で買い物して、水族館に来る者も多いようである。

加えて、購入したお土産を買う際にみた表示は、沖縄産であること (60.5%)
が最も重要であった。そして、中国語の説明 (43.0%) があることも重要であっ
た。日本語も漢字が主であるため、中国人等もある程度の日本語表記は読める
ようであるが、お土産物を販売する場合、中国語の翻訳があると、購入しやす
いようである。また、漢字圏の観光客であるため、ある程度の規格表示は読み
取れるようであり、使用方法 (35.1%) や製造日 (30.7%)、賞味期限 (29.8%) 等
の表示は購入の際の判断基準とされていた。

（4）お土産物・購入理由・美ら海水族館で良かった施設

　表 7-4 は、お土産物を購入した理由や購入しなかった理由、そして美ら海
水族館で良かった施設等を示した。

　まず、家族や自分のお土産に買ったものとしては、食品 (72.8%) や記念品
 (39.5%) が多数を占めるが、薬品 (30.7%) や化粧品 (23.7%) 等をお土産物と
して購入する者が多く見られた。香港人の女性にインタビューしたところ、レ
ンタカーで県内の薬局に寄り、クレンジングや洗顔料などの化粧品を買いこん
だことが報告された。訪沖する外国人客は、食品だけを購入するわけではなく、
コスメティック商品を購入する者が多いようである。

　また、水族館で買った理由としては、沖縄のお土産を買いたかった (53.5%)、
日本食を買いたかった (43.9%) 等の理由が多かった。他方、買わなかった理由
としては、他のお店でお土産を買った (25.4%) や食品を買うつもりがなかった
 (14.0%) という意見が多く、魅力的な商品がなかった (11.4%) といった消極的
な意見は少数であった。

　さらに、美ら海水族館で良かった施設としては、ジンベイザメが見れた
 (69.3%) が最も多く、水槽が大きかった (41.2%) 水族館内には英語・中国語・
韓国語版の音声ガイドも常設されており、日本人と同様にジンベイザメの巨大
水槽を見学できたようである。また、改札ゲートに一番近いコーナーにイノー
の生き物たちをタッチできるプールがあるのだが、海の生物を触ることができ
た (40.4%) ことを喜ぶ観光客も多かった[4]。

　美ら海水族館で買ったお土産としては、お菓子 (36.0%)、泡盛 (18.4%)、チョ

表7-4 お土産物・購入理由・美ら海水族館で良かった施設

		度数	割合			度数	割合
家族や自分のお土産に買ったもの	食品	83	72.8%	美ら海水族館で良かった施設	ジンベイザメが見れた	79	69.3%
	記念品	45	39.5%		水槽が大きかった	47	41.2%
	薬品	35	30.7%		海の生物を触ることができた	46	40.4%
	化粧品	27	23.7%		サンゴが見れた	24	21.1%
	洋服・和服	25	21.9%		サメ博士の部屋が見れた	17	14.9%
	宝石	2	1.8%		水辺の生き物が見れた	15	13.2%
	手袋・財布・ベルト	8	7.0%		特にない	4	3.5%
	電子製品	9	7.9%		その他	2	1.8%
買った理由	沖縄のお土産を買いたかった	61	53.5%	美ら海水族館で買ったお土産	お菓子	41	36.0%
	日本食を買いたかった	50	43.9%		泡盛	21	18.4%
	パッケージが気に入った	14	12.3%		チョコ類	14	12.3%
	安かった	8	7.0%		ジュース	11	9.6%
	賞味期限が長かった	4	3.5%		パイン酢	11	9.6%
	重量が軽かった	2	1.8%		その他	11	9.6%
買わなかった理由	他のお店でお土産を買った	29	25.4%		カップラーメン	10	8.8%
	食品を買うつもりがなかった	16	14.0%		ちんすこう	8	7.0%
	魅力的な商品がなかった	13	11.4%		スパム	7	6.1%
	荷物に入らない物が多かった	5	4.4%		ワイン	5	4.4%
	高かった	5	4.4%		ドライフルーツ	5	4.4%
	賞味期限が短かった	5	4.4%		ジャム	4	3.5%
	円をあまり持ってこなかった	4	3.5%		沖縄そば	4	3.5%
	重量が重かった	4	3.5%		缶詰	2	1.8%
	内容量が少なかった	1	0.9%		漬物	2	1.8%

資料：筆者作成。

コレート類（12.3%）、ジュース（9.6%）、パイン酢（9.6%）等が購入されていた。

（5）美ら海水族館・沖縄の感想

表7-5は、美ら海水族館・沖縄の感想を示した。まず、美ら海水族館の再訪問については、機会があれば訪れたいが72.8%、是非訪れたいも13.2%と多かった。水族館の感想であるが、良かった（53.5%）、大変良かった（39.5%）を合計して、9割の外国人観光客が良かったと回答した。

ただし、沖縄を観光してみて、不便と感じたところについても回答してもらった。ホテルや買い物先での言葉（40.4%）が最も多いが、交通の不便さ（36.8%）や食べ物の注文（19.3%）に不便さを感じる客も多かった。

表7-5 美ら海水族館・沖縄の感想

		度数	割合
再訪問美ら海	是非訪れたい	15	13.2%
	機会があれば訪れたい	83	72.8%
	どちらでもない	13	11.4%
	あまり訪れたくない	3	2.6%
感想美ら海	大変良かった	45	39.5%
	良かった	61	53.5%
	どちらでもない	7	6.1%
	あまり良くなかった	1	0.9%
沖縄観光で不便と感じたところ	ホテルや買い物先での言葉	46	40.4%
	交通の不便さ	42	36.8%
	食べ物の注文	22	19.3%
	その他	20	17.5%
	人民元・香港ドル等から円への両替先の少なさ	9	7.9%
	入国管理局・ビザの発行	9	7.9%
	銀聯カードの支払	9	7.9%
	食べ物の味	3	2.6%
	ホテルの狭さ・快適さ	3	2.6%
沖縄感想	是非訪れたい	29	25.4%
	機会があったら訪れたい	79	69.3%
	どちらでもない	5	4.4%
	あまり訪れたくない	1	0.9%

資料：筆者作成。

　最後に、沖縄観光に感想については、是非訪れたいが25.4％、機会があれば訪れたいが69.3％であり、94.7％の外国人観光客が再訪問したいと答えていた。

4　美ら海水族館へ訪問する外国人客の顧客特性

（1）順序ロジスティック回帰分析の推計方法

　本章では、美ら海水族館と沖縄の感想について、台湾人、香港人、中国人が個人属性によって、どのくらい差異があるのか推計し、分析する。目的変数はそれぞれ、①美ら海水族館の感想と②沖縄の感想を独立し、個人属性を説明変数として、順序ロジスティック回帰式を推計することにした[5]。説明変数は、国籍別（中国＝1、台湾＝1、香港＝0）、性別（男性＝1、女性＝0）、職業（学生＝1、そ

の他=0）の3つを質的変数（ダミー変数）として、支払金額、滞在時間、宿泊数、子どもの数、学歴、沖縄旅行の予算、ホテルのランク、月収の4つを連続変数として導入した。各推計式は、AICや尤度比の値を考慮しながら、Backward Selection method を用いて、20％有意水準未満の説明変数を削除し、最適な推計結果が得られるまで推計した[6]。

（2）美ら海水族館の感想に関する個人属性分析

表7-6は、美ら海水族館の感想に関して個人属性別に推計した結果を示し

表7-6 美ら海水族館の感想 －順序ロジステック回帰分析－

		係数	標準誤差	p値	
情報源					
	旅行雑誌	-1.320	0.593	0.026	**
良かった施設					
	サメ博士の部屋	1.777	0.799	0.026	**
美ら海水族館で購入したもの					
	泡盛	-1.026	0.583	0.078	*
国籍					
	中国	0.534	0.769	0.487	
	台湾	0.748	0.590	0.205	
性別					
	男性	-0.323	0.453	0.475	
職業					
	学生	-1.269	0.790	0.108	
連続変数					
	再訪問（1～4点）	1.273	0.416	0.002	***
	支払金額	-0.777	0.600	0.195	
	滞在時間	0.945	0.317	0.003	***
	宿泊数	-0.196	0.186	0.293	
	子どもの数	0.277	0.180	0.125	
	学歴	0.559	0.330	0.090	*
	沖縄旅行の予算	-0.043	0.036	0.228	
	ホテルのランク	0.359	0.212	0.090	*
	年収	-0.106	0.094	0.260	
cut1		3.810	1.866	0.041	**
cut2		7.878	2.046	0.000	***
サンプル数		114			
尤度比		45.8	***		
AIC		186.4			
疑似R^2		0.233			

資料：筆者作成。
注：1）***、**、*は1％、5％、10％の水準で統計的に有意であることを示す。
　　2）目的変数は「どちらでもない」から「あまり訪れたくない」を統合して基準とした（表7-5参照）。

た。推計の結果、疑似 R^2 は 0.233 と他の先行研究の値と比較しても比較的良好である。また、全ての回帰係数がゼロであることを帰無仮説とする尤度比検定は、表中のモデルで棄却されている。表中の cut とは閾値変数を示し、$Pr(y=1)=Pr(\beta x<cut1)$、$Pr(y=2)=Pr(cut1<\beta x<cut2)$ のように対応している（y は従属変数のカテゴリー、x は説明変数、ベータはパラメータ）。

まず、情報源であるが旅行雑誌の係数が-1.320 と負の値を示すため、美ら海水族館へ訪問し、満足度が高い人は旅行雑誌を見てくるというより、ネットや口コミ、ツアーの案内をみて訪問する者が多いと予想される。

次に、美ら海水族館を訪問して良かった施設は、サメ博士の部屋（1.777）であった。全体的には表 7-4 の集計結果をみてもジンベイザメが見られる水槽について評価は高いものの、サメの模型や標本等をみた外国人観光客の評価は高かったものと推測される。

さらに、美ら海水族館で購入したもののうち、泡盛の係数が-1.026 と負の値を示すため、美ら海水族館内では、泡盛以外のお菓子やチョコレート類、ジュース等のお土産を買った者の評価が高かった。

加えて、再訪問したいと考えている者の係数は 1.273 と正の値を示し、再訪問したい者の評価は高かった。また、滞在時間（0.945）が長く、かつ学歴（0.559）とホテルのランク（0.359）が高い者の評価が高かった。

（3）美ら海水族館の感想に関する個人属性分析

表 7-7 は、沖縄観光の感想に関して個人属性別に推計した結果を示した。推計の結果、疑似 R^2 は 0.278 であり、前節の表 7-6 の結果と比較しても良好である。

まず、今回の旅行で、沖縄本島だけを観光すると回答した者の係数は 0.745 と正の値を示すため、沖縄本島だけを観光する者の方が評価は高い。

次に、これから訪問する・したことのある日本の地方は、北海道（1.042）や九州（1.166）と正の値を示し、関東や関西へ行くより、北海道や九州地方へ観光したことのある者の方が評価は高かった。

また、沖縄旅行の目的は、全体的には表 7-3 の集計結果をみても自然の風

表7-7 沖縄旅行の感想 －順序ロジステック回帰分析－

	係数	標準誤差	p値	
今回の旅行での今後の訪問先				
沖縄本島だけを観光	0.745	0.526	0.157	
これから訪問する・したことのある日本の地方				
北海道	1.042	0.557	0.062	*
九州	1.166	0.594	0.050	**
沖縄のみ	1.094	0.802	0.172	
沖縄旅行の目的				
飲食	1.591	0.611	0.009	***
買い物	-0.964	0.597	0.107	
海藻・昆布料理	1.554	0.602	0.010	**
食べた沖縄料理				
飲料	-1.645	0.646	0.011	**
黒糖かりんとう等加工品	1.722	0.658	0.009	***
立ち寄った施設				
那覇国際通り周辺（お土産物屋）	0.977	0.592	0.099	*
DFS	-1.367	0.657	0.038	**
スーパー（サンエー・イオン）	1.141	0.707	0.107	
沖縄観光で不便と感じたところ				
食べ物の注文	-1.876	0.726	0.010	***
国籍				
中国	0.453	0.869	0.602	
台湾	-1.561	0.706	0.027	**
職業				
学生	-1.093	0.752	0.146	
連続変数				
滞在時間	0.590	0.304	0.052	*
学歴	1.054	0.368	0.004	***
ホテルのランク	0.450	0.240	0.061	*
cut1	3.345	1.628	0.040	**
cut2	9.369	2.036	0.000	***
サンプル数	114			
尤度比	48.1	***		
AIC	166.6			
疑似 R^2	0.278			

資料：筆者作成。
注：1) ***、**、*は1％、5％、10％の水準で統計的に有意であることを示す。
　　2) 目的変数は「どちらでもない」から「あまり訪れたくない」を統合して基準とした。

景の見学やドライブ、そしてレジャーランド等が目的であろうが、買い物(-0.964)が目的というより、飲食(1.591)や海藻・昆布料理(1.554)というように、沖縄の食を楽しむ者の方が評価は高かった。

そして、食べた沖縄料理は、飲料(-1.645)より黒糖かりんとう等加工品(1.722)を食べた者の方が評価は高かった。

さらに、立ち寄った施設は、おもろまちの DFS (-1.367) より那覇国際通り周辺のお土産物屋（0.977）や地元のサンエーやイオンといったスーパー（1.141）に立ち寄った者の方が評価は高かった。

加えて、沖縄観光の際、食べ物の注文 (-1.876) を不便と感じなかった者の方が評価は高かった。おそらく、英語や日本語の会話に不便さを感じなかった者の評価が高かったと推測できる。

最後に、沖縄旅行に関して、台湾人の係数が-1.876 と負の値を示すため、台湾人には、それほど評価が高くなかったといえるだろう。図7−3をみても訪沖する外国人客の5割前後が台湾人客であることからも、沖縄は台湾人客から評価される観光産業を構築する必要があるだろう。他方、表7−7の推計結果と同様に、滞在時間（0.590）が長く、かつ学歴（1.054）とホテルのランク（0.450）が高い者の評価か高かった。学歴やホテルのランクの相関は高いため、今回の推計結果では所得に関する係数が有意ではなかったが、学歴が高く、高級リゾートホテルに宿泊するような外国人富裕層に対する「おもてなし」が、今後の沖縄観光の更なる発展に寄与するものと思われる。

5　結論

本稿では、美ら海水族館を事例とし、同水族館を訪問した台湾人、香港人、中国人を対象とした対面調査を実施した上で、その顧客特性を考察してきた。その結果、下記の諸点が明らかにされた。

沖縄の外国人観光客数は、世界同時不況や東日本大震災後、一時的に減少したが、中国人ビザの緩和やアベノミクスによる円安等を背景に、2013年は過去最高を記録した。沖縄全体の観光客の増加は、外国人観光客に起因するところが多く、台湾人、香港人、そして中国人といったアジア富裕層の訪沖客の急増が顕著であった。これらの外国人客は学歴も所得も高く、かつ比較的若い富裕層であった。しかも、沖縄で出費する金額は、日本人の2倍程度あり、美ら海へ訪問する外国人観光客は 100％空路で訪問していた。美ら海水族館へ訪問する外国人客はインターネットや口コミ、ツアーの案内をみて訪問し、万座毛や

首里城等を訪問した上で、沖縄料理を楽しんでいた。沖縄料理のうち、人気だったのは豚肉料理であったが、不老長寿の薬とされる海ぶどう等の海藻料理も非常に人気が高かった。買い物はスーパーで食品を買う者もいれば、DFS や薬局で化粧品や薬品を購入する者も多かった。美ら海水族館で人気が高かったのはジンベイザメ等がみられる世界最大級の水槽であったが、子ども連れも少なくないため、海の生物と触れ合うことのできるプールも人気であった。そして、95％近い外国人観光客が沖縄へ再訪問したいと答えていた。

そして、美ら海水族館へ訪問する外国人客は、ネットや口コミ、ツアーの情報を得て訪問し、館内ではお菓子をお土産として購入していた。再訪問する客層は、学歴が高く、ホテルランクも高い富裕層であることが予想される。また、沖縄観光では、本島だけをゆっくりと訪問する外国人客が多く、関東や関西といった都会を楽しむというよりは、自然の景勝地をみたり、沖縄の食を楽しんだりする外国人客が多いことが予想される。沖縄観光を楽しむ外国人客は、DFS 等の買い物施設でお土産を購入するというよりはむしろスーパーで食品を買ったり、薬局などで化粧品や薬品を買ったりする客も多かった。沖縄は在日米軍も多いため、英語で表記されている場合もあり、語学が出来る者の満足度は高かったと予想される。ただし、沖縄観光では、台湾人の評価が低いため、沖縄は台湾人客から評価される観光産業を構築する必要があった。

以上、今後も沖縄の観光産業が発展するには、外国人観光客の顧客満足度をいかに高めていくかも重要な要因となるのではないだろうか。

なお、本稿では観光収入等の拡大については特に触れなかった。本稿の分析が、沖縄の観光産業の発展に寄与するものであれば幸いである。

注
1) 台湾では繁体字、香港では人口の 95.2％が広東語を話し、繁体字を使用する。しかしながら、香港や台湾の調査でも、多くの場合は簡体字でも通用したため、簡体字で統一したが、今回の調査では全く問題なかった。
2) FAOSTAT2010 によると、全世界の豚飼養頭数 9 億 6,494 万頭のうち、中国では 4 億 7,627 万頭を飼育している。
3) FAOSTAT2012 によると、中国人 1 人当たりの 1 人 1 日当たり供給カロリー（2007〜

2009 年平均）は 3,000kcal であり、世界 176 か国中 122 位である。対して、日本人は 2,771kcal であり、中国人は日本人より同カロリーは高い。
4）イノーとは、沖縄の方言でサンゴ礁に囲まれた浅い海、すなわち礁池のことをいう。
5）推計方法については、中村等（2008）を参考にした。
6）順序ロジットの推計方法としては、全ての変数を導入して推計することも可能であるが、説明変数が多いため、Backward Selection method を用いた。

〔引用文献〕
梅川智也（2003）：「魅力ある都市とは」都市観光を創る会監修『都市観光でまちづくり』学芸出版社、pp.40-60.
霜浦森平・中村哲也・丸山敦史（2013）：「沖縄観光における地域農産物と郷土料理に対する訪問客の評価 －リピーターに注目して－」農業経済研究別冊『2012 年度日本農業経済学会論文集』pp.238-245.
中村哲也・矢野佑樹・丸山敦史・菊地香（2008）：「沖縄県内の道の駅併設農産物直売所の顧客特性に関する分析 －道の駅におけるアンケート調査から－」『農林業問題研究』第 44 巻第 1 号、pp.169-175.

外務省[1]、中国団体観光・個人観光ビザ
　http://www.mofa.go.jp/mofaj/toko/visa/topics/china.html，2014.3.5
沖縄県[2]、平成 25 年（暦年）の入域観光客統計概況
　http://www.pref.okinawa.jp/site/bunka-sports/kankoseisaku/kikaku/statistics/tourists/documents/h25gaikyou.pdf,2014.3.5
内閣府[3]、沖縄総合事務局国営沖縄記念公園事務局 H25 首里城地区事業概要
　http://www.dc.ogb.go.jp/kouen/shurijo/pdf/H25syuri_jigyougaiyo.pdf
内閣府[4]、沖縄総合事務局国営沖縄記念公園事務局 H25 首里城地区事業概要
　http://www.dc.ogb.go.jp/kouen/ocean/pdf/h25kaiyouhaku_jigyougaiyou.pdf

第8章　中山間地域における農村レストランおよび直売所の顧客特性
－石川県河北郡津幡町における河合谷木窪大滝および郷の即売所を事例として－

中村　哲也・霜浦　森平・丸山　敦史・谷下　雅義

1　課題

　近年は、わが国においても、都市と農村との住民交流である農村ツーリズムが評価されている。EU 諸国では、都市住民が農村に長期滞在して余暇を楽しむというものだが、わが国では都市と農村の距離が比較的近く、かつ長期休暇が取りにくい労働環境のため、日帰りや短期滞在が極めて多い。このような立地・労働環境下において、わが国の農村ツーリズムは、日本人の価値観・生活様式に合致した「日本型農村ツーリズム」と表現されることもある。わが国は国土の 70％が山岳地帯であり、67％が森林である[1]。わが国は中山間地域が非常に多いことから、日本型農村ツーリズムは都市と中山間地域を繋ぎ、かつ、その地域の活性化を図る原動力になることが期待されている。

　農村ツーリズムの活動には、①農産物を通じた産直・直売所活動、②ふるさと祭り・農林祭り等のイベント、③田植え・稲刈り・乳搾り等の農業・農村体験、④学校教育における農村や農業とのふれあい、⑤自然の営みとのふれあい等があり、中山間地域では都市と農村との交流活動に一役買っている。

　中山間地域において、脚光を浴びているのが石川県河北郡津幡町河合谷地区である。2005 年〜2010 年における津幡町の人口は、県内人口が 117.4 万人から 116.4 万人へと減少するのに対し、36,390 人から 2010 年には 37,518 人と増加している[2]。河合谷地区自体は過疎化が進んでいるのだが、河合谷木窪大滝〔1〕（以下、河合谷大滝）と郷の即売所〔2〕は、中核市金沢市とそのベッドタウン津幡町とを繋ぐ農村ツーリズムの活動拠点となっている[3]。河合谷大滝は、毎年

7月下旬から8月下旬までの約2カ月間の営業ではあるが、農村レストランに位置づけられる流しそうめんも営業され、週末は約2,000人を集客する。他方、郷の即売所は2010年5月4日にリニューアルオープンして以来、2011年5月29日には5万人を突破する集客施設となった。そして、両施設とも、地域住民を雇用し、かつ地域食材を活用する中山間地域の経済拠点の一つとなっている。

そこで本稿は、農村ツーリズムの活動の①に該当する郷の即売所と、⑤に該当する農家レストランが併設される河合谷大滝を事例とし、農村ツーリズムを通じた中山間地域活性化の方向性を来訪客からの対面調査を集計・回収した上で統計的に分析し、検討する。

本稿の具体的課題を列記すると、以下の3つに大別される。

第1に、来訪客の旅行傾向や、津幡町の観光地および特産品など、基礎的な知識を把握する。ここでは、近隣観光地から河合谷地区への誘致や、両施設での特産品販売の方向性を検討する。

第2に、河合谷郷の即売所と大滝の訪問頻度や情報源、訪問目的、訪問手段や滞在時間も把握する。併せて、両施設の来訪客の個人属性を統計的に分類し、顧客特性から農村ツーリズムの方向性を検討する。

第3に、河合谷地区の更なる発展を目標に、検討されつつある農村カフェ・農村レストランの新設や、即売所および大滝の更なる拡充による地域活性化の方向性を検討する。

2　河合谷郷の即売所および大滝調査概要

（1）調査概要

調査は、河合谷郷の即売所と河合谷大滝の来訪客へインタビューによる対面調査を実施し、インタビュアー（または来訪客自身）が調査票に記入し、回収した。調査日は、2011年8月5日（金）〜8月7日（日）に実施した。調査票は、郷の即売所では109通、河合谷大滝では55通、合計164通を回収した。そのうち、個人属性が完全な調査票は、郷の即売所では79通、河合谷大滝では31通、合計110通を分析に使用した。

表 8-1 は、サンプル属性を示した。まず、性別であるが、河合谷地区全体の来訪客は、男性（35.5％）より女性（64.5％）が多く、即売所でも大滝でも女性の方が多かった。次に、年齢であるが、河合谷地区への来訪客は、60～69 歳（27.3％）の者が最も多く、50～59 歳（24.5％）の者や 70 歳以上（19.1％）の者も多く、比較的に中高年層が多い。ただし、河合谷大滝は 30～39 歳（25.8％）の者や 60～69 歳（25.8％）の者が最も多く、孫と子供連れで来訪する者が多いと予想される。河合谷大滝の訪問人数（4,516 人）は、即売所（2,065 人）のおよそ 2 倍であることからも明らかだろう。河合谷大滝は家族・親戚（54.8％）や友人・知人（29.0％）を伴って来訪する割合が多いといえる。

　続いて、来訪者の居住地域であるが、即売所はかほく市（38.0％）、河北郡津幡町（22.8％）が多いが、国道 471 号線上にあるため、富山県（12.7％）からの来訪者も多い。また、即売所には、国道 471 号線の起点である羽咋市（11.4％）や中核市である金沢市（10.1％）からも来訪していた。他方、河合谷大滝は、金沢市（41.9％）と河北郡津幡町からの来訪客で 7 割を占めている。河合谷大滝は都市住民の来訪が多く、即売所は地域住民の来訪が多い施設といえるだろう。

　また、職業は全体的に主婦（30.9％）や会社員（29.1％）が多く、即売所では主婦（34.2％）が、大滝では会社員（41.9％）が多かった。所得は全体的に 21～35 万円（38.2％）、20 万円以下（24.5％）、36～50 万円（15.5％）の者が多く、即売所と大滝の来訪客ともおおよそ同様な所得水準にあった。

（2）旅行傾向および津幡町の観光地・特産品の有無

　表 8-2 は、来訪者の旅行傾向と、津幡町の観光地や特産品の有無を回答してもらった結果を示した。

　まず、年に何回程度、日帰り旅行や宿泊旅行をするか尋ねたところ、日帰り旅行が 8.04 回、宿泊旅行が 2.50 回だった。回答者に旅行に関する全般的な意見を回答してもらった。旅行に行くなら、日帰りできるような近場の観光地が良い者が 26.4％、宿泊できるような遠出の観光地が良い者が 42.7％、どちらでも良い者が 28.2％であった。

　次に、回答者が行ったことのある津幡町の観光施設は、石川森林公園が 77.3％、

表 8-1 サンプル属性 (n=110)

属性	地域	全体 度数	全体 割合	郷の即売所 度数	郷の即売所 割合	大滝 度数	大滝 割合
性	男性	39	35.5%	26	32.9%	13	41.9%
	女性	71	64.5%	53	67.1%	18	58.1%
年齢	19歳以下	1	0.9%	1	1.3%	0	0.0%
	20~29歳	7	6.4%	1	1.3%	6	19.4%
	30~39歳	17	15.5%	9	11.4%	8	25.8%
	40~49歳	7	6.4%	2	2.5%	5	16.1%
	50~59歳	27	24.5%	26	32.9%	1	3.2%
	60~69歳	30	27.3%	22	27.8%	8	25.8%
	70歳以上	21	19.1%	18	22.8%	3	9.7%
地域	石川県かほく市	31	28.2%	30	38.0%	1	3.2%
	石川県羽咋市	9	8.2%	9	11.4%	0	0.0%
	石川県金沢市	21	19.1%	8	10.1%	13	41.9%
	富山県	11	10.0%	10	12.7%	1	3.2%
	石川その他	7	6.4%	4	5.1%	3	9.7%
	東京都・千葉県	3	2.7%	0	0.0%	3	9.7%
	石川県河北部	28	25.5%	18	22.8%	10	32.3%
訪問人数		2.778	1.886	2.065	0.951	4.516	2.448
	家族・親戚	51	46.4%	34	43.0%	17	54.8%
	友人・知人	20	18.2%	11	13.9%	9	29.0%

属性	地域	全体 度数	全体 割合	郷の即売所 度数	郷の即売所 割合	大滝 度数	大滝 割合
同居人数		3.391	1.709	3.241	1.595	3.774	1.944
	中学生以下の子供	13	2.077	7	2.000	6	2.167
職業	会社員	32	29.1%	19	24.1%	13	41.9%
	公務員・団体職員	11	10.0%	9	11.4%	2	6.5%
	専門職	3	2.7%	2	2.5%	1	3.2%
	自営業	8	7.3%	6	7.6%	2	6.5%
	農家・漁家	3	2.7%	3	3.8%	0	0.0%
	学生	1	0.9%	0	0.0%	1	3.2%
	パート・アルバイト	7	6.4%	3	3.8%	4	12.9%
	主婦	34	30.9%	27	34.2%	7	22.6%
	働いていない	9	8.2%	8	10.1%	1	3.2%
	その他	2	1.8%	2	2.5%	0	0.0%
所得	20万円以下	27	24.5%	20	25.3%	7	22.6%
	21~35万円	42	38.2%	33	41.8%	9	29.0%
	36~50万円	17	15.5%	10	12.7%	7	22.6%
	51~75万円	13	11.8%	10	12.7%	3	9.7%
	76~100万円	3	2.7%	2	2.5%	1	3.2%
	101~150万円	1	0.9%	0	0.0%	1	3.2%
	151万円以上	7	6.4%	4	5.1%	3	9.7%

資料:津幡町河合郷の即売所・大滝での調査票より作成。
注:1) 訪問人数と同居人数は平均値と標準偏差を示した。
   2) 中学生以下の子供に関して、割合の欄には平均値を示した。

表 8-2 旅行傾向および津幡町の観光地・特産品の有無

項目		度数	割合
旅行傾向	日帰り旅行（観光、レジャー、ドライブなど）	8.04	（回）
	宿泊旅行（観光、レジャーなど）	2.50	（回）
	旅行に行くなら、日帰りできるような近場の観光地が良い	29	26.4%
	旅行に行くなら、宿泊できるような遠出の観光地が良い	47	42.7%
	どちらともいえない	31	28.2%
	無回答	3	2.7%
津幡町観光地	石川森林公園（家族団らんの森・スポーツの森・学習の森・散策の森・鍛錬の森、三国山キャンプ場）	85	77.3%
	倶利伽羅（古戦場・公園・不動尊・龍ヶ峰城址公園）	86	78.2%
	河北潟（漕艇競技場・ひまわり村）	61	55.5%
	禁酒の碑・三国山・河合谷ふれあいセンター	39	35.5%
	河合谷大滝・流しそうめん	12	38.7%
	河合谷郷の即売所・滝の谷霊水	53	67.1%
津幡町特産品	まこもたけ	55	69.6%
	つばた米・河合谷米	48	60.8%
	くりから自然薯	19	24.1%
	倶利伽羅りんご	16	20.3%
	倶利伽羅そば	72	91.1%
	シイタケ（津幡産）	57	72.2%
	竹炭	26	32.9%
	ひまわりの油	3	3.8%
	興津カボチャ	8	10.1%
	その他	2	2.5%
	津幡町の特産品は食べたことがない	14	17.7%

資料：筆者作成．
注：旅行傾向のうち、日帰り旅行および宿泊旅行は回数（回）を示す．

倶利伽羅が 78.2%、河北潟施設が 55.5%、禁酒の碑・三国山が 35.5% であった。また、郷の即売所で河合谷大滝を知っているか、河合谷大滝で郷の即売所を知っているか、尋ねたところ、郷の即売所が 67.1%、河合谷大滝が 38.7% 知っていると回答した。

また、津幡町の特産品を知っているか尋ねたところ、倶利伽羅そばが 91.1% と最も多く認知していた。津幡産シイタケ・つばた米（河合谷米）も 72.2%、まこもたけも 69.6% と、認知度は高かった。竹炭(32.9%)やくりから自然薯(24.1%)、倶利伽羅りんご (20.3%) は 2～3 割強程度認知されていたが、ひまわりの油 (3.8%) などのマイナーなものはほとんど知られていなかった。2010 年度、大

阪市場で売れ行きが好評であった興津カボチャ（10.8％）も、まだ認知が高いというほどではなかった。

（3）河合谷地区への訪問目的とその評価

　表 8 - 3 と表 8 - 4 は、河合谷郷の即売所と河合谷大滝に訪問した目的とその評価を示したものである。

　まず、回数について尋ねた結果、初めて訪問したという者は、郷の即売所が 32.9％、河合谷大滝が 22.6％であり、2010 年の開設した即売所のリピーターが多かった。また、郷の即売所のリピーターの訪問回数は、週に 1 回が 15.2％、週に 2～3 回が 12.7％、2 週間に 1 回・1 か月に 1 回が 11.4％を占め、滅多に来ない（5.1％）者はほとんどいなかった。他方、河合谷大滝のリピーターの訪問回数は、年に 1～2 回程度が 64.5％と最も多く、夏季限定のため、ひと夏 1 回の訪問が大多数を占めた。

　加えて、両施設を知った情報源は、郷の直売所では偶然立ち寄ったが 53.2％、口コミが 39.2％を占めた。即売所の来訪客は、石川富山の県境を行き来する客が偶然知り、その客などの口コミで来訪するものが多いと推測される。他方、河合谷大滝では口コミが 64.5％、旅行雑誌・新聞やテレビ・ラジオが 19.4％を占めた。直売所は国道沿いで偶然立ち寄る者も多いが、大滝では口コミによる訪問が多数を占めた。また、河合谷大滝は、夏季の休日に 1 日 2,000 人も集客するため、メディアも大滝を取り上げることも多いため、テレビやラジオ、雑誌や新聞から情報を得て来訪するものも多いと推測される。

　両施設の訪問目的であるが、郷の即売所では農産物の購入が 54.4％、農産物加工品の購入 48.1％であった。即売所と国道 471 号線を挟んで滝の谷霊水という水汲みスポットがあるのだが、水汲み（12.7％）の客や、ドライブ途中のトイレ休憩（10.1％）の客も 1 割ほどいた。他方、河合谷大滝では流しそうめん等の食事が 74.2％、避暑・水遊びが 45.2％であった。

　また、郷の即売所には滝の谷霊水を汲みに来る来訪客も多いため、軽食や農産物購入等の『買い物』と、滝の谷霊水の『水くみ』のどちらを目的にしているか尋ねたところ、70.9％が買い物と答え、霊水を汲みに来る客は 12.7％と少

第8章　中山間地域における農村レストランおよび直売所の顧客特性　163

表8-3　河合谷郷の即売所の訪問目的とその評価

	項目	度数	割合		項目	度数	割合
	初めて訪問	26	32.9%	訪問目的	農産物購入	43	54.4%
訪問頻度	毎日	2	2.5%		加工品購入	38	48.1%
	週に2〜3回	10	12.7%		その他の物品購入	3	3.8%
	週1回	12	15.2%		滝の谷霊水の水くみ	10	12.7%
	2週間に1回	9	11.4%		ドライブ・ツーリング休憩	5	6.3%
	1か月に1回	9	11.4%		トイレ休憩	8	10.1%
	年に5回以上	2	2.5%		その他	4	5.1%
	年に3〜4回程度	8	10.1%	主な目的	軽食や農産物購入等の『買い物』	56	70.9%
	年に1〜2回程度	9	11.4%		滝の谷霊水の『水くみ』	2	2.5%
	2年に1回程度	1	1.3%		どちらも目的	13	16.5%
	4〜5年に1回程度	1	1.3%		無回答	9	11.4%
	滅多に来ない/来るつもりはない	4	5.1%	訪問感想	たいへん良かった	25	31.6%
	無回答	12	15.2%		良かった	45	57.0%
情報源	テレビ/ラジオ	1	1.3%		あまり良くなかった	6	7.6%
	旅行雑誌/新聞	3	3.8%		無回答	3	3.8%
	役場広報	3	3.8%	次回訪問	是非訪れたい	41	51.9%
	口コミ	31	39.2%		機会があったら訪れたい	34	43.0%
	偶然立ち寄った	42	53.2%		あまり訪れようとは思わない	1	1.3%
	その他	3	3.8%		無回答	3	3.8%

資料：筆者作成。

表8-4　河合谷大滝の訪問目的とその評価

	項目	度数	割合		項目	度数	割合
	初めて訪問	7	22.6%	目的	写真撮影（滝の風景・景勝撮影）	2	6.5%
訪問頻度	年に3〜4回程度	1	3.2%		その他	3	9.7%
	年に1〜2回程度	20	64.5%	主な目的	流しそうめんやイワナ・シイタケ串等の『食事』	19	61.3%
	2年に1回程度	5	16.1%		水遊び、自然散策、写真撮影等の『観光』	6	19.4%
	3年に1回程度	1	3.2%		どちらも目的	5	16.1%
	滅多に来ない/来るつもりはない	2	6.5%		無回答	2	6.5%
	無回答	2	6.5%	訪問感想	たいへん良かった	18	58.1%
情報源	テレビ/ラジオ	6	19.4%		良かった	11	35.5%
	インターネット	1	3.2%		あまり良くなかった	1	3.2%
	旅行雑誌/新聞	6	19.4%		無回答	2	6.5%
	口コミ	20	64.5%	次回訪問	是非訪れたい	21	67.7%
	その他	2	6.5%		機会があったら訪れたい	9	29.0%
目的	食事	23	74.2%		あまり訪れようとは思わない	0	0.0%
	避暑・水遊び	14	45.2%		無回答	2	6.5%

資料：筆者作成。

なかった。調査中、何名かの回答者からインタビューすることができたのだが、梅雨や豪雨の際、濁り水が流れることも多いため、水汲みには向かないという意見も少なからずあった。他方、河合谷大滝は国有地であり、滝の観光客もいるため、流しそうめんやイワナ・シイタケ串等の『食事』と、水遊び・自然散策等の『観光』のどちらを目的にしているか尋ねたところ、61.3％が食事、19.4％が観光と答えた。郷の即売所では農産物等の購入、河合谷大滝では避暑に加えて流しそうめん等を飲食する農村レストランの役目を果たしていた。

　続いて来訪客の感想であるが、河合谷大滝では「大変良かった」と回答した者は58.1％に達したが、郷の即売所では31.6％と若干少なかった。ここでも調査中、何名かの回答者からインタビューできたのだが、即売所に来て、農産物や加工品が並んでいないということが多く、改善して頂きたいとの意見も少なからずあった。また、次回（来年以降）も訪問したいという者は郷の即売所では51.9％であったが、河合谷大滝では67.7％に達した。河合谷大滝は、十数年の歴史があり、リピーター客も多いといえるが、即売所は1年目ということもあり、今後は如何にリピーターを増やすことが集客のカギとなるだろう。

（4）河合谷地区への訪問手段と滞在時間

　表8-5は、河合谷地区への訪問手段と滞在時間を示した。両施設とも交通手段は自家用車が96.4％を占め、電車・バス等の公共交通機関を使って訪問する者はいなかった。次に、訪問した自動車の車種であるが、即売所では660cc以下の軽自動車（43.0％）での来訪客が、大滝では1,500cc以上の中型・大型車（74.2％）での来訪客が多かった。即売所という農産物の買い物施設と、大滝という観光施設という違いで、車種が異なるということもあるのだが、大滝は中山間地域特有の急傾斜が多いため、軽自動車や小型自動車での来訪は多くないと予想される。自動車の燃料別にみると、全体的にガソリン車（91.8％）が圧倒的に多く、両施設で大差はなかった。

　滞在時間は、郷の即売所では78.5％が1時間以内に買い物や食事を済ませていたが、大滝では25.8％と少なかった。河合谷大滝では1時間～2時間（38.7％）で食事を済ませる来訪客が多いのだが、2～3時間（12.9％）、3～4時間（19.4％）

表 8-5 津幡町河合谷地区への訪問手段と滞在時間

属性		地域	全体		郷の即売所		大滝	
			度数	割合	度数	割合	度数	割合
移動	自家用車		106	96.4%	75	94.9%	31	100.0%
	レンタカー		4	3.6%	4	5.1%	0	0.0%
車種	軽自動車（660cc 以下）		35	31.8%	34	43.0%	1	3.2%
	小型（1,000〜1,300cc）		26	23.6%	19	24.1%	7	22.6%
	中型・大型（1,500cc 以上）		49	44.5%	26	32.9%	23	74.2%
燃料	ガソリン車（ガソリンのみ）		101	91.8%	73	92.4%	28	90.3%
	ディーゼル車（軽油のみ）		2	1.8%	1	1.3%	1	3.2%
	ハイブリッド車		4	3.6%	2	2.5%	2	6.5%
	無回答		3	2.7%	3	3.8%	0	0.0%
滞在時間	30 分以内		70	63.6%	62	78.5%	8	25.8%
	1 時間〜2 時間		24	21.8%	12	15.2%	12	38.7%
	2 時間〜3 時間		4	3.6%	0	1.3%	4	12.9%
	3 時間〜4 時間		6	5.5%	0	5.1%	6	19.4%
	4 時間〜5 時間		1	0.9%	0	0.0%	1	3.2%
	6 時間以上		1	0.9%	0	0.0%	0	0.0%
	無回答		5	4.5%	4	0.0%	1	3.2%

資料：筆者作成。

に渡って水遊びや観光を楽しむ者も多かった。

（5）河合谷地区での農村カフェ・レストラン設置とその取扱食材の方向性

表 8-6 は、河合谷地区において、新規に農村カフェと農村レストランを開設する際、どのような形態の農村カフェ・レストランを望むのか、またその食材はどのようなものを取り扱えばいいのか、回答してもらった結果を示した。表中より、河合谷地区では、農村レストランより少し『カジュアルな農村カフェ』を希望する者が 39.1％を占め、最も多く希望された。農村カフェより規模の大きい『地域食材を活かした料理を楽しめる農村レストラン』を希望する者が 30.0％を占めた。津幡町の 30 代の女性回答者にインタビューしたところ、河合谷地区は冬期になると雪で覆われるため、冬季の集客が難しいため、比較的にカジュアルな農村カフェを希望するのではないかという意見が寄せられた。

他方、新たな農村レストランを開設した場合に使用する食材は、石川・富山

表 8-6　河合谷地区での農村カフェ・レストラン設置とその取扱食材の方向性

質問	項目	度数	割合
河合谷地区で農村レストランを開設するとしたならば、どのようなタイプの農村レストランを希望しますか	カジュアルな農村カフェ	43	39.1%
	地域食材を活かした料理を楽しめる農村レストラン	33	30.0%
	高くても健康に拘った料理を楽しめる農村レストラン	6	5.5%
	直売所もセットにした農村レストラン	16	14.5%
	民宿やペンション等の宿泊施設と連携して営業する農村レストラン	2	1.8%
	無回答	10	9.1%
もし河合谷地区に農村レストランを開設するとしたら、食材はどこの地域・国の食材を希望しますか	津幡町の食材が良い	83	75.5%
	石川・富山の食材ならどこでも良い	52	47.3%
	国産であればどこでも良い	8	7.3%
	輸入品でも良い	0	0.0%

資料：筆者作成。

の食材ならどこでも良いという者が 47.3％ を占めたが、津幡町の食材のみを使った方が良いという者が 75.5％ を占めた。

3　河合谷郷の即売所および大滝の来訪客と個人属性との関連性

（1）津幡町特産品の食経験と個人属性との関連性

　次に、津幡町や河合谷地区で販売されている津幡町の特産品と、その食経験のある者には如何なる関連性があるのだろうか。この節では、津幡町の特産品と個人属性との関連性について、ロジスティック回帰分析（ロジット分析）を推計することによって考察することにした。潜在変数は、「当該特産品を食べたことがある」と回答した場合には「1」、「食べたことがない」と回答した場合には「0」と定義した。そして、特産品の評価を独立して、個人属性ごとに比較検討することにした。説明変数となる個人属性は、性、年齢、居住地域、世帯員数、所得の 5 つを選択した。

　表 8-7 は、津幡町特産品の食経験と個人属性との関連性を示している。表中には、尤度比検定が有意であり、かつ説明変数が有意水準 10％ で有意な特産品のみ示すことにした。推計の結果、各モデルの適合性を表す疑似 R^2 は、シイ

第8章　中山間地域における農村レストランおよび直売所の顧客特性　167

表8-7　津幡町特産品の食経験と個人属性との関連性（ロジット分析）

	まこもたけ			つばた米・河合谷米			倶利伽羅そば			シイタケ(津幡産)			竹炭		
	係数	標準誤差	p値	係数	標準誤差	p値	係数	標準誤差	p値	係数	標準誤差	p値	係数	標準誤差	p値
男=1	-0.812	0.53	0.127	0.793	0.56	0.159	-0.381	0.50	0.450	-0.367	0.47	0.430	-0.700	0.585	0.232
50~59歳=1	0.166	0.73	0.821	1.872	0.90	0.039**	-0.597	0.69	0.386	0.568	0.64	0.378	0.247	0.847	0.771
60~69歳=1	0.165	0.73	0.822	1.944	0.84	0.021**	0.345	0.76	0.649	1.285	0.65	0.047**	0.871	0.767	0.256
70歳以上=1	-0.517	0.79	0.511	1.575	0.90	0.080*	-0.729	0.79	0.355	0.771	0.70	0.272	0.620	0.801	0.439
津幡町=1	4.470	1.31	0.001***	3.231	1.10	0.003***	3.256	1.04	0.002***	1.433	0.90	0.113	1.861	1.244	0.135
金沢市=1	1.710	1.19	0.150	-0.470	1.09	0.667	2.157	0.97	0.026**	0.220	0.90	0.808	1.133	1.278	0.375
富山県=1	-0.097	1.59	0.951	-10.268	51.02	0.840	1.301	1.14	0.252	-0.481	1.17	0.682	-9.331	51.234	0.855
かほく市=1	2.547	1.23	0.038**	0.870	1.03	0.400	3.062	1.03	0.003***	1.060	0.92	0.250	0.885	1.287	0.492
羽咋市=1	1.426	1.35	0.291	-0.792	1.27	0.533	1.974	1.14	0.085*	0.282	1.08	0.794	-9.153	56.353	0.871
世帯員数	0.035	0.16	0.827	-0.198	0.17	0.234	0.138	0.17	0.406	0.044	0.14	0.756	0.214	0.164	0.190
所得	0.005	0.01	0.514	0.001	0.01	0.888	0.000	0.01	0.955	0.001	0.01	0.863	0.017	0.008	0.030**
定数項	-2.197	1.28	0.086*	-1.952	1.17	0.094*	-1.590	1.08	0.142	-1.199	0.98	0.223	-3.776	1.445	0.009***
サンプル数	104			104			104			104			104		
尤度比検定	37.69***			50.01***			21.66***			18.29*			25.92***		
擬似R²	0.262			0.348			0.169			0.128			0.222		

資料：筆者作成。

注：1）***, **, *は，それぞれ，1％，5％，10％水準で統計的に有意であることを表す。
　　2）説明変数は「男=1」から「羽咋市=1」まではダミー変数を，「世帯員数」と「所得」については連続変数を用いた。所得は中間値を推計し，連続変数とした。
　　3）表中の特産品以外に，興津カボチャの計測を行ったが，尤度比検定（LR-test）の結果，省略した。また，倶利伽羅自然薯，倶利伽羅りんご，ひまわりの油に関しても各説明変数が有意水準10％に満たないため省略した。

タケ (0.128) や倶利伽羅そば (0.169) で若干低いが、つばた米・河合谷米 (0.348) や、まこもたけ (0.262)、竹炭 (0.222) は、先行研究との比較において比較的高い水準にあった。

　まず、まこもたけの推計結果であるが、津幡町 (4.470) やかほく市 (2.547) の係数が、それぞれ有意水準1～5％で有意であり、これらの地域住民は食経験があることが明らかになった。また、倶利伽羅そばの推計結果についても、近隣の津幡町 (4.470) やかほく市 (2.547) に加えて、金沢市 (2.157) や羽咋市 (1.974) の住民に食経験があった。まこもたけはごく近隣の市町村の住民しか食経験がないが、倶利伽羅そばは石川県内の比較的広範囲にわたる住民に食経験があった。他方、つばた米・河合谷米も、津幡町 (3.231) の住民で、かつ50～59歳 (1.872)、60～69歳 (1.944)、70歳以上 (1.575) といった、比較的高齢者に食経験があった。地元の高齢者は、つばた米・河合谷米といっても馴染みがあるが、若い世代には馴染みがないようである。つばた米・河合谷米に似た傾向があるのが、津幡産のシイタケであり、推計結果をみても、60～69歳 (1.285) の高齢者に有意な差がみられ、食経験が多いことが分かった。津幡町では、食以外に竹炭が特産品として挙げられるが、所得 (0.017) が高い者に購入経験があった。津幡町の特産品は、町内でも河合谷でも販売されているが、個人属性によって、食経験に差のあることが分かった。

（２）津幡町の観光地と個人属性との関連性

　前節と同様に、津幡町の観光地と個人属性との関連性についても、ロジット分析を推計した。潜在変数は、「当該観光地へ行ったことがある」と回答した場合には「1」、「行ったことがない」と回答した場合には「0」と定義した。「日帰り旅行」のみ、来訪者の年間旅行回数（表8-2参照）を目的変数（連続変数）としたOLSを推計した。

　表8-8は、津幡町の観光地と個人属性との関連性を示した結果である。まず、参考までに、日帰り旅行の訪問回数に関したOLSの推計結果であるが、津幡町 (6.954) で、かつ男性 (4.509) であり、所得 (0.064) が高い者は日帰り旅行へ行く回数が多いが、70歳以上 (-7.884) や60～69歳 (-4.941) の高齢者は日帰

第8章 中山間地域における農村レストランおよび直売所の顧客特性

表8-8 津幡町の観光地と個人属性との関連性（ロジット分析およびOLS推計結果）

	OLS推計結果		ロジット推計結果										
	日帰り旅行		森林公園			三国山			即売所			大滝		
	係数	p値	係数	標準誤差	p値	係数	標準誤差	p値	係数	標準誤差	p値	係数	標準誤差	p値
男=1	4.509 **	0.024	-0.083	0.58	0.886	0.539	0.47	0.250	0.080	0.66	0.903	-0.105	0.65	0.872
50〜59歳=1	-3.294	0.224	-1.577 *	0.92	0.086	-1.077 *	0.65	0.099	2.141 *	1.14	0.061	-1.968 **	0.99	0.046
60〜69歳=1	-4.941 *	0.077	-1.186	0.94	0.209	-0.320	0.65	0.620	0.287	0.76	0.705	-0.893	1.08	0.410
70歳以上=1	-7.884 **	0.012	-1.318	1.07	0.219	-0.287	0.73	0.696	1.376	1.20	0.250	-0.555	1.25	0.656
津幡町=1	6.954 *	0.057	4.130 ***	1.17	0.000	1.369	0.85	0.109	1.132	0.92	0.218	1.364	1.54	0.376
金沢市=1	2.817	0.439	3.262 ***	1.08	0.003	1.006	0.84	0.231	-0.253	0.84	0.763	0.905	1.55	0.558
富山県=1	-0.170	0.969	2.448 **	1.20	0.041	-1.241	1.14	0.277	2.323	1.49	0.118	-3.253 **	1.44	0.024
かほく市=1	2.204	0.559	3.179 ***	1.08	0.003	0.936	0.85	0.274	10.575	27.73	0.703	-0.685	1.24	0.582
羽咋市=1	1.642	0.720	2.798 **	1.24	0.024	1.657	1.05	0.115	9.949	53.51	0.853	-2.574 *	1.42	0.069
世帯員数	0.044	0.940	-0.028	0.18	0.874	0.299 *	0.15	0.051	-0.420 **	0.20	0.036	-0.135	0.20	0.501
所得	0.064 **	0.020	-0.012 *	0.01	0.098	-0.012 *	0.01	0.079	0.000	0.01	0.979	0.013	0.01	0.230
定数項	4.022	0.313	0.196	1.01	0.845	-0.817	0.91	0.370	1.373	1.11	0.218	2.876 *	1.55	0.063
サンプル数	106		108			108			110			108		
尤度比検定			23.40 **			21.31 **			36.30 ***			42.59 ***		
R^2／擬似R^2	0.143		0.209			0.144			0.359			0.372		

資料：筆者作成。
注：1) ***、**、* は、それぞれ、1％、5％、10％水準で統計的に有意であることを表す。
2) ロジット分析については、表中の観光地以外に、倶利伽羅峠等の計測を行ったが、尤度比検定（LR-test）の結果、省略した。
3) OLSについては、日帰り旅行以外に、宿泊旅行についても計測を行ったが、分散分析の結果、省略した。なお、OLSのR^2は自由度修正済み決定係数を示す。

り旅行へ行く回数が少ないといえる森林公園の推計結果をみると、50～59 歳（-1.577）で、かつ所得（-0.012）が低い者が森林公園へ訪問したことがないものの、津幡町（4.130）、金沢市（3.262）、かほく市（3.179）、羽咋市（2.798）、富山県（2.448）というように、公園から近いほど訪問していた。

次に、三国山であるが、森林公園と同様に、50～59 歳（-1.077）で、かつ所得（-0.012）が低い者は訪問したことがないのだが、キャンプ場や宿泊施設もあるため、世帯員数（0.299）が多い者ほど訪問していた。

郷の即売所をみると、三国山とは逆に、50～59 歳（2.141）の来訪客が多いのだが、世帯員数（-0.420）が少ない者ほど訪問していた。即売所は、中高年層で、かつ成人の子供を持つような世帯の来訪客が多いといえるだろう。

他方、河合谷大滝は、森林公園や三国山と同様に、50～59 歳（-1.968）の来訪客は少なかった。大滝で特徴的であったのは地域であり、富山県（-3.253）や羽咋市（-2.574）といったように、訪問しにくい地域の来訪客は極端に少ないという結果になった。

（3）河合谷地区への初回訪問者・リピーターと個人属性との関連性

表 8-9 は、河合谷地区への初回訪問者と個人属性との関連性について、ロジット分析を推計した。まず、河合谷地区全体の推計結果をみると、今年度（2011年）新設した即売所（1.717）への来訪客は、初めての客が多いが、津幡町（-2.080）やかほく市（-2.164）の来訪客で初めて訪問したという者は少なく、リピーターとして再度訪問していることが明らかになった。

ここで、初回訪問者が多い郷の即売所に関しても、初回訪問者と個人属性との関連性を推計した。その結果、50～59 歳（-2.343）、60～69 歳（-3.216）、70 歳以上（-2.914）といった中高齢者は初回という者はほとんどおらず、比較的に若い来訪客に初めてという者が多かった。

（4）河合谷郷の即売所への訪問頻度と個人属性との関連性

前節では、郷の即売所への来訪客は、比較的に若い者は初めてという者が多く、中高年者はリピーターが多いという結果となった。それでは、即売所のリ

表8-9 河合谷地区初回訪問者と属性との関連性（ロジット分析）

	全体			郷の即売所		
	係数	標準誤差	p値	係数	標準誤差	p値
男＝1	0.056	0.53	0.916	0.421	0.72	0.561
50〜59歳＝1	-0.817	0.77	0.290	-2.343	1.04	0.025 **
60〜69歳＝1	-0.864	0.73	0.236	-3.216	1.29	0.013 **
70歳以上＝1	-1.065	0.88	0.226	-2.914	1.27	0.022 **
津幡町＝1	-2.080	1.09	0.055 *	-13.984	85.73	0.870
金沢市＝1	0.002	0.90	0.998	-12.139	85.73	0.887
富山県＝1	0.548	1.16	0.636	-10.480	85.73	0.903
かほく市＝1	-2.164	1.07	0.044 **	-13.283	85.73	0.877
羽咋市＝1	-0.242	1.13	0.830	-11.307	85.73	0.895
世帯員数	-0.082	0.18	0.649	-0.346	0.27	0.193
所得	0.011	0.01	0.160	0.002	0.01	0.829
即売所＝1	1.717	0.77	0.025 **			
定数項	-0.733	1.04	0.480	14.811	85.75	0.863
サンプル数		103			73	
尤度比検定		29.74 ***			37.72 ***	
擬似R^2		0.230			0.397	

資料：筆者作成。
注：***、**、* は、それぞれ、1％、5％、10％水準で統計的に有意であることを表す。

ピーターが訪問1回あたりの消費者余剰はいくらぐらいなのか、トラベルコスト法によって推計した。潜在変数は表8-3の訪問頻度「4〜5年に1回程度」を「1」〜「毎日」を「11」と定義した。説明変数となる個人属性は、性、年齢、所得の4つに加えて、自宅〜目的地までの燃料代（往復）を加えた。本節で推計するトラベルコスト法の計測モデル（ポアソン対数線形型モデル）は以下の通りである。

$$P(Y_i = y_i | Y_i \geq 0) = \frac{\exp(-\lambda_i)\lambda_i^{y_i}}{y_i!}$$

$$\ln \lambda_i = x_i \beta$$

y_i：個人iの訪問頻度、λ_i：個人iの訪問頻度の分布の平均、x_i：個人iの被説明変数（燃料代、性別、年齢、所得）、β：推計パラメーター[4]。

ここで導入した燃料代については、以下の（1）〜（5）のデータを用いて推定した。（1）自宅〜目的地までの訪問距離：調査票の郵便番号の居住地からの距離（表8-1参照）、（2）車種：軽自動車／小型（1,000〜1,300cc）／中型・大

172　第Ⅰ部　農・食・観光クラスターの展開

(1,500cc 以上) (表8-5の車種参照)、(3) 使用燃料の種類：ガソリン／軽油／ハイブリッド (表8-5の燃料参照)、(4) 燃費：国土交通省公表の実走試験に基づく燃費値 (表8-10参照)、(5) 燃料価格：価格比較サイト (gogo.gs(http://gogo.gs/rank/ave.html)) から、石川県全体の燃料価格 (平均) を以下の通りに把握した[5]。また、消費者余剰 (訪問1回あたりの消費者余剰 (円/人)) については、推計回帰式における燃料代の推計パラメーター (β) の絶対値の逆数から算出した。

表8-11は、河合谷郷の即売所の訪問頻度関数の推計結果を示した。その結果、即売所の来訪者は、加齢するほど訪問頻度が上昇するため、年齢の係数は0.106と正の値を示している。3の(3)での初回訪問者に中高年層が少ないという推計結果と矛盾しない。また、燃料代 (往復) の係数は-0.001と負の値を示し、燃費が良い車で来訪する者ほど訪問頻度が多いことが明らかにされた。

また、訪問1回あたりの消費者余剰 (円/人) は、964円という結果となった。郷の即売所は、中高年者の訪問頻度が多いため、消費者余剰が高いとは言えないのだが、今後は

表8-10　国土交通省公表の実走試験に基づく燃費値

車種分類		試験サンプル数 (車名別)	燃費 (平均値)
(1) 普通車 (ガソリン)	小型 (1,500cc 未満)	173	18.2km/l
	中型・大型 (1,500cc 以上)	249	12.5km/l
(2) 軽自動車 (ガソリン)	—	200	19.5km/l
(3) 普通車 (軽油)		2	14.7km/l
(4) 普通車 (ハイブリッド)		1	57km/l

資料：国土交通省HPより作成。

表8-11　河合谷郷の即売所の訪問頻度関数の推計結果

	係数	標準誤差	p値	
燃料代 (往復)	-0.001	0.00	0.001	***
性別 (女性ダミー)	0.092	0.09	0.322	
年齢	0.106	0.04	0.003	**
所得	0.013	0.03	0.674	
定数項	1.524	0.28	0.000	***
対数尤度		-150.2		
尤度比		26.6		***
訪問一回あたり消費者余剰 (円/人)		964		

注：***、**、* は、それぞれ、1％、5％、10％水準で統計的に有意であることを表す。

農村カフェや農村レストランを新設することで、消費者余剰も高まることが期待される。

（5）農村カフェ・農村レストランの設置と個人属性との関連性

本節では、農村カフェと農村レストランの新設を希望する者は、どのような個人属性を持つのか推計することにした。現在、郷の即売所周辺では、農村カフェの新設も期待されている。推計方法は、多項ロジスティック回帰分析（多項ロジット分析）を用い、参照カテゴリーは「高くても健康に拘った料理を楽しめる農村レストラン」「直売所もセットにした農村レストラン」「民宿やペンション等の宿泊施設と連携して営業する農村レストラン」の3つを統合し、推計した。観光地における訪問客の訪問頻度・リピーターに関する計量的な分析は、霜浦等（2013）、中村等（2008）（2013）、中谷等（1997）があげられる。訪問頻度モデルについては、これらの先行研究を参考にした。

表8-12 農村カフェ・農村レストランと個人属性の関連性（多項ロジット分析推計結果）

	農村カフェ			農村レストラン		
	係数	標準誤差	p値	係数	標準誤差	p値
女性＝1	-0.327	0.617	0.597	-0.904	0.647	0.162
50〜59歳＝1	2.062	1.062	0.052 *	2.304	1.062	0.030 **
60〜69歳＝1	1.252	0.871	0.151	1.975	0.899	0.028 **
70歳以上＝1	0.458	0.844	0.588	0.180	0.948	0.850
津幡町＝1	0.438	1.016	0.667	0.673	1.130	0.551
金沢市＝1	0.359	1.029	0.727	1.250	1.132	0.269
富山県＝1	-0.969	1.396	0.487	0.238	1.396	0.864
かほく市＝1	1.479	1.142	0.195	1.318	1.263	0.297
羽咋市＝1	12.287	212.4	0.954	12.130	212.4	0.954
世帯員数	-0.113	0.186	0.545	-0.049	0.193	0.799
所得	0.003	0.010	0.719	0.010	0.009	0.306
定数項	-0.308	1.093	0.778	-1.216	1.240	0.327
サンプル数	100					
尤度比検定	31.13 *					
擬似R^2	0.145					

資料：筆者作成。
注：1) ***、**、* は、それぞれ、1％、5％、10％水準で統計的に有意であることを表す。
2) 多項ロジット分析は、「高くても健康に拘った料理を楽しめる農村レストラン」〜「民宿やペンション等の宿泊施設と連携して営業する農村レストラン」が参照カテゴリーである。

表8-12は、農村カフェ・農村レストランと個人属性の関連性を示した。その結果、農村カフェは50～59歳(2.062)の来訪客に、農村レストランは50～59歳(2.304)、60～69歳(1.975)の来訪客に新設を期待されていた。今後、農村カフェを新設する際は、極端に食材に拘ったり、大規模な農村レストランを新設したりするより、中高年層の来訪客を意識した農村カフェや農村レストランの新設が望まれるだろう。

4　結論

本稿では、石川県河北郡津幡町河合谷地区の郷の即売所と大滝を事例として、同地区の来訪客の顧客分析を行った。今後、これらの施設が、河合谷地区の地域活性化に貢献するための方向性を総括して、考察したい。

まず、津幡町には、まこもたけやつばた米・河合谷米、倶利伽羅そばのように、いくつかの特産品が存在し、地元・近隣住民を中心に認知されていた。しかし、認知しているのは中高年層が中心であり、今後は比較的若い来訪客が多い河合谷大滝等で、津幡町の特産品をPRする必要があるだろう。

次に、日帰り旅行の訪問回数は、若い来訪客に多く、河合谷地区へ来訪する若い客は大滝へ訪問していた。しかし、休日は2,000人を集客する大滝であっても、富山県や遠方からの来訪客が多いとは言えず、遠方からも来訪できるような観光PRが必要となるだろう。

また、河合谷地区で最も集客力のある即売所であるが、来訪者の消費者余剰は決して高いとは言えない。今後、新設が検討されている農村カフェや農村レストランを設置し、消費者余剰を高めるような商品を開発することが必要となるだろう。

最後に、津幡町河合谷地区は中山間地域であるが、河合谷大滝という地域の景勝地を活用した農村レストランで地域活性化に少なからず貢献し、地元や近隣都市、中核市金沢市等からの観光客を誘致していた。また、郷の即売所は、地域住民を雇用し、新鮮な地元食材を集め、かつ販売し、中山間地域に小さな産業を生み出した。今後、河合谷地区では小規模でも農村ツーリズムを推奨す

ることによって、地域が活性化していくのではないだろうか。

注
1) わが国の総面積に占める農用地面積割合となると僅か 13.3％であり、国土面積が 2/3 のイギリス（24.6％）や、わが国に比較的近い国土面積をもつドイツ（33.7％）の水準よりその割合は低い。
2) 津幡町統計書（平成 22 年度版）参照。
3) 河合谷大滝および郷の即売所については、津幡町 HP[5]および[6]を参照。
4) 詳細については、中谷（1999）を参照。
5) 石川県全体の平均燃料価格（2011 年 11 月 3 日～9 日）は、ガソリン（ハイオク）：148.6 円/ℓ、ガソリン（レギュラー）：138.0 円/ℓ、軽油：117.3 円/ℓ を参考にした。

〔引用文献〕
霜浦森平・中村哲也・丸山敦史（2013）：「沖縄観光における地域農産物と郷土料理に対する訪問客の評価 －リピーターに注目して－」農業経済研究別冊『2012 年度日本農業経済学会論文集』pp.130-137.
中谷朋昭・出村克彦（1997）：「森林公園の持つ夏期レクリエーション価値 －個人トラベルコスト法の適用」『日本観光学会誌』31、pp.19-28.
中谷朋昭（1999）：「農業・農村のもつレクリエーション価値の評価」出村克彦・吉田謙太郎編著『農村アメニティの創造に向けて』大明堂、pp.129-139.
中村哲也・矢野佑樹・丸山敦史・菊地香（2008）：「沖縄県内の道の駅併設農産物直売所の顧客特性に関する分析 －道の駅におけるアンケート調査から－」『農林業問題研究』44（1）、pp.169-175.
中村哲也・霜浦森平・丸山敦史（2013）：「弘前市りんご公園の顧客特性 －東日本大震災後のデータを用いた定量的分析－」『農林業問題研究』49（2）、pp.261-266.
吉田謙太郎・宮本篤実・出村克彦（1997）：「観光農園のもつ保険休養機能の経済的評価 －トラベルコスト法の適用－」『農村計画学会誌』16（2）、pp.110-119.
津幡町（2010）：『津幡町統計書』（平成 22 年度版）

津幡町 HP[1]、木窪大滝
　http://kankou.town.tsubata.ishikawa.jp/content/detail.php?id＝100
津幡町 HP[2]、河合谷郷の即売所
　http://www.town.tsubata.ishikawa.jp/soshiki/nourinshinkou/kawaidani.html

第9章　とちおとめのポジショニング戦略と購買選択行動
－東日本大震災後の栃木産農産物の販売戦略を考慮して－

中村　哲也・丸山　敦史

1　課題

　東日本大震災後、福島に隣接した栃木県の農家は、風評被害に見舞われた。福島第一原発事故によって、農畜産業と観光は大きな打撃を受けた。福島、茨城両県の原乳から基準値を上回る放射性物質が検出され、出荷停止に追い込まれた。この影響で隣県である栃木の酪農家が風評被害を受けた。産経新聞によると、風評被害を受けた理由は、栃木では常に安全な牛乳を出荷しているが、福島と地理的に近く、カキナやホウレンソウといった一部野菜が出荷制限を受けたため、牛乳と野菜とを混同する消費者が多いという理由であった。果菜類の一つであるとちおとめも、震災後の2011年3月期の東京都中央卸売市場の産地取引価格（名目）は、1kg当たり804円に暴落し、震災前に最も暴落した2008年3月の849円を下回った。2011年の栃木産とちおとめの産地取引価格は、1kg当たり956円と過去10年で最低価格に暴落した。

　大震災から2年が過ぎ、栃木の農畜産物のうち、原木シイタケ等は出荷停止が続くものの、検査の徹底で消費者の安全・安心を徐々に取り戻し、ほぼ震災前の水準に戻りつつある。ただし、原発事故後、栃木が福島に隣接していることもあり、消費者に対してとちおとめ等の栃木産を販売する際は、モニタリング調査の結果も情報の一つとして開示せざるを得ない。

　福島第一原子力発電所事故後の放射性物質汚染による農産物汚染に対する消費者評価については氏家（2012）が、事故後最も汚染が危惧された福島産果樹の消費者選好については中村等（2012）があげられる。氏家は原発周辺産地の農産物になじみがない地域では産地評価が悪化しやすく、産地は検査体制や取

り組みを評価するなど、産地に対する信頼感を高めるような情報を積極的に提供することが産地評価を改善するために有効であると述べている。また中村等も、福島産果樹の安心・信頼回復のため必要な施策としては、不安を強く感じている消費者への積極的な情報提供と共に、震災復興に前向きな高年齢層の消費者や福島産果樹の購入に抵抗感の少ない若い世代から消費の回復を図ることが不可欠であると述べている。

　他方、イチゴに関する先行研究は、仲等（2002）や島（2009）のように、栽培技術を多面的に経営評価した研究や、その成長プロセスを評価した研究が代表的であった。イチゴを事例とし、その販売戦略に焦点を当てた先行研究としては、澁谷（2010）や半杭（2009）があげられる。澁谷は、夏秋イチゴを事例として、有利販売に向けた販売ターゲットとしては「差別化商品型」大規模店が有望だとするが、これらの店は国産であること自体を差別化要因であるとは考えず、品種や食味等の更なる差別化要因を備えた高品質果実を望むことを指摘している。また半杭は、東日本の市場では、とちおとめが支配的であることは揺るぎないが、多様な育成品種が出回るようになっていること、また、地産地消の拡大や直売の進展など流通の変化も消費者のニーズも多様化を後押しし、独自の品種が多様化するニーズに応える環境が整っていると指摘する。

　先行研究を総合すると、福島の事故以後、福島に隣接する栃木産の購買選択行動を考察する際は、栃木産の安心・信頼性を高めるような情報が不可欠となり、国産イチゴの品種選択行動を把握しなければならない。また近年は、福岡産あまおうや佐賀産さがほのか、静岡産紅ほっぺ等の新品種が選抜育成され、消費者のニーズも多様化する中で、とちおとめのポジショニング戦略も再考しなくてはいけないだろう。

　そこで本稿では、①県が実施しているモニタリング調査に満足しているのか、検討しつつ、②国産品種の選択基準と、とちおとめのイメージや購買時の選択基準を把握する。そのうえで、③とちおとめを購買選択する消費者のポジショニング戦略を推計する。そして最後に、④とちおとめに次ぐ市場シェアを持つあまおうととちおとめの購買選択行動を比較しながら、東日本大震災後のとちおとめの購買選択行動を検討する。

2 とちぎ農産物モニターネット調査概要

（1）調査方法およびサンプル属性

　調査票は、栃木県および読売エージェンシーが実施した『とちぎ農産物モニターネット調査』用に設計したうえで、ネットから回収・集計したものを使用した。調査対象者は、回答して頂いた方に、栃木県の農産物をプレゼントするインセンティブをつけ、1,000名の消費者を事前に募集した。調査は、栃木県が実施するモニタリング検査に関する調査①と、とちおとめの消費嗜好に関する調査②に分けて実施した。集計期間は、調査①が2013年2月1日～14日、調査②が2月4日～3月4日であり、調査票をネットで配信し、E-mailで回答を依頼した。回答数は、調査①が395通、調査②が519通、合計914通の回答を得た。

　表9-1は、サンプル属性を示している。まず、性別であるが、両調査とも男女比に大きな違いはなく、全体として、男性が59.2％、女性が40.8％となっている。平均年齢は53.0歳であり、60代(27.2％)、50代(25.7％)、40代(19.1％)、30代(18.2％)の順となっている。居住地も、両調査とも大きな違いはなく、東京(31.2％)、神奈川(17.2％)、埼玉(16.3％)、千葉(15.3％)と、首都圏の消費者で80.0％を占めている。居住地から宇都宮までの距離を、電車・飛行機で移動した場合の暫定的な距離を推計した結果、205.0kmの範囲に居住していた[1]。他方、居住地から福島第一原発までの直線距離を、居住地の県庁所在地から原発までの暫定的な直線距離を推計した結果、273.3kmの範囲に居住していた。

　職業は、主婦(32.8％)が最も多く、一般企業の者(27.0％)も多いが、年金生活者等(17.0％)も多いのが特徴である。1世帯当たりの食費は6.57万円であり、4万円～6万円(33.8％)が最も多く、6万円～8万円(24.7％)、4万円以下・8万円～10万円(13.6％)の順となっている。1世帯当たりの平均世帯員数は、2.92人であり、2人(32.1％)、3人(27.7％)、4人(21.1％)となっている。

180　第Ⅰ部　農・食・観光クラスターの展開

表9-1　サンプル属性 (n=917)

調査			モニター調査①放射性物質		モニター調査①とちおとめ		モニター調査全体		モニター調査② とちおとめ		モニター調査②放射性物質		モニター調査全体	
個人属性			度数	割合	度数	割合	度数	割合	度数	割合	度数	割合	度数	割合
性別	男性		156	39.5%	217	41.8%	373	40.8%	175	33.7%	125	31.6%	300	32.8%
	女性		239	60.5%	302	58.2%	541	59.2%	89	17.1%	66	16.7%	155	17.0%
年齢	10代		0	0.0%	2	0.4%	2	0.2%	17	3.3%	10	2.5%	27	3.0%
	20代		2	0.5%	6	1.2%	8	0.9%	47	9.1%	32	8.1%	79	8.6%
	30代		74	18.7%	92	17.7%	166	18.2%	38	7.3%	25	6.3%	63	6.9%
	40代		74	18.7%	99	19.1%	173	18.9%	145	27.9%	102	25.8%	247	27.0%
	50代		102	25.8%	133	25.6%	235	25.7%	1	0.2%	35	8.9%	36	3.9%
	60代		108	27.3%	141	27.2%	249	27.2%	65	12.5%	59	14.9%	124	13.6%
	70代		32	8.1%	44	8.5%	76	8.3%	180	34.7%	129	32.7%	309	33.8%
	80代		3	0.8%	2	0.4%	5	0.5%	135	26.0%	91	23.0%	226	24.7%
居住地	東京都		128	32.4%	157	30.3%	285	31.2%	74	14.3%	50	12.7%	124	13.6%
	神奈川県		68	17.2%	89	17.1%	157	17.2%	36	6.9%	17	4.3%	53	5.8%
	埼玉県		70	17.7%	79	15.2%	149	16.3%	14	2.7%	7	1.8%	21	2.3%
	千葉県		64	16.2%	76	14.6%	140	15.3%	10	1.9%	9	2.3%	19	2.1%
	茨城県		17	4.3%	24	4.6%	41	4.5%	6	1.2%	34	8.6%	40	4.4%
	大阪府		7	1.8%	14	2.7%	21	2.3%	34	6.6%	26	6.6%	60	6.6%
	兵庫県		7	1.8%	11	2.1%	18	2.0%	169	32.1%	124	31.4%	293	32.1%
	栃木県		6	1.5%	11	2.1%	17	1.9%	144	27.7%	109	27.6%	253	27.7%
	北海道		7	1.8%	9	1.7%	16	1.8%	118	22.7%	75	19.0%	193	21.1%
	群馬県		4	1.0%	7	1.3%	11	1.2%	32	6.2%	24	6.1%	56	6.1%
	和歌山県		1	0.3%	7	1.3%	8	0.9%	8	1.5%	5	1.3%	13	1.4%
	その他		16	4.1%	35	6.7%	51	5.6%	15	2.9%	33	8.4%	48	5.3%
子供	いる		71	18.0%	115	22.2%	186	20.4%						
年齢（平均・SD）			53.1	12.8	53.0	13.0	53.0	12.9						
1世帯食費（平均・SD）			6.41	2.70	6.68	2.69	6.57	2.70						

調査		モニター調査②放射性物質		モニター調査②とちおとめ		モニター全体	
個人属性		度数	割合	度数	割合	度数	割合
職業	主婦＝１						
	年金生活者等						
	フリーター						
	自営業・農業						
	公務員等						
	一般企業						
	その他・無回答						
1世帯食費	4万円以下						
	4万円～6万円						
	6万円～8万円						
	8万円～10万円						
	10万円～12万円						
	12万円～14万円						
	14万円以上						
	無回答						
世帯員数	1人						
	2人						
	3人						
	4人						
	5人						
	6人以上						
	無回答						
1世帯世帯員数（平均・SD）		2.90	1.10	2.94	1.11	2.92	1.11
宇都宮からの距離（平均・SD）		195.1	230.0	211.4	248.7	205.0	241.7
原発からの距離（平均・SD）		263.0	143.8	279.9	157.3	273.3	152.4

資料：筆者作成．
注：1) 居住地については、モニター調査全体で度数5以下の都道府県は、その他にまとめた．
　2) 年齢や1世帯当たりの食費、世帯員数は、それぞれ平均値と標準偏差（SD）を示す．

（2）国産農産物の選択基準

　調査に入る前に、回答者に対して、国産の農産物を買う場合の選択基準について回答してもらった。

　表 9-2 は、国産農産物の選択基準の嗜好性を示した。まず、一般的な農産物を購入する場合、国産を買うのか、輸入品を買うのか、回答してもらった。その結果、『輸入品より国産』を『重視する』者が 67.3％と最も多く、『やや重視する』者も 25.6％に達した。原発事故を経ても、消費者の国産農産物への信頼度は非常に高いことがわかる。

　次に、国産を選択する際に、外観か食味、または価格のいずれを重視して選択するのか、回答してもらった。まず、『外観』より『食味』を『重視する』者が 37.0％を占めた。『外観』より『産地』、『外観』より『価格』を『やや重視する』者は、それぞれ 34.5％、39.3％という結果となった。『産地』より『食味』、『価格』より『食味』を『やや重視する』者は、それぞれ 36.4％、33.3％を占めた。『産地』と『価格』を比較した場合は、『同程度』という者が 31.1％を占めた。総合的に考察すると、国産を選択する際は、『食味』が第一であるが、『産地』や『価格』について『外観』の順で評価された。

表9-2　国産農産物の選択基準の嗜好性（n=914）

	重視	やや重視	同程度	やや重視	重視	
国産	67.3%	25.6%	3.1%	0.3%	0.0%	輸入
	重視	やや重視	同程度	やや重視	重視	
外観	3.6%	9.6%	14.1%	31.8%	37.0%	食味
外観	3.5%	14.1%	24.6%	34.5%	19.0%	産地
外観	2.5%	9.5%	23.2%	39.3%	21.1%	価格
食味	21.7%	36.4%	20.3%	12.5%	4.9%	産地
食味	12.3%	33.3%	31.6%	14.1%	4.3%	価格
産地	8.8%	21.9%	31.1%	27.2%	7.1%	価格

資料：筆者作成。
注：無回答は含まない。

（3）輸入品より国産を選択する理由

　表9-3は、輸入品より国産を選択する理由について回答してもらった結果を示している。

　まず、輸入品より国産を選択する理由は、『安全性が高いから』(86.7%)、『信頼性が高いから』(79.8%)という理由が8割を占めた。前節では国産を選択する基準の第一位が『食味』であったのだが、『美味しいから』(56.9%)という理由より、『安全性』や『信頼性』が輸入と国産を区別する要因となっていることが明らかにされた。『内面的な品質が良いから』(52.8%)、『外見的な色や形が良いから』(25.4%)、『価格が妥当だから』(8.6%)等の回答も、『安全性』『信頼性』そして『食味』の評価よりも低かった。

　輸入品より国産を選択する理由について個人属性別に考察するために、2群間の母比率の検定を推計した。その結果、『安全性が高いから』と回答した者は、『世帯員数1人、2人』の者(39.4%)と『世帯員数3人以上』の者(58.7%)との差(-19.3%)が有意水準1%で統計的に有意であった。つまり、世帯員数が多い者の方が、安全性が高いから輸入品より国産を選択する割合が高かった。また、『美味しいから』と回答した者は、『子どもがいる』者(20.3%)と『子どもがいない』者(67.5%)との差(-46.9%)も有意水準1%で統計的に有意であっ

表9-3　輸入品より国産を購入する理由と2群間の母比率の検定推計結果（n=914）

国産を購入する理由（％）	安全性が高いから	信頼性が高いから	美味しいから	品質が良いから	色・形などの品質が良いから	価格が適当だから
	86.7%	79.8%	56.9%	52.8%	25.4%	8.6%
	属性	世帯員数	度数	属性	子ども	度数
	グループ	1人、2人 3人以上 差	(n=312) (n=435)	グループ	いる いない 差	(n=107) (n=351)
	安全性が高いから	39.4% 58.7% -19.3%	＊＊＊	美味しいから	20.6% 67.5% -46.9%	＊＊＊

資料：筆者作成。
注：1）『国産を購入する理由』については、表中の評価項目以外にも質問しているが省略した。
　　2）表中の＊＊＊は上段と下段を比較して、2群間の母比率の検定を推計した結果、1％の水準で統計的に有意な差がみられたことを示す。

た。子どもがいない者の方が、美味しいから国産を選択していた。

（4）栃木産農産物の購入志向とモニタリング検査の満足度

表9-4は、栃木産の農産物の購入志向と、栃木県が公開しているモニタリング検査の満足度を示した。

回答者が栃木産の農産物を購入しているかどうかについては、『たまに購入している』者（47.6％）が最も多く、次いで『よく購入している』者（27.1％）も多かった。『産地が分からないので購入しているかどうか分からない』者（10.9％）も多いのだが、回答者全体の74.7％が栃木産の農産物を購入していた。

『あまり購入していない』者（6.3％）や『全く購入していない』者（0.3％）は26名と少ないのだが、それらの者に『栃木産の農産物を購入しない理由』を尋ねた。その結果、『近くのお店に置いていない』（17名）、『地産地消を重視している』（8名）、『県外のものの品質が良い・安い』（4名）という回答が多く、『栃木が福島に隣接し、放射性物質に対する不安がある』（4名）や『国の放射性物質に関する基準や県の検査が信用できない』（1名）という回答はごく少数であった。栃木産の農産物を購入しない者の中に、放射性物質を不安視する者もいないわけではないが、購入の際の主たる不買要因とはいえないと推測される。

次に、『栃木県のモニタリング検査や公表の方法』について尋ねたところ、『満足できる』者（44.6％）や『少し満足できる』者（31.6％）を合わせると75.2％が満足できると回答している。この設問でも『あまり満足できない』者（2.3％）や『満足できない』者（0.5％）は11名と少ないのだが、『栃木県のモニタリング検査や公表の方法に満足できない理由』を尋ねた。

その結果、『安心できる基準の意味がわからない』（8名）や『県の検査方法が信用できない』（4名）という回答が得られた。栃木県のモニタリング調査の公開については満足度が高いといえるが、国産は『食味』や『品質』以上に、『安全性』と『信頼性』を重視するため、食品内の放射性物質に関する情報公開は、不可欠である。

表9-4　栃木産農産物の購入志向とモニタリング検査の満足度 (n=395)

質問項目／評価	よく購入している	たまに購入している	あまり購入していない	全く購入していない	産地がわからないので購入しているかどうか分からない	無回答
栃木の農産物 (%)	27.1%	47.6%	6.3%	0.3%	10.9%	7.8%
質問項目評価	近くのお店に置いていない	地産地消を重視している	栃木が福島に隣接し，放射性物質に対する不安がある	県外のものの方が品質が良い・安い	国の放射性物質に関する基準や県の検査が信用できない	産地がわからない
購入しない理由（回答者数）	17	8	4	4	1	1
質問項目／評価	満足できる	少し満足できる	どちらともいえない	あまり満足できない	満足できない	無回答
栃木県のモニタリング検査や公表の方法 (%)	44.6%	31.6%	11.4%	2.3%	0.5%	9.6%
質問項目／評価	安心できる基準の意味がわからない	県の検査方法が信用できない	全ての製品を検査しているわけではない	検査回数が少ない	数値の変化（低減）の程度がわからない	HPを見たことがないので情報が入らない
満足できない理由（回答者数）	8	4	1	1	1	1

資料：筆者作成。

注：1）『栃木の農産物を』購入しない理由』については、『あまり購入していない』『全く購入していない』と回答した26名から回答数（度数）を示した。
2）『栃木県のモニタリング検査や』公表の方法に満足できない理由』については、『あまり満足できない』『満足できない』と回答した11名から回答数（度数）を示した。
3）『安心できる基準の意味がわからない』には、『見てすぐにわからない』『数字の意味や専門用語がわからない』『もうちょっと解り易く』を含めた。

3 とちおとめのポジショニング戦略と購買選択行動

(1) イチゴの選択基準とポジショニング

本項では、イチゴの選択基準について概説する。表9-5は、その結果である。本項では、とちおとめと比較するために、あまおうとその他の品種を選択した[2]。

まず、回答者が拘って買うイチゴの品種があるのか尋ねた。その結果、栃木産の農産物に興味を持つ回答者が多いことや、イチゴ品種の中でも、最も生産量が多いこともあり、『とちおとめ』(48.6%) を最もこだわって購入していた。しかし、『品種にこだわらない』(29.5%) 者も多く、『あまおう』(15.2%) より多かった。

次に、『イチゴ品種をこだわって買う理由』については、『とちおとめ』と『あまおう』の両品種とも『味が良いから』という理由が最も多かった。ただし、『味が良いから』という理由に関しては、『とちおとめ』(76.6%) より『あまおう』(88.6%) の方が食味に強いインセンティブを持っていた。『紅ほっぺ』や『さがほのか』、『あきひめ』等の『その他品種』をこだわって買う理由も『味が良いから』(82.4%) が最も購入する誘因となっていた。

食味に次いで、こだわって買う理由について、とちおとめでは『全国的に有

表9-5 イチゴ品種の選択基準 (n=519)

質問項目	品種	とちおとめ	あまおう	その他の品種	品種にこだわらない
拘って買う品種	(%)	48.6%	15.2%	6.6%	29.5%
	(度数)	252	79	34	153
買う理由	安い	9.9%	1.3%	5.9%	38.6%
	外見がよい	10.3%	8.9%	14.7%	8.5%
	販売店の勧め	4.0%	7.6%	5.9%	24.2%
	自分の出身県のいちご	9.9%	3.8%	5.9%	0.7%
	全国的に有名	52.8%	26.6%	5.9%	9.8%
	品質がいつも一定	40.1%	40.5%	32.4%	5.9%
	味がよい	76.6%	88.6%	82.4%	41.2%

資料：筆者作成。
注：『その他の品種』については、『紅ほっぺ』(n=16)、『さがほのか』(n=7)、『あきひめ』(n=5) 等の品種を統合した数値を示す。

名だから（ブランドイメージがあるから）』(52.8％)、あまおうでは『品質がいつも一定だから』(40.5％)という理由がそれぞれ食味に次ぐ基準となった。

　『品種にこだわらない』者は『味が良いから』(41.2％)が最も多いが、『安いから』(38.6％)や『販売店の勧めがあったから』(24.2％)という理由もかなり多かった。

　図9-1は、イチゴの選択基準を、コレスポンデンス分析によって図示した結果である。図より、第1象限は『品種にこだわらない』が位置しており、『安いから』が近似していた。第2象限は『とちおとめ』が位置しており、『全国的に有名だから』や『自分の出身県のイチゴだから』が近似していた。今回の調査は、首都圏の消費者で8割を占めている（表9-1参照）とはいえ、栃木県出身の首都圏在住者が多かったことが予想され、ブランドイメージで購入する者と、地元贔屓で購入する者が近似したと推測される。

　第3象限は、『あまおう』と『その他の品種』が位置しており、『品質がいつも変わらないから』『食味が良いから』が近似していた。

　同分析の推計結果から、『品種のこだわらない』者は経済性を、『とちおとめ』を購入する者はブランドイメージや地元贔屓を、『あまおう』や『その他の品種』を購入する者は品質や食味を重視することが予想される。

（2）とちおとめのイメージとポジショニング

　表9-6は、とちおとめを購入する際の回答者のイメージを訪ねた結果である。

　とちおとめのイメージとしては、『親しみやすい』(56.3％)、『赤い』(51.6％)、『甘い』(50.7％)『安全・安心』(48.4％)というイメージを持つ者が5割前後に及んだ。

　大きさに関しては『小さい』(6.9％)と考えている者は少なく、『大きい』(26.4％)というイメージを持つ者が多かった。

　価格に関しては、『安い』(14.3％)と感じている者が多いものの、『高級』(13.1％)や『高い』(10.0％)と感じている者も多い。

　図9-2は、とちおとめ購入時のイメージに関するコレスポンデンス分析の

第9章 とちおとめのポジショニング戦略と購買選択行動　187

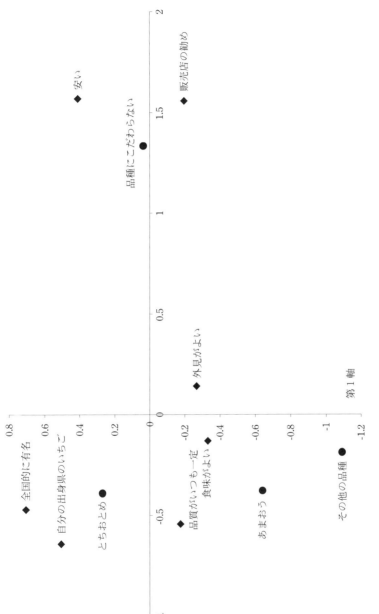

図9−1　イチゴ品種の選択基準に関するコレスポンデンス分析推計結果（度数）

資料：とちぎ農産物モニターネット調査より作成。

表9-6 とちおとめ購買時のイメージ (n=519)

個人属性／選択基準	親しみやすい	赤い	甘い	安全安心	大きい	安い	高級	酸っぱい	高い	小さい
イメージ (%)	56.3%	51.6%	50.7%	48.4%	26.4%	14.3%	13.1%	12.5%	10.0%	6.9%
(度数)	292	268	263	251	137	74	68	65	52	36
男性	31.2%	38.8%	47.1%	44.6%	59.9%	17.6%	67.6%	32.3%	69.2%	25.0%
女性	68.8%	61.2%	52.9%	55.4%	40.1%	82.4%	32.4%	67.7%	30.8%	75.0%
子どもがいる	22.6%	22.0%	20.2%	22.7%	16.8%	31.1%	19.1%	24.6%	19.2%	50.0%
子どもがいない	68.5%	76.9%	78.7%	75.3%	81.8%	67.6%	80.9%	75.4%	80.8%	50.0%
主婦	37.3%	39.2%	32.7%	33.1%	28.5%	44.6%	14.7%	41.5%	25.0%	41.7%
年金生活者	12.3%	13.1%	19.4%	19.5%	24.1%	2.7%	33.8%	7.7%	21.2%	11.1%
勤労者	50.3%	47.8%	47.9%	47.4%	47.4%	52.7%	51.5%	50.8%	53.8%	47.2%
世帯員1人、2人	33.9%	40.7%	43.3%	40.6%	47.4%	29.7%	51.5%	40.0%	48.1%	19.4%
世帯員3人以上	62.7%	56.7%	53.6%	57.0%	48.2%	66.2%	47.1%	60.0%	51.9%	80.6%
食費6万9千円以下	49.7%	48.9%	49.0%	47.8%	38.7%	50.0%	47.1%	55.4%	57.7%	55.6%
食費7万円以上	49.7%	50.7%	50.6%	51.4%	60.6%	48.6%	51.5%	44.6%	40.4%	44.4%
宇都宮から200km圏内	76.7%	72.0%	73.8%	72.1%	70.1%	83.8%	64.7%	70.8%	59.6%	72.2%
宇都宮から201km以上	23.3%	28.0%	26.2%	27.9%	29.9%	16.2%	35.3%	29.2%	40.4%	27.8%
49歳以下	41.1%	39.9%	36.1%	37.1%	27.7%	48.6%	36.8%	43.1%	28.8%	50.0%
50歳以上	58.9%	60.1%	63.9%	62.9%	72.3%	51.4%	63.2%	56.9%	71.2%	50.0%

注：各個人属性の割合は、それぞれの度数を100％とした場合の割合であり、無回答は含まない。

推計結果を示した。

図中より、『安全・安心』『甘い』『赤い』等のイメージは原点周辺に位置し、個人属性ではあまり大差がないことを示している。

第1象限の育ちざかりの中学生以下の『子供がいる』者は、『小さい』というイメージを持っていた。逆に、第3象限の世帯員数少ない『1人、2人』の者には『大きい』というイメージを持っていた。

第2象限の『年金生活者』や『男性』は、『高級』『高い』というイメージを持っていた。逆に、第4象限の『女性』は『安い』というイメージを持っていた。

第9章 とちおとめのポジショニング戦略と購買選択行動　189

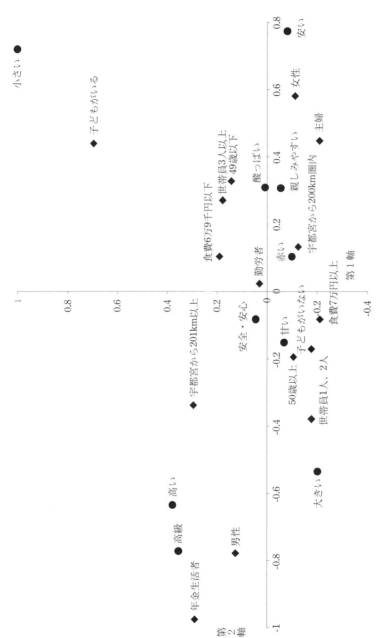

図9-2　とちおとめ購入時のイメージに関するコレスポンデンス分析推計結果（割合）
資料：とちぎ農産物モニターネット調査より作成。

（3）とちおとめ購買時の選択基準とポジショニング

　表 9-7 は、とちおとめの選択基準を示した。その結果、とちおとめを購買する際は『表面のツヤ』(4.214) が最も高かった。『甘さ』(4.209) が次いで高かったが、『鮮度』(4.193) や『表面の色』(4.179) は、『食感』(4.157) より高かった。とちおとめ全体の評価については、評価が最も低い『酸味』(3.547) のみ『どちらでもない』(44.9％) が最も多かったが、他の評価は『やや評価する』が最も高い割合を占めた。

　図 9-3 は、とちおとめの選択基準に関するコレスポンデンス分析の推計結果を示した。第 1 象限は、『甘さ』や『香り』、『果汁』が『やや評価する』と近似していた。

　第 3 象限は、『酸味』が『あまり評価しない』、『一粒の大きさ』が『どちらでもない』に近似していた。

　第 4 象限は、『鮮度』や『表面のツヤ』が『評価する』に近似していた。

表 9-7　とちおとめ購買時の選択基準（n=519）

評価／選択基準	表面のツヤ	甘さ	鮮度	表面の色	食感	果実の形	果汁	香り	中身の色	一粒の大きさ	酸味
評価得点	4.214	4.209	4.193	4.179	4.157	4.126	4.097	4.032	3.982	3.878	3.547
評価する	36.3％	30.1％	35.5％	33.7％	32.7％	31.0％	25.8％	23.4％	22.8％	20.7％	8.9％
やや評価する	49.1％	61.2％	49.0％	51.6％	51.4％	52.2％	58.4％	57.8％	53.9％	48.8％	41.7％
どちらでもない	14.4％	8.0％	14.9％	13.5％	14.7％	15.6％	15.7％	17.6％	21.8％	28.0％	44.9％
あまり・評価しない	0.2％	0.6％	0.6％	1.2％	1.2％	1.2％	0.2％	1.2％	1.4％	2.4％	4.5％

注：1）イチゴの『評価得点』は、『評価する』(5点) 〜『評価しない』(1点) とした平均値を示す。
　　2）『あまり・評価しない』は、『評価しない』がどの評価項目においても少なかったため、『あまり評価しない』と統合した結果を示す。

第9章 とちおとめのポジショニング戦略と購買選択行動　191

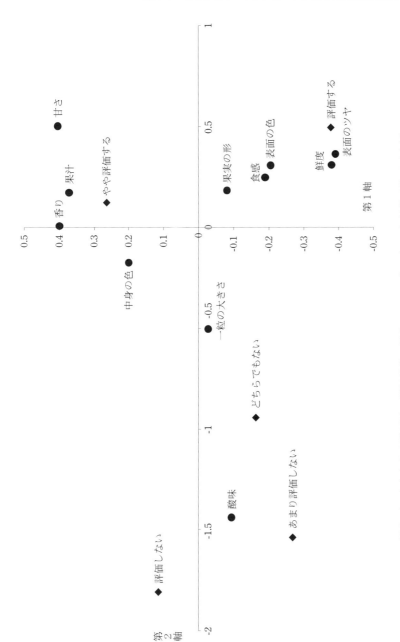

図9-3　とちおとめ購買時の選択基準に関するコレスポンデンス分析推計結果（度数）
資料：とちぎ農産物モニターネット調査より作成。

4 とちぎ産農産物ととちおとめの購買選択行動

(1) 国産農産物の外観、食味、産地、価格と個人属性との関連性

本節では、栃木産の農産物の購買行動とイチゴの購買行動が、個人属性によってどのくらい違うのか、順序ロジスティック回帰分析や多項ロジスティック分析を推計することによって考察する。まず、農産物とイチゴの購買行動を推計する前に、回答者が農産物を購入する際、外観、食味、産地、価格を選択する者は如何なる階層なのか、検討するため、多項ロジスティック回帰分析を推計した。目的変数は、表9-2に示した外観、食味、産地、価格の一対比較から推計し、説明変数は、子供のいる=1、主婦=1をダミー変数、年齢、宇都宮からの距離、原発からの距離、1世帯当たりの1か月の食費を連続変数として導入し、推計した。

表9-8は、その推計結果である。モデルの適合度を表す疑似R^2 (McFadden) は0.031と低いものの、全ての回帰係数がゼロであることを帰無仮説とする尤度比検定は、表中のモデルで棄却されている。

まず、『外観』については、『主婦』の係数が0.700、『年齢』の係数が0.025を示しており、年齢が比較的高く、かつ主婦が外観を選んで購入していること

表9-8 国産農産物の購買選択(多項ロジスティック回帰分析推計結果)

変数	外観			産地			価格		
	係数	標準誤差	p値	係数	標準誤差	p値	係数	標準誤差	p値
子供いる=1	0.301	0.47	0.527	0.046	0.35	0.895	-0.086	0.28	0.763
主婦=1	0.700	0.38	0.063 *	0.046	0.28	0.333	0.352	0.24	0.141
年齢	0.025	0.01	0.093 *	-0.021	0.01	0.057 *	-0.021	0.01	0.022 **
宇都宮からの距離	-0.001	0.00	0.719	0.003	0.00	0.080 *	0.000	0.01	0.971
原発からの距離	0.003	0.00	0.316	-0.004	0.00	0.107	0.000	0.00	0.902
食費	-0.118	0.14	0.397	0.057	0.10	0.555	-0.073	0.10	0.477
定数項	-5.154	1.14	0.000 ***	0.732	0.89	0.413	-0.007	0.84	0.993
尤度比	-589.07 ***								
擬似R^2	0.031								

注:1) ***、**、*は1%、5%、10%水準で有意であることを表す。
　　2)『食味』が基準カテゴリー。

がわかる。

次に、『産地』であるが、『年齢』の係数が-0.021と負値を示し、『宇都宮からの距離』の係数が0.003と正値を示している。産地は宇都宮からの距離が若干遠く、かつ若い回答者が確認して購入する姿が窺える。

『価格』の係数は-0.021を示しており、若い回答者が低価格の農産物を購入していることがわかる。

（2）栃木産農産物の購買選択行動

次に、栃木産農産物の購買選択行動を、順序ロジスティック回帰分析の推計結果から考察する。目的変数は、栃木産農産物の購入志向（表9-4参照）としたが、『あまり購入していない』と『全く購入していない』は回答者の選択率が低いため、『あまり・全く購入していない』に統合し、4段階とした。説明変数は、表9-8の変数に加えて、性別（男性=1）、年金生活者=1をダミー変数に導入し、栃木県庁がHPで公開している『モニタリング情報公開の満足度』について、『満足できる』（5点）～『満足できない』（1点）として、点数化して導入した（表9-4参照）。同様に、輸入品の嗜好性についても、『輸入品を重視する』（4点）～『国産を重視する』（1点）とし、点数化して導入した。加えて、『世帯員数』を連続変数として導入した。

表9-9は、推計結果を示しており、合わせて限界効果も示している。表中より、疑似R^2は0.102と低いものの、尤度比検定は表中のモデルで棄却されている。

推計結果から見ると、『男性』（1.405）、『子供がいる者（0.846）、1世帯1か月当たりの食費（0.148）の係数が正値を示し、男性で子供がいて、食費が比較的高い回答者は栃木の農産物を購入していた。そして、栃木県の『モニタリング情報公開の満足度』の係数も0.490と正値を示しているため、情報公開に満足感を得ている者は栃木の農産物を購入する傾向があるだろう。他方、『原発からの距離』の係数が-0.005と負値を示しているため、原発から比較的近い者が購入する。

限界効果をみると、『男性』は『よく購入している』の値が0.289と最も高く、

表9-9 栃木産農産物の購買選択（順序ロジスティック回帰分析推計結果）

変数	係数	標準誤差	p値	限界効果 産地が分からない	限界効果 あまり・全く購入していない	限界効果 たまに購入している	限界効果 よく購入している
男性＝1	1.405	0.74	0.057 *	-0.039	-0.092 *	-0.159 *	0.289 *
子供いる＝1	0.846	0.38	0.024 **	-0.023 *	-0.055 **	-0.096 **	0.174 **
主婦＝1	0.132	0.30	0.662	-0.004	-0.009	-0.015	0.027
年金生活者等＝1	-0.250	0.38	0.511	0.007	0.016	0.028	-0.051
モニタリング情報公開の満足度	0.490	0.17	0.004 ***	0.013 **	0.032 **	0.055 **	-0.101 ***
輸入品の嗜好性	-0.459	0.23	0.043 **	-0.013 *	-0.030 *	-0.052 *	0.094 **
年齢	-0.005	0.01	0.681	0.000	0.000	-0.001	0.001
宇都宮からの距離	0.000	0.00	0.802	0.000	0.000	0.000	0.000
原発からの距離	-0.005	0.00	0.085 *	0.000	0.000	-0.001	0.001 *
食費	0.148	0.05	0.004 ***	0.004 **	0.010 ***	0.017 **	-0.030 ***
世帯員数	-0.143	0.14	0.313	-0.004	-0.009	-0.016	0.029
cut1（あまり・全く購入していない）	-1.365	1.35	0.314				
cut2（たまに購入している）	0.016	1.33	0.990				
cut3（よく購入している）	3.069	1.35	0.023 **				
尤度比検定	51.060 ***						
AIC	479.250						
擬似 R^2	0.102						

注：1）***、**、*は1％、5％、10％水準で有意であることを表す。
2）説明変数は、性別、子供の有無、主婦、年金生活者等はダミー変数を示している。
3）栃木県の情報公開満足度とは、栃木県がHPで提供する放射性物質のモニタリング情報の公開が、満足できる場合を5点～満足できない場合を1点とし、連続変数として導入した。
4）輸入品の嗜好性とは、輸入品を嗜好する場合を5点～国産を嗜好する場合を1点とし、連続変数として導入した。
5）宇都宮からの距離とは、宇都宮市から回答者が居住する県庁所在地までの鉄道・飛行距離を暫定的に測り、連続変数として導入した。
6）原発からの距離とは、福島第一原発から回答者が居住する県庁所在地までの直線距離を暫定的に測り、連続変数として導入した。

有意水準10％ではあるが、統計的に有意に男性が栃木産の農産物をよく購入する。しかし、『あまり・全く購入していない』(-0.092)、『たまに購入している』(-0.159) については負値を示しているため、女性は購入志向が低いことがわかる。そのため、購買層である女性にも購入してもらえるような施策が不可欠となるだろう。

また、『子供がいる』者 (0.174) も、統計的に有意な水準で、よく購入する傾向があった。子どものいる階層には購入志向が高く、信頼感も高いと思われるが、『産地が分からない』(-0.023)、『あまり・全く購入していない』(-0.055) についても負値を示しているため、子供がいない者は購入志向が低かった。今後は、子供の有無にかかわらず、購入してもらえる施策を検討しなくてはならないだろう。

加えて、『モニタリング情報公開の満足度』について、『よく購入している』者の限界効果は-0.101と負値を示し、『よく購入している』者の満足度は低いことが分かった。『産地が分からない』者 (0.013) や『あまり・全く購入していない』者 (0.032)、『たまに購入している』者 (0.055) については有意水準5％で統計的に有意なため、満足感は高いものと推測できるが、購買層の満足感は低いため、さらなる情報公開の強化が求められる。

さらに、『1世帯1か月当たりの食費』については『よく購入している』者の世帯員数の限界効果は-0.017と僅かではあるが負値を示し、有意水準1％で世帯員数が少ない世帯が購入していた。『産地が分からない』者 (-0.004) や『あまり・全く購入していない』者 (0.010)、『たまに購入している』者 (0.017) の世帯員数は多かった。購入世帯としては、世帯員数が多い方が購入量は多いことが推測されるため、世帯員数の多い者にも安心して購入してもらう施策を模索する必要があるだろう。

（3）とちおとめとあまおうの品種選択行動

最後に、とちおとめとあまおうの品種選択行動と個人属性の関連性について、多項ロジスティック回帰分析を推計した。目的変数は、『とちおとめ300gが398円ならば購入する』者と、『あまおう300gが398円ならば購入する』者、『ど

ちらの品種も買わない』者を基準カテゴリーとしたものを推計した。説明変数には、表9-8と表9-9で導入した変数以外に、『両品種の食味満足度』(『とちおとめの食味の方が美味しい』(5点)~『あまおうの食味の方が美味しい』(1点))と、『両品種の外観満足度』(『とちおとめの外観の方が良い』(5点)~『あまおうの外観の方が良い』(1点))、『1パックの量』(1パック300g20個の量が『多い』(5点)~『少ない』(1点))、『贈答用価格』(1,000円~5,000円以上)を連続変数として導入した。

表9-10は推計結果を示した。モデルの適合度を表す疑似 R^2 は0.398と良好な推計結果が得られた。

『とちおとめ』に関しては、『輸入品の嗜好性』の係数は-0.852と負値を示し、輸入品を買う者とは嗜好が異なっていた。また『主婦』(1.300)や『年齢』(0.034)

表9-10 とちおとめとあまおうの品種選択（多項ロジスティック回帰分析推計結果）

変　数	とちおとめ			あまおう		
	係数	標準誤差	p値	係数	標準誤差	p値
男性＝1	-0.110	0.54	0.839	-0.929	0.52	0.074 *
子供いる＝1	0.086	0.60	0.887	-0.395	0.59	0.504
主婦＝1	1.300	0.62	0.035 **	0.048	0.59	0.936
年金生活者等＝1	0.640	0.61	0.298	-1.350	0.64	0.034 **
両品種の食味満足度	0.542	0.28	0.049 **	-1.475	0.31	0.000 ***
両品種の外観満足度	1.131	0.28	0.000 ***	0.621	0.29	0.032 **
1パックの量	0.995	0.45	0.026 **	1.426	0.43	0.001 ***
贈答用価格	0.000	0.00	0.035 **	0.000	0.00	0.148
輸入品の嗜好性	-0.852	0.36	0.019 **	-0.368	0.33	0.265
年齢	0.034	0.02	0.076 *	0.010	0.02	0.591
宇都宮からの距離	0.000	0.00	0.953	0.002	0.00	0.563
原発からの距離	-0.003	0.00	0.553	-0.001	0.00	0.890
食費	0.139	0.10	0.162	0.095	0.10	0.340
世帯員数	-0.002	0.25	0.992	0.273	0.25	0.272
定数項	-8.186	2.22	0.000 ***	-1.905	1.98	0.335
尤度比	266.67	***				
AIC	463.24					
擬似 R^2	0.398					

資料：筆者作成。
注：1)『品種にこだわらない・その他の品種』が基準カテゴリー。
　　2) とちおとめの食味満足度とは、あまおうと比較して、とちおとめが美味しいと思うなら5点、あまおうが美味しいと思うなら1点とし、連続変数として導入した。
　　3) とちおとめの外観満足度とは、あまおうと比較して、とちおとめの外観が良いと思うなら5点、あまおうがの外観が良いと思うなら1点とし、連続変数として導入した。

は正値を示し、主婦で年齢が比較的に高い者がとちおとめを購入していた。さらに、『食味の満足度』(0.542)や『外観の満足度』(1.131)が高く、『1パックの量』(0.995)が多いと感じる者がとちおとめを購入すると回答した。

　他方、『あまおう』については、『男性』の係数が-0.929と負値を示し、女性があまおうを購入していた。また『年金生活者』の係数も-1.350と負値を示していた。今回の調査では、とちおとめとあまおうの小売価格は398円と同価格に設定していたが年金生活者にとって、あまおうは高価なイメージがあるのかもしれない。『食味の満足度』の係数は-1.475と負値を示し、『外観の満足度』(0.621)と比較しても、あまおうの食味を著しく好む者が選択することが分かった。『1パックの量』の係数（1.426）は、とちおとめのそれと比較しても明らかなように、1パックの満足度が高い者ほどあまおうを購入することが分かった。

5　結論

　本稿では、東日本大震災から2年を経過した栃木産の農産物の一つであるとちおとめを事例とし、そのポジショニング戦略と購買選択行動を検討した。
　まず、回答者の9割は国産を重視する中で、回答者の8割が国産に対して、安全性と信頼性を求めていた。回答者の7割強が、栃木産の農産物を購入しているが、栃木県がHPで公開しているモニタリング調査の情報公開も7割強が満足していた。回答者の中には、検査結果の基準がわからない者や、信頼できない者も若干名いるが、県の情報公開については一定の評価が得られていると推察できる。
　次に、イチゴを事例として、品種の選択基準を考察した結果、とちおとめはブランドイメージや地元贔屓、あまおうや他の品種は品質の安定感や食感、こだわりのない者は安価なイチゴを選択していた。また、とちおとめのイメージとして基本的な親しみやすさや赤い、甘い、安全性などのイメージには個人属性間の差異はないのだが、子供がいる世帯では小さいイメージが、世帯員数が少ない世帯では大きいイメージが、年金生活者や男性には高級なイメージが、女性には安価なイメージがあり、属性間に差異がみられた。さらに、とちおと

めを選択する際は、他の青果物では最も重視されがちな甘さや果汁よりも、表皮のツヤや鮮度が評価されていた。

また、国産農産物を選択する際は、比較的年齢の高い主婦が外観を評価する中で、産地や価格は比較的若い者が評価していた。

さらに、栃木産の農産物をよく購入する者は、男性であり、子供がいて、世帯員数は比較的に少ない世帯であった。栃木県が提供するモニタリング調査の情報公開については、全体的に評価は高いものの、購買層は満足しているとは言えないため、より一層の情報提供が必要となるだろう。

加えて、とちおとめとあまおうの品種選択に関しては、栃木の農産物はどちらかというと男性が購入するイメージがあるものの、とちおとめは主婦に選ばれる品種であった。一対比較からの多項ロジットの推計結果から主婦は外観を重視し、コレスポンデンス分析の推計結果から低価格性を求めるが、ブランドイメージの高いとちおとめは主婦に品種選択されていた。順序ロジット分析の推計結果からも栃木産の農産物を購入する者の輸入品の嗜好性は低いのだが、とちおとめを品種選択する者の輸入品の嗜好性は極めて低い。また、食味の嗜好性についても、外観の嗜好性をより嗜好するあまおうの回答者とは棲み分けられていることが推測できる。回答者は、量的にあまおうはボリューム感を持つ印象を持つが、コレスポンデンス分析の推計結果を見ても、世帯員数が少ない者には多いと感じられることが推測される。そのため、ボリュームという点でもとちおとめとあまおうは棲み分けられているだろう。

とちおとめを含めて、栃木産の農産物を購入してもらうには、国産志向の高い消費者に対して、安心・安全性の高い農産物を提供することは当然ながら、情報をいま以上に公開することが不可欠であろう。

注

1) 福島第一原発からの距離は、福島第一原発までの距離がわかる地図[1]から推計した。
2) 現在、とちおとめに次いで作付けられている品種は、福岡産あまおう、静岡産紅ほっぺ、佐賀産さがほのか等が有名である（半杭（2012）参照）なお、とちおとめとあまおうは香港輸出でも、そのシェアを競っている（中村等（2009）、中村等（2011）参照）。

〔引用文献〕

渋谷美紀 (2010):「夏秋イチゴの有利販売にむけた直接取引の販売ターゲット －洋菓子店における仕入・利用実態を踏まえて－」『フードシステム研究』第 17 巻第 1 号、pp.2-14.

島義史 (2009):「イチゴ作新規参入者の成長プロセス」『農業経営研究』第 47 巻第 2 号、pp.140-145.

仲照史・藤本高志 (2002):「選択型コンジョイント分析による農業技術の多面的経営評価」『農業経営研究』第 40 巻第 1 号、pp.1-19.

中村哲也・丸山敦史・矢野佑樹 (2009):「栃木産にっこり・とちおとめ輸出に関する海外消費者の評価：香港・バンコクにおけるアンケート調査から」『共栄大学研究論集』第 7 巻、pp.89-106.

中村哲也・丸山敦史 (2011):「栃木産とちおとめの香港輸出と消費者意識：香港一田 YATA におけるアンケート調査から」『共栄大学研究論集』第 9 巻、pp.21-35.

中村哲也・丸山敦史 (2012):「福島産果樹の安心・信頼回復に向けた消費者選好分析 －東日本大震災後におけるアンケート調査からの接近－」『農業経済研究 別冊』2012 年度日本農業経済学会論文集、pp.238-245.

半杭真一 (2009):「イチゴの福島県オリジナル品種における展開方向 －後発産地としての生産・販売戦略の検討」『農業経営研究』第 47 巻第 2 号、pp.140-145.

半杭真一 (2012):「イチゴにおける品種のネーミングと品種活用方策研究に関する研究」『農業経営研究』第 50 巻第 3 号、pp.1-16.

福島第一原発までの距離がわかる地図〔1〕
　http://myboom.mkch.net/cgi/fukushima_v2.cgi

第Ⅱ部　海外におけるクラスター形成の可能性と課題

第10章　カンボジアにおける農・食・文化クラスターの萌芽

山下　哲平

1　はじめに

　カンボジアは、人口1,470万人と東南アジアでは比較的人口が少なく、かつ、農業に適した広大な土地が広がり、歴史的遺産も多く、「可能性」のある国である。例えば、国民の約7割が農民だが、その農業生産ほとんどが自家消費向けであり、化学肥料や農薬をほとんど使用していない。したがって、カンボジア国内に流通している農産物のほとんどはベトナム産か中国産という状況である。この状況は、未開発状態であると判断するべきか、資源化可能な要素として捉えることが出来るかが本章の課題である。このことを踏まえ、本章では、未だ自給自足的農業生産が主流のカンボジアにおいて、隣国（ベトナム、タイ、中国）からの影響を踏まえた農・食・文化クラスター的発展の可能性について整理・検討を行う。

　急速に成長するカンボジアにとって、日本は最大の援助国である。日本は1992年以降、ODAにおいて2010年時点で19.6億ドルを援助した実績があり、また日本とカンボジアは貿易の面でも積極的な関係にある。近年では1992年に世界遺産に登録されたアンコールワットにより、観光地としても世界で注目され、観光客数は急増しており、日本人観光客数も上位に含まれている。今後も日本とカンボジアの友好関係は、経済、文化、スポーツや観光等の幅広い分野においてますますの交流が期待される。

　本章の目的は、成長するカンボジア経済の将来性を見通す目的で、シークエンス理論に基づき、現地フィールドワークに基づき、①経済成長と各産業セクターの年次推移と、②歴史的文脈に基づく食・文化と観光産業の課題を明らかにすることである。

2　経済成長と各産業セクターの年次推移

　カンボジアは18.1万km²の国土のうち約3割 (566万km²) が農業用地で、人口全体1,470万人 (2013年) のうち67%が農業に従事している。主な農産物 (2011年) は、コメ (878万t)、キャッサバ (437万t)、トウモロコシ (72万t)、豚肉 (10万t) などである。最も主要な農業である稲作は、雨季作を基本とした天水依存であるため生産性は低い。一般的なカンボジア人農民は、自家消費向けにコメを作り、余剰米を販売して現金収入とする。すなわち、ほぼ自給自足の農業を営む者が大半であり、その生活は経済的に不安定にならざるを得ない。したがって現在カンボジアでは、農民の生計向上や貧困削減を目的に、コメ生産性向上プロジェクトがODAをはじめ複数実施されている。

　次に、カンボジア全体の経済状況を整理する。図10-1のとおり、現在に至までの20年間で、同国のGDPは着実な成長を見せている。外務省によれば、2007年から2011年までの5年間の実質GDP平均成長率は6.0%となっている。インフレ率については、近年安定基調にあり、2012年平均で2.9%である。海外直接投資も順調に増加しており、今後、安定した経済成長が見込まれている。

　カンボジアのGDPに占める主要産業の内訳は、2011年で農業 (GDPの33%)、鉱工業 (GDPの21%)、サービス業 (GDPの39%) となっている (図10-2)。こ

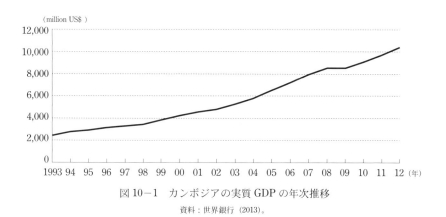

図10-1　カンボジアの実質GDPの年次推移
資料：世界銀行 (2013)。

こで着目したいのが、GDP の約 4 割を占めるサービス業である。特にその中でも観光業は、カンボジアの経済を支える主力産業であり、観光業にまつわる様々な商業サービスの充実と、それに関連して商品を売るなどの経済の発展も見込める。日本でも、アンコールワットは日本人に人気のある海外観光地として 3 年連続で 1 位に選ばれている。カンボジア観光省の発表によると、2012 年のカンボジアへの訪問者数は 358 万人と、前年比で 24％増加している（図 10-3）。さらに 2020 年には年間 750 万人の外国人訪問者数を見込んでいる。

　図 10-4 のとおり、外国人観光客数の増加に合わせ、観光収入も増加してい

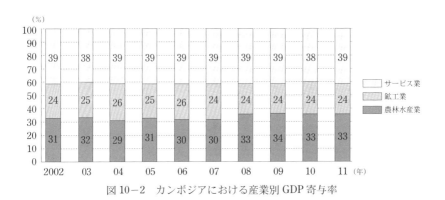

図 10-2　カンボジアにおける産業別 GDP 寄与率

資料：ジェトロ・ウェブサイト「国・地域別情報」(J-FILE)。

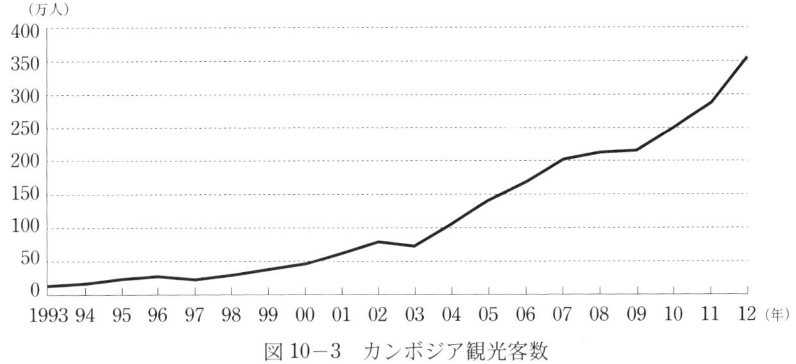

図 10-3　カンボジア観光客数

資料：カンボジア観光省 (http://www.tourismcambodia.org)。

る。GDPに占める観光収入額の割合は、2004年以降17%を超えている。また、その増加率は、図10-5に示すとおり、1998年の61%増、2004年の67%増を2つのピークとし、直近の増加率は10%前後となっている（1996年から2012年までの平均増加率は22%）。

以上から、カンボジア全体の経済成長におけるサービス業、特に観光産業の発展は、今後の重要な柱になることが分かる。しかし他方で、カンボジアの観光名所＝アンコールワットというイメージが定着しているため、観光収入源はシェムリアップに集中している。さらに、国民の約7割の農民への波及にむけ

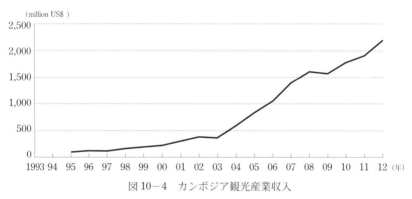

図10-4 カンボジア観光産業収入
資料：カンボジア観光省（http://www.tourismcambodia.org）。

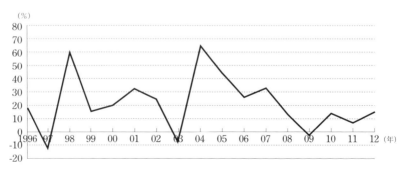

図10-5 カンボジア観光産業収入増加率
資料：カンボジア観光省（http://www.tourismcambodia.org）。

た課題が残されており、クラスター理論に基づく観光業の戦略的開発が急務である。

3 カンボジアの歴史

表10−1に現在に至るカンボジアの年表をまとめている。これによると、「扶南」が1世紀ごろ、ベトナム南部のメコンデルタ地帯に立国した。また、もう一つの民族集団クメールは、かなり早くからラオス南部のチャンパサック地方に興っていた。彼らはメコン川を通じてカンボジア中部の太平原に南下し、6世紀前に南部にあった扶南を吸収合併したといわれる。そして802年、ジャヤヴァルマン二世が各地を征討し、トレンサップ湖岸のアンコール地方に拠点を置いて、国内統一を成し遂げた（アンコール王朝）。その後、スールヤヴァルマン二世がアンコールワット（1113年）、ジャヤヴァルマン七世がアンコール・トム（1181年～）建設を開始する。

19世紀前半におけるカンボジアは、両隣国シャム、ベトナムの二重宗主権下におかれ、露骨な干渉と侵略により、きわめて悲惨な状態にあった。当時のアンドゥオン王は、両隣国がメコン川を共通の国境としてカンボジアを二分してしまうのではないかと恐れ、ナポレオン三世に対して、フランスによる同地の保護を要請した。これを受けてフランスは、ベトナムに遠征軍を送り、1859年サイゴンを陥落する。1863年8月には、フランス・カンボジア間保護条約が締結されることになる。

フランスは、近代化の名の下に多くの伝統的な秩序、特に地方行政組織を破壊し、警察、徴税、刑、看守にベトナム人を起用したが、他方で、王制の維持は認め、王家の内部にまでは干渉しなかったため、カンボジアの伝統は王室の中で温存された。

1954年7月、シハヌーク王の下、完全独立を達成したカンボジアは、インドシナ停戦のためのジュネーヴ会議に独立国として参加、この協定調印により大部分のベトミン軍はカンボジアから撤退した。

1970年3月17日、シハヌーク殿下の出国不在中、ロン・ノル首相およびシ

表10-1 カンボジアの年表

年代	時代	年	出来事
1世紀～1500年	アンコール王朝の盛衰	1世紀頃	カンボジア南部に「扶南」が興る
		802年	ジャヤヴァルマン二世即位。アンコール王朝が興る
		889年	ヤショヴァルマン一世即位し、アンコールの首都ヤショダラプラを造営
		1113年	スールヤヴァルマン二世即位、アンコールワットを建設
		1181年	ジャヤヴァルマン七世即位、アンコール・トム造営着手
～1953年	仏国の保護国	1863年	フランス・カンボジア保護条約調印
		1887年	仏領インドシナ連邦成立
		1907年	フランス・シャム協約。シュムリアップなど西北部三州が仏領となる
1953年～1970年	シアヌーク時代	1953年	シアヌークが完全独立を宣言
		1961年	タイと国交断絶
		1963年	南ベトナムと国交断絶
		1965年	アメリカと断交。ホーチミン・ルート構築を援助
		1968年	クメール・ルージュが武装闘争を開始
		1969年	アメリカがカンボジア爆撃開始
1970年	ロン・ノル政権	1970年	親米派ロン・ノルによるクーデター
		1970年	シアヌークは民族統一戦線を結成。内戦始まる
	ポル・ポト政権	1975年	クメール・ルージュがプノンペン制圧
			（全住民の強制退去を命じる。以後3年8ヶ月で約200万人が虐殺される）
	越軍占領時代	1978年	ベトナムがカンボジアに侵攻。翌年、ベトナム軍がプノンペンを解放
		1979年	ヘン・サムリンが「カンボジア人民共和国」の樹立を宣言
		1982年	反政府三派が反ベトナムの「民主カンプチア連合政府」結成
		1989年	カンボジア和平のパリ会談が始まる。越軍、カンボジアから完全撤退
～現在	カンボジア王国	1993年	新憲法採択、新憲法公布。現在の「カンボジア王国」の発足
		1998年	ポル・ポト死亡
		1998年	フン・センが首相に就任（新政府発足）し、ラナリット国会議長となる
		1999年	タ・モクが逮捕され、ポル・ポト派が完全消滅
		1999年	ASEANに正式加盟

資料：綾部恒雄・石井米雄＝編 (1996)：「もっと知りたいカンボジア」弘文堂、320pより、筆者作成。

ソワット・シリマタック副首相がクーデターを起こす。他方、国外にあったシハヌーク殿下は、北京で「カンプチア民族統一戦線」を結成する。こうしてカンボジアは、ロン・ノル政権と民族統一戦線とに分かれて闘争するようになった。やがて民族統一戦線は、自らは民主カンプチアと称し、外部からはクメール・ルージュと称される共産主義者に主導権を奪われる。1975年4月17日、プノンペンにクメール・ルージュが侵攻、ロン・ノル政権は崩壊した。

ロン・ノル政権を打倒したクメール・ルージュは、首相ポル・ポトの指導のもと、強制移動、強制労働、大粛清が行われ、旧支配階級やインテリ層、あるいは反抗する者など少なくとも200万人を越える自国民を虐殺した。

カンボジアで猛威をふるったクメール・ルージュに危険を感じたベトナムは、1978年12月25日、大軍で国境を越えてカンボジアに侵攻し、1979年1月6日、プノンペンを陥落させ、短期間のうちにクメール・ルージュをタイとの国境地帯へ追いやった。ベトナムにより樹立され、支援されたヘン・サムリン政権に対し、ベトナムに反抗する三派（シハヌーク派、ソン・サン派、クメール・ルージュ）は1982年6月、三派連合抵抗政権を結成し、対立関係を構築することになる。

1993年に、シヌハーク国王を国家元首とする新生「カンボジア王国」が誕生し、平和・経済再建への歩みを始めた。1988年7月の選挙で、フン・セン首相による連立政権が発足した。また、ポル・ポトの死亡（1998年4月）、主要幹部の投降（1998年12月）等によって、クメール・ルージュがほぼ解体し、1951年以来のカンボジア共産主義運動に終止符が打たれた。以降、フン・セン政権による政権運動が継続、国家インフラ整備（物理的インフラ基盤・法律の支配・政権運動の透明性等）等に課題が残るものの、国家再建・経済復興に向け努力が続けられている。

このように、カンボジアをとりまく政治的な混乱は1993年頃まで続いており、現在のカンボジア王国が成立してからまだ20年程度しか経過しておらず、経済的な成長も2000年頃からやっと始まったばかりであることが分かる。

4 潜在的な観光資源

(1) 食文化の継承ルート

カンボジアの食文化について、歴史、交易の視点から、どのような継承ルートを構築してきたのか分析する。

まず歴史について、前項の通り、カンボジアはその成立過程において、アンコール（クメール）朝時代の文化と、海から来航したインドネシアのポリネシアの文化的要素を基礎に、また、ベトナム、タイや、中国・インドなどの近隣諸国やフランス統治下の影響を大きく受けながら文化を育んできた（図10-6）。

例えばコメは、中国からの稲作農耕の伝承である。アンコール・トムの壁画にも中国人が登場していることからも、その影響は確かである。稲作は中国南部の長江流域、中流部に発したと考えられており、この地域に住んで狩猟採集していたグループのいくつかに農耕が伝わった。アンコール朝はもとより扶南の属国として始まったのであり、中国との関わりは昔から現在まで深い関わりを持ち、食文化において中華料理の影響が炒め物やスープ、煮込み料理と言っ

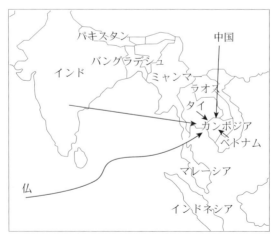

図10-6　カンボジアの食の継承ルート
資料：世界地図　http://www.sekaichizu.jp より、筆者作成。

第10章　カンボジアにおける農・食・文化クラスターの萌芽　209

た形で継承したことが分かる。

　特に現在カンボジアでも頻繁に食されるライスヌードルについて、中国やベトナムの麺が、練り伸ばして平たく切るといった麺の製法であるのに対して、カンボジアのライスヌードルの製法は古典的でとてもシンプルなものである。底に多数の穴が開いた筒に、練った米を入れ、木の重りを上に乗せて、その上を梃子の原理を利用して中の米を絞り出していく、といった単純製法である。その絞り機の下には湯で釜があり、絞り出された麺は直接釜に投入されて茹でられる（図10-7）。

　このライスヌードルの賞味期限は4～5日で、製造工場の売り上げは＄25/日、利益は＄5/日である。また、ライスヌードルの売り上げ繁盛期は、2月の旧正月、4月のクメール正月、8月のお盆の時期である。このことから、ライスヌードルは日常食であるとともに、伝統行事の際に食べられる特別な料理という側面も持っている。

　カンボジア料理に欠かせない胡椒、トウガラシ等の香辛料は、インドからの継承ルートによるものである。これは、インドから文字や宗教や王権思想が伝来されたのと同時に、香辛料がカンボジアにもたらされ食文化の一部として定着したものと考えられる。

　食べ方、調理道具の継承ルートについて、現在カンボジアでは、ベトナムのように箸を使うのではなく、スプーンやフォークを使うのが主流となっている。これは中央タイと同じことである。もとより、古くは基本的には手でご飯を食べ、スープの類は貝殻など、もしくは中国式のレンゲで食べていたと言われていて、フランスの植民地であった関係により、カンボジアに西洋的な文化が伝わり、スプーン、フォークなどの道具が伝来されたと考えられている。調理道

図10-7　米麺の製法

資料：カンボジア調査より、筆者作成。

写真10-1　ライスヌードル

具においては、中国風のまな板、中国包丁、一方で洋包丁などがある。鍋はインド風の取手のないものか、アルミの取手付きのもの、素焼きの鍋がある。白臼などで調味料、香辛料を組み合わせて潰すことが調理の中で最も重要なことに思われることから、タイやインドなどカレーの世界と近しいキッチン、調理法であると言える。

（2）クメールの食文化（淡水魚の加工）

カンボジアは、ベトナム同様、魚を食べる国である。東南アジアで最大の湖であるトレンサップ湖では漁業が盛んであり、漁業はカンボジアのGDPの10％を占める。湖の貯水量とその面積は、雨季と乾季で極端に異なる。乾季には、水量が少なくなり、面積が狭まるため、定置網で大量の魚を捕獲することが可能になる。そのため、当然、大量に捕った魚を保存食にすることは昔から行われてきた。また、一方で、タイランド湾の海で捕った魚を、山を越えて首都プノンペンまで輸送するのに日にちがかかるため、やはり魚の保存方法が発展してきた。保存方法には、干し魚と塩辛があり、干し魚は単純に干したものから、

第10章　カンボジアにおける農・食・文化クラスターの萌芽　211

写真 10-2　プラホック（写真中央）

種々の薫製がある。塩辛の製造法はプラホック（写真10-2）、マム、カピ、トゥックトレイがある。

　中でもプラホックが最も代表的なもので、コイ科の魚から作る。頭を落とし、ウロコと内蔵を取った魚の水分を切ってから、重量比10％ほどの塩を混ぜ、天日にさらして一昼夜放置する。これを臼等ですり潰して瓶に入れる。場合によってはさらに塩を加える。そして日中は蓋を取って天日にさらし、夜は蓋を閉じて、一ヶ月ほどしてできた塩辛がプラホックである（図10-8）。カンボジアの料理ではこのプラホックが様々な料理に混ぜられ、また、直接野菜などをそれに付けて食べたりする。プラホックの製造過程で湧き出た浸出液がトゥックト

図 10-8　プラホックの製法

資料：「世界の食文化ベトナム・カンボジア・ラオス・ミャンマー」森枝卓士（著）。

レイである。トゥックトレイはつまり、ナンプラー（タイの魚醤）、ヌオックマム（ベトナムの魚醤）と違って淡水魚から作るということである。マムはベトナム由来のもので、煎った米粉を加えて発行させたもの。カピは同名のタイのものと同様、アミのような小エビを塩漬けにしてペースト状にしたものである。

また、人気クメール料理のアモーク（写真10-3）は、魚（雷魚）とココナッツミルクとカレーペーストをバナナの葉で包んで蒸したものである。このアモークは、鮭から作られており、茹でたキャベツと一緒に食べると甘い風味でとても美味しい。

写真10-3　アモーク

（3）カンボジアの日常食

現在のカンボジアの日常食は、前述のカンボジア料理に加え、ベトナム料理やタイ料理、中華料理系のレストランを利用することで成り立っている。他方で、記念日やデートなどで食される高級食として、フレンチ、日本食が選ばれている。ここで、観光客が是非食べておきたいカンボジア固有の「名物」が欠如していることに気がつく。

前述の通り、近年カンボジアに訪れる外国人観光客は、年々増加している。その背景には、カンボジアが誇る世界遺産アンコールワットが世界から注目され、東洋のパリと称えられたプノンペンには各国の料理レストラン（フレンチ、和食、中華、イタリアン、インド、タイ、ベトナムなど）が溢れ、カジノなどの遊興施設（主に中華系資本、韓国系資本のホテル）も充実しつつある。しかしそれらは、

外国資本が外国観光客をターゲットに、カンボジアというフィールドにビジネスを展開しているに過ぎない。このままでは、カンボジア人のための観光資源とはなり得ないのである。こうした中で、観光資源としての食の「名物」が欠如している事に着目し、クラスター理論を背景に、食の「名物」にむけた構造化を提案したい。

5　農・食・文化クラスターを背景とする食の「名物」化

　「名物」に至る必要な要素として、①歴史的ストーリー（伝承）、②農産物とのリンク、③付加価値（オーガニック、希少性、固有性など）が挙げられる（図10-9）。このモデルを踏まえ、現存の食に「名物」としての潜在的可能性を検討していく。

　図10-10のとおり、カンボジアの主要農産物はコメであり、古くから主食として定着してきた。他方で、その栽培方法は原始的な粗放農業であり、中国やベトナムのような農薬や化学肥料の多投入はみられない。そのことは低収量を意味し、現在取り組まれている収量向上プロジェクトの課題でもある。しかしむしろ、香米などを中心に高品質で美味しいコメが、低価格で流通しているともいえる。このようなコメを原材料とするライスヌードルも、やはり原始的な製造方法によるもので、添加物など一切用いないため保存性が低いが、味が

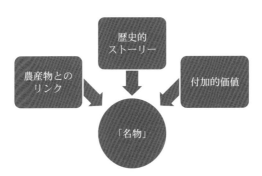

図10-9　名物化のための社会・経済・文化的要素
資料：筆者作成。

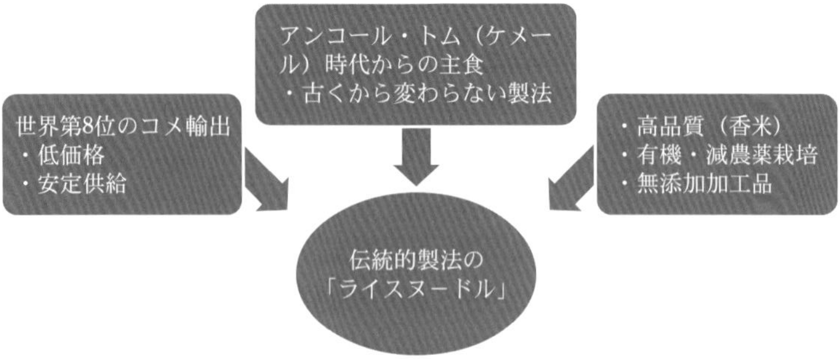

図10-10 ライスヌードルに関する「名物」要素
資料：筆者作成。

写真10-4 ライスヌードルの製造所の様子

良く、健康的な食品といえるだろう。

　図10-11では、淡水魚を長期保存するために工夫されたプラホックの名物化について検討している。トレンサップ湖自体が、カンボジアの一大観光名所である。ここで捕れる魚を軸においた名物化は、成功の可能性が高い。しかし、トレンサップ湖の漁民の多くがベトナム系である点に留意が必要である。漁労と消費までの時間的ギャップを埋めるための技術の結晶の一つがプラホックで

あるため、このバックストーリーをいかに発信するかが鍵となる。

最後に、プノンペン周辺で復興が進められているコショウについて検討する（図10-12）。一般のカンボジア・レストランにおいて、生コショウを利用した料理が多く供されている。生で食べて美味しいコショウは、差別化する上でも重要な要素であり、可能性が高い。写真 10-5 は、日本人が運営する Kurata Pepper 内のコショウ選別の様子である。無農薬栽培、手による丁寧な選別と工夫されたパッケージは、戦略的な観光客向け商品開発の好事例として参考にできるだろう。

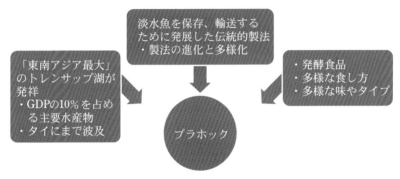

図 10-11　プラホックに関する「名物」要素
資料：筆者作成。

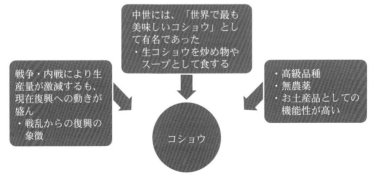

図 10-12　コショウに関する「名物」要素
資料：筆者作成。

写真10-5　Kurata Pepper 内のコショウ選別の様子

6　まとめ

　カンボジアの農・食・文化の関連を、クラスターの萌芽という視点から捉え直すと、観光業が将来的に産業クラスターの起点になることが明らかである。その上で、乗り越えるべき大きな課題として、①国民の約7割が農民であり、その農法は多くにおいて原始的であること、②長きにわたる戦乱の影響で女性の社会参加が進んでおり、大半の女性が何かしらの公的労働に就いていること、③カンボジアの観光資源がアンコール遺跡群に集中していることが挙げられる。このことは、改善を目指すよりも観光資源化として用いる方がより効率的であることを提言する。

　①について、カンボジアの恵まれた農地条件は、集約的農業の普及の阻害要因となっているが、他方で、先進各国が改めて求め始めている食の安全と安心、地産地消のそのままがカンボジアの農の姿である。つまり、意図せずともグリーンツーリズムの基盤は出来上がっている。加えて、②女性労働者が主体の社会は、サービス業に特化しやすく、丁寧で忍耐強く、きめ細かな仕事が期待される。実際、日系企業（Kurata Pepper や飛鳥商会）に対するインタビュー調査にお

いても、カンボジア男性は労働力として問題が多いが、女性については一定の訓練を経れば高いレベルで仕事を遂行できるとのことであった。

最後にカンボジアと言えば、①アンコールワットというイメージの固定化について、カンボジア南部には美しい海、岸線の広がりや、マングローブの原生林が手つかずの状態で残されており、東北部にはメコン川が作り出す豪快な滝、川イルカ等の野生動物や少数民族文化等の観光資源となり得る地域が多数ある。全体の一部分を整理したに過ぎないが、表10-2のとおり、既に定着化しつつある観光資源としてもこれだけのものがある。その一方で、まだ十分に活用されていない。これらの因子が点在する地域は観光地として十分に開発されていないため、アクセス環境の改善や、ホテル等のインフラ整備が必要となっているからである。別の見方をすれば、アクセスビリティと宿泊施設の整備に対す

表10-2 カンボジア観光資源因子一覧

基礎因子	名前	発祥・ストーリー	流通経路
主要作物	・コメ	・中国からの稲作農耕の伝承。アンコール・トムに中国人が描かれている。	中国
食／酒	・スラーソー（米酎）	・タケオ発祥の米酎。	タケオ
歴史	・ポル・ポト政権 ・アンコール時代	・1972年～1997年の間に起こった大量虐殺。 ・アンコール遺跡群	シェムリアップ
音楽／舞踊／祭	・スバエワ・トーイ ・スバエワ・トム ・水祭	・三宗教のストーリーを表現した踊り。紙芝居のような展開をみせる。	ポリネシア
美術	・アンコール遺跡群	・アンコール時代	カンボジア
工芸／織物	・銀細工 ・カンボジアシルク（例：クロマー）	・銀細工は、彫り工芸が特徴。 ・タイ・シルクよりも編目が細く、高い人気をもつ。	タイ→カンボジア
宗教	・仏教（小座部仏教） ・イラスム教	・チェンチィェット・クマエ（カンボジア人・クメール人の意）が全体の9割。仏教～ヒンドゥ～イスラムの各宗教の影響を受け、現在のスタイルを構築。 ・チャム人	カンボジア
建築	・イスラム建築 ・ヒンドゥ建築 ・仏教建築	・カンボジア・アンコール遺跡群もこれら三宗教の影響を受け、現在のスタイルを構築。	カンボジア

資料：現地調査より、筆者作成。

る投資を確保することができれば、年々増加する観光客を広い地域で受け入れることが可能であり、その魅力は十分にある。そのことは、滞在日数やそれに伴う観光収入の増加を見込め、また、地域経済や雇用の活性化も可能である。また、さらに多くの外国人客を誘致するため、首相自ら諸外国に対して直行便就航の誘致活動を行うとともに、新国際空港の設計計画も進められている。

〔参考文献〕

森枝卓士（2005）：「世界の食文化ベトナム・カンボジア・ラオス・ミャンマー」農文協、285p.

綾部恒雄・石井米雄＝編（1996）：「もっと知りたいカンボジア」弘文堂、320p.

世界地図（http://www.sekaichizu.jp/）
世界銀行（http://data.worldbank.org/country/cambodia）
カンボジア観光省（http://www.tourismcambodia.org）
農林水産省（http://www.maff.go.jp/j/kokusai/kokusei/kaigai_nogyo/k_gaikyo/khm.html）
外務省HP（http://www.mofa.go.jp/mofaj/area/cambodia/data.html）
ジェトロ・ウェブサイト「国・地域別情報」（J-FILE）
　　（https://www.jetro.go.jp/world/asia/kh/#basic）
　KurataPepper（http://www.kuratapepper.com/index.html）

第11章　食と文化の観光資源化にむけて
－モンゴルにおける食とライフスタイルから－

山下　哲平

1　はじめに

　モンゴルという国は、日本の国土面積の4倍以上もある大変広い国でありながら、人口は大阪市の人口（約267万人）とほぼ同数（約280万人）である。こうした条件を背景に、経済成長の多くの部分を天然資源、特に銅の輸出に依存している。しかしながら、この鉱山開発にともなう環境破壊への意識はまだまだ低く、深刻な環境問題へと発展しつつある。今後、持続的な経済成長のための自然資源の保全と、これを資源化していく産業セクターの強化が求められている。これを踏まえ本章では、モンゴルの遊牧民の生活（食とライフスタイル）に着目し、健康と自然環境をキーワードに観光資源化にむけた検討を行う。

　モンゴルの遊牧民の食とライフスタイルは、健康意識と密接につながっている。特に夏場は、ミルク、乳製品（チーズ、馬乳酒、茶）を中心とした食生活を、意識的に健康と直結させて実践している。また、家畜（羊、馬、ヤギ、ラクダ）自体の健康状態と、その管理方法を通して形成される自然環境との共生意識は、エコツーリズムの理念と通底している。しかしながら、観光産業に対する戦略性の低さから観光資源化が不十分であり、また、民主化の流れ中で一度断絶した社会的ネットワークの混乱から、地域の協働も弱い状態にある。これらの現状を、観光クラスターに関わるシークエンスモデルから再整理し、理論的にそのプロセスを整理し、将来的なアプローチの可能性を提言する。

2　モンゴルの経済成長

（1）概況

　モンゴルには、色々な顔がある。歴史的には西暦 1206 年に東アジアから西ヨーロッパまでを領土として建国されたモンゴル大帝国、中央アジアに位置する遊牧民の国、（主要な輸出品目である）金・銅・モリブデンなどの地下資源が豊富な国、政治的には中国とロシアの二つの大国に挟まれた小国、そして 1991 年のソビエト連邦崩壊後、それまでの計画経済国家から一転して、全ての輸入関税を完全撤廃して"市場経済国家"へ変貌した国、全 WTO 加盟国の中で唯一 FTA を結成していない国、などである。

　モンゴルは、中国とロシアの両大国に挟まれた人口 286 万 8,000 人（2012 年時点）（※広島県の人口が 284 万人、大阪市の人口が 268 万人）、国土は 156 万 4,100km^2（日本の約 4 倍）という地政学的に重要であるが、人口密度の小さな国である。また同国には、石炭、銅、ウラン、レアメタル、レアアース等の豊富な地下資源が多く賦存している。日本は、モンゴルの 1990 年からの民主化に伴い、最大の援助国として支援してきている。

　現在、モンゴルの GDP（約 2,000 億円）に占める民間部門の割合は約 80％にまで増大しているが、工業部門のシェアは依然小さく伸び率も低い。逆に観光サービス部門のシェアと伸び率は著しく高い。しかし、モンゴルの観光インフラは未整備であるところが多く、外国人客が現地で自然環境アメニティを享受するのには未だ不十分である。特に、国際空港を含めて社会インフラが全般的に未整備であるため、サービス貿易拡大の要因であるはずの自然観光資源も放置されたままとなっている。また、電力供給は石炭による火力発電であるため大気汚染の発生源の 1 つと目されている。ゴビ砂漠から吹き上がって東北アジア一帯に降り注ぐ黄砂の被害を防ぐ目的で進められている緑化政策（植林事業）も、ゴビ砂漠の観光資源としての価値を高める効果が期待されているが、この事業に対するモンゴル政府の財源は少ない。近年、世界的な鉱物資源の獲得競争が激化する中で、カナダ（アイバンホー社）を含む先進国の採掘企業とモンゴル政府の間で、モンゴルに眠る地下資源の採掘権とその利益配分を巡る問題が（賄

表11-1 モンゴルの略歴（モンゴル人民共和国成立から社会主義崩壊まで）

西暦	モンゴル国内動向	国外動向
1924	**モンゴル人民共和国** 国立博物館設立（自然史と歴史文化）	
1926	初病院設立（旧ソ支援による）	
1930	ドキュメンタリー、長編映画製作（モンゴル映画製作所）	
1934	UBラジオ局によるラジオ放送開始	
1941	ウルグイ文字からキリル文字へ切り替え	
1950	〜89年人口3倍 純物的生産：工業7％、農業（含牧畜）68％、貿易10％	
1957	モンツァメ通信社設立	
1960	農業セクターでの雇用が全体の61％、また教育4％、医療3％	
1961	経済相互援助会議へ参加	
1963	国内病院90施設、医師1,140人	
1967	新聞「ウネン」発行部数10万部	
1967	テレビ放送開始	
1972	日本と外交関係樹立	
1980	金採掘産出量640kg （〜1997）ガン、心臓血管の病気急増（人口10万人あたり死因3倍）	
1985	純物的生産：工業35％、農業（含牧畜）20％、貿易26％	
1985	農業セクターでの雇用が全体の33％、また教育10％、医療6％	
1986	ソ連軍撤退	
1987	（6月）中国と、国境問題の平和的解決に関する協定締結。（貿易促進、牧畜、エネルギー分野での技術研究協力） アメリカと外交関係樹立	
1989	モンゴル人民共和国、民主化の波 金採掘産出量3,360kg 44万4,000台のラジオで放送受信、国内テレビ台数13万3,000台 対ソ連・社会主義圏への貿易取引高92％ 中国への貿易取引高1.5％	ベルリンの壁崩壊 天安門事件
1990	**社会主義崩壊** （年代初め）アメリカとモンゴル初合弁企業、モンゴルアミカル社、カシミア加工工場設立 車両台数6,660台 輸出：羊毛毛布33万6,000枚、カーペット700万平方メートル、革製品8万7,000点 遊牧民14万7,000人→1993年倍増→1998年3倍 羊、ヤギ、ヤク、ラクダ、馬2,500万頭、ヤギ約500万頭 （〜2000）ウランバートル人口55万5,000人→76万2,000人（37％増） 内科医6,000人（3/4が女性） 義務教育就学率97.9％ アルコール飲料製造工場22カ所 韓国を公式承認	1990以降、 日本は最大援助国

資料：モリス・ロッサビ『現代モンゴル 迷走するグローバリゼーション』明石書店、および小長谷有紀『モンゴル』（世界の食文化3）農文協より筆者作成。

略とも絡んで）発生している。

　JICA 貧困プロファイル(2012 年)によれば、1990 年～1990 年までの 5 年間は、体制以降の混乱により、経済が低迷し、一人当たりの国民所得も減少している。その後、1996 年から 2008 年までは順調な経済成長を続けた。2012 年現在の名目 GDP は 102 億 7,100 万ドル、経済成長率は 12.2％となっている（世界銀行）。同国の国家予算は、歳入が約 36 億 4,300 万ドル、歳出が 45 億ドルとなっている（わが国の対モンゴル ODA 実績 7,468 万ドル（2009 年））。その背景には、鉱山開発（鉱物資源開発による利益を国民に再分配するため「人間開発基金」を創設し、国民 1 人あたり 150 万 MNT を支払う政策を実施している。2012 年 6 月まで）やサービス業の成長が目覚ましく、首都ウランバートルを中心に外国直接投資が流入（14 億 800 万ドル（2010 年））し、同国の経済成長を促している。

　他方で、目覚ましい経済成長と裏腹に、鉱工業への過度な依存や外資の流入などによりインフレ率が上昇（2008 年の 25.1％をピークに、2012 年現在で 14.0％）、いわゆる「資源の呪い」や「オランダ病」、資源依存のバブル経済とそれに伴う不平等、貧困層の増加といった諸問題が表出している。また貧困に関しても、2010 年で 39.2％と、未だ人口の 3 分の 1 以上にあたる人々が、国家が定めた貧困ライン以下で生活している状態である。さらに経済成長と人口の都市部流入に伴い、都市部と農村部との経済格差や貧富の格差は増大している。またモンゴルでは、1999 年から 2000 年および 2009 年から 2010 年にかけて、大規模な雪害（ゾド：Dzud）が発生し、遊牧民にとって財産であり、貴重な収入源である家畜を失ったことをはじめ、干ばつ、砂漠化などの気候変動による貧困層への脆弱性も懸念されている。

（2）モンゴル経済における観光業と国際空港建設

　モンゴルの経済発展について、単純に観光業をテコに押し進めることは、カンボジア（前章）の状況とは異なり、いくつかの大きな課題がある。第 1 に都市機能を中心とするインフラ未整備（空港、ホテル、道路、公共交通機関、ショッピング、レストラン、バーなど）、第 2 に治安、特に軽犯罪が多い、第 3 に都市環境問題、特に冬季の大気汚染、最後にモンゴルの観光リクリエーションは草原

表11-2 モンゴルの略歴（モンゴル国成立から日本との国交樹立35周年まで）

西暦	モンゴル国内動向
1992	（2月）新憲法施行 モンゴル国 対日貿易額 5,880万ドル
1993	（9月）世界モンゴル民族フォーラム（ウランバートル）
1994	貧困緩和プログラム開始（事業1,000万ドル資金投入、公共事業インフラ整備250万ドル、野菜栽培320万ドル、教育医療200万ドル） インフレ率66％ 貧困ラインで生活する人36％（世界銀行試算）
1995	貧困ライン以下国民の36.3％ インフレ率53％ 義務教育就学率81.5％
1996	（〜2000）市場経済移行 価格自由化
1997	（〜2002）ウランバートル人口25％増 ヤギ約1,000万頭（カシミア価格急落） アルコール飲料製造工場183カ所 ソウル、ウランバートル間直行便就航。モンゴル航空、大韓航空
1998	観光客4万2,000人（過半数東アジア、太平洋地域） 人口35.6％貧困ライン以下で生活（所得74％が食品） 映画祭開催（国内外映画上映）
1999	エネルギーと輸送改善のため1億6,000万ドル貸付・援助（アジア開発銀行）＋道路建設に2,500万ドル 観光客約3万6,500人 壊滅的被害の冬（ゾド） 羊、ヤギ、ヤク、ラクダ、馬3,300万頭
2000	義務教育就学率89.7％ 壊滅的被害の冬（ゾド） ミレニアム道路建設計画、モンゴルに東西2,700kmの主要道路（予算3億5,000万ドル） 失業者数22万人 （12月）教育分野450万ドル援助（アジア開発銀行） UNDP報告「環境悪化による健康被害がモンゴル人を蝕んでいる。国中で急速な都市化とインフラの老朽化が進んで大気汚染は加速し、安全な水へのアクセスや衛生状況が悪化している」 （10月）「モスクワの日」ウランバートルでロシアの演劇、映画、芸術紹介イベント
2001	観光客3万2,000人 壊滅的被害の冬（ゾド） 口蹄疫発生
2002	金発掘産出量1万2,097kg（アメリカ採掘企業が参入） 車両台数約7万台 観光業経済効果1億ドル（非公式） 1,000頭以上家畜所有601世帯。24万3,000世帯中16万6,000世帯は100頭以下。 （後半）口蹄疫発生 ウランバートルに文化センター会館（図書館、会議室、語学ラボ、展示スペース）
2003	市街地の不動産、農地私有化開始 野生ラクダ保護100万ドル援助（WWF） （7月）「モンゴル文化の日」サンクトペテルブルグなど各都市 中国人投資による企業600社以上（鉱山開発、建設業、原料加工（カシミア、革）縫製、ニット工場）
2004	日本政府支援、ウランバートルごみ問題対処「2020年廃棄物管理マスタープラン」策定 政府観光局によるキャンペーン展開 失業者数26万5,800人 台湾と貿易、観光振興と互いの国に出先事務所設置を約束する覚書を取り交わす。
2006	モンゴル建国800周年（チンギス像建設、スフバートル広場）
2007	日本との国交樹立35周年

資料：モリス・ロッサビ『現代モンゴル 迷走するグローバリゼーション』明石書店、および小長谷有紀『モンゴル』（世界の食文化3）農文協より筆者作成。

の生活や乗馬など、ツーリストに求める技術・意識レベルが高く、誰でも気軽に楽しむことが難しいなどが挙げられる。

そのような課題がある中で、急速な経済成長にともなう外資の流入により、モンゴルの首都ウランバートルは変容した。これにともないモンゴルへの渡航者は、2003年の約20万人から2006年には約40万人とほぼ倍増している。2011年時点では、年間約47万7,000人、うち37万1,000人が観光客となっている。国籍別にみると中国48.40％、ロシア23.48％、韓国11.57％、日本3.92％、アメリカ4.01％、ドイツ2.31％となっている（『モンゴル通信』国営モンツァメ通信社、2011年10月）。

また、2008年5月1日、国際協力銀行（(当時)総裁：田波耕治）は、モンゴル国政府との間で、「新ウランバートル国際空港建設事業」を対象として、288億700万円を限度とする円借款貸付契約に調印した（図11-1）。

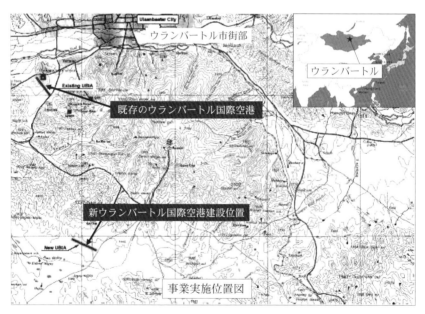

図11-1　新ウランバートル国際空港建設予定地図

資料：JICAホームページ　http://www.jica.go.jp/press/archives/jbic/autocontents/japanese/news/2008/000079/map.pdf

2013年5月には、三菱商事がモンゴル民間航空局より新ウランバートル国際空港の建設工事を受注（受注金額：約500億円）、2016年に開港を予定している。新空港の開発は、観光を軸とする地域開発の重要な因子である（山下ら 2013）。

日本からモンゴルへは、ミアットモンゴル航空（OM）の直行便が就航しており、成田～ウランバートル間の所要時間は約5時間30分である。モンゴルの観光ではウランバートルを起点に目的地へ移動し、ウランバートル市の草原地帯では基本的に宿泊施設は外国人観光客向けのツーリストキャンプになる。敷地内に複数のゲルが設置され、客室となるゲルのほか、レストラン棟、少し離れてシャワーとトイレの施設がある。近年ではラグジュアリーなツーリストキャンプもオープンしているほか、2008年にはウランバートルから約70km離れたテルレジ国立公園にモンゴル初の5ツ星ホテル「テルレジホテル」もオープンした。

3　モンゴルの観光資源

（1）観光地として2つのモンゴルの顔

モンゴルの観光地としての魅力は、首都ウランバートルか、その他の地方に訪れるかで大きく異なる。首都ウランバートルは、今（2013年）、経済成長の最中にある。その混沌とした社会変化と、活気と矛盾を肌に感じることができる。もちろん、急速な経済成長につきものの環境問題も多方面において表出している。例えば、冬季の大気汚染はモンゴルの国家的問題である。写真11－1にある都市大気汚染問題は、モンゴルのエネルギー政策と直結する問題である。

特に経済活動促進のためのインフラ整備は、同国の優先課題であり日本も重点分野として援助を行ってきた。特に石炭開発とこれを利用した火力発電計画については、1992年からの長期にわたりJICAが調査や技術協力を行ってきている。首都ウランバートルは、都市全体がお椀の底にあるような地理的条件下にある。したがって冬場は冷たい上空の空気によって、ぴったりと蓋をされた状況になり、工場や家庭（石炭コンロ）からの排気ガスが充満することになる（図11－2）。実際に冬場のウランバートルは、10分程度の外出であっても目や喉が

痛み、服に臭いが染み付くのが実感できる。この問題は、政府主導で解決を図るべき課題であることは明らかである。しかし、当該課題解決の障害は財政的なものがほとんどで、現在のところ政府と国民の我慢比べの状況である（発電所の排ガス処理技術向上や移転、家庭用ヒーティングシステムの改善、交通インフラの整備等）。

また、外資の流入による大規模開発の影響も大きい。鉱山開発に関係する外資系企業、大型ショッピングセンター、ホテル、リゾート施設（スキー場など）、この数年でウランバートルは急激に様変わりしてきている。

写真11-1　ウランバートル火力発電所
資料：筆者撮影。

もう1つのモンゴルといえば、遊牧民の生活に根ざした大草原の顔である。これは、外国人のみならずウランバートル市民にとっても重要な観光資源であ

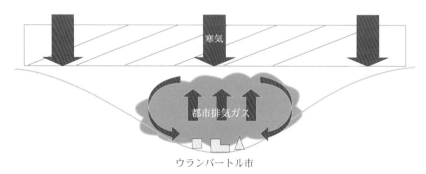
図11-2　ウランバートル大気汚染メカニズム（冬季）
資料：筆者作成。

り、もっとも良いとされる時期（7～8月）には、誰もが長期の夏休みをとり草原で生活するため、ウランバートルの人口が半減するほどである。

（2）モンゴルの食生活の二極化

モンゴル人には、ウランバートル人とモンゴル人とがいると言われるほど、その両者のライフスタイルは異なる。モンゴル人というと肉食のイメージがあるが、それは間違いである。

今やマイノリティとなった遊牧民をはじめ、モンゴル人の主食は乳製品である。彼らは、乳製品を「白い食べ物」と呼び、体をきれいにし、健康を維持する食生活の基礎として重要視している。特に夏場に家畜を屠殺することは滅多になく、ヤギ・羊・馬の乳を絞り、これを加工してパンや麺（小麦）とともに食するのが普通である。これは、気温が上がるため肉の保存条件が悪くなることと、家畜の繁殖期と授乳期が春から秋までであり、草原の栄養を家畜が溜め込む時期だからである。もちろん肉食も行われるが、乳製品が「白い食べ物」であるなら、肉は「赤い食べ物」と呼ばれ、貴重である。

他方で、ウランバートル人は輸入食品、食の多様化によって、一年中、高脂・高カロリーの食材が入手可能となった。またモンゴルでは、肉の脂身は最も貴重な部位とする考え方ある上、肉を食べることに高い誇りを持っているため、現在、ウランバートル人の肥満問題が指摘されるほどである。筆者も実際にウランバートル在中のモンゴル人から「肉を食べることができるのに、なぜ野菜を食べなければならないのか？」といわれたことがある。

このようなモンゴル人（遊牧民）の乳製品加工技術と食と健康に対する意識は、深く彼らの生活に根づいており、馬乳酒や乾燥チーズが健康維持に大きく貢献していることは常識となっている。これらの食品の機能性は、科学的にも研究・証明されている。ウランバートルでも、馬乳酒は珍重されており、比較的高価で取引されている。

（3）遊牧生活とインフラ

日進月歩で都市化が進み、便利な生活と一年中バラエティ豊かな食材が手に

入るモンゴルの首都ウランバートルであるが、そのウランバートル人の多くは、夏場に長期の休暇を取って遊牧生活を楽しむ習慣がある。このときに、ナーダムと呼ばれる夏のお祭りがあり、特にナーダムに合わせて開催される競馬はみんなの楽しみで、多くのウランバートル人がこれに合わせて帰省している。すなわち、草原での生活と馬というのは、モンゴルにおいて特別な意味を有しており、日本の「さくら」や「お米」などと同様、文化の根幹を支えていると言える。その一つの事例として、筆者は、モンゴルの人に「馬に乗ることはできるか？」と質問した際、日本人に「箸を使えるか？」と聞くこと同様に失礼であるとたしなめられた経験がある。このように「馬」に関することわざもモンゴルには多くある。

　他方で、彼らの移動手段は馬から車へと急速に変化している。この変化の影響は、図11-3の通り、草原を駆け巡る轍の形成と言う形で如実に現れている。モンゴルの草地劣化要因の3割以上が、この車の轍である。この問題に合わせて、道路インフラ整備も進められており、草原での移動はより早く、より簡単になってきている。しかし、大草原での乗馬という大きな観光資源を損ねる可能性もあり、兼ね合いを検討する時期に来ていると言えるだろう。

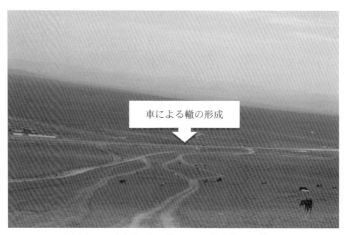

図11-3　草原の車の轍による草地劣化の様子
資料：筆者作成。

4 観光資源化に関わる課題と提言

モンゴルの場合、上述の通り、都市部にインフラ開発（道路、空港、電力、建物等）が集中している。この結果、人口の流入が起こり、渋滞やゲル地区の膨張にともなう大気汚染や水質汚濁が深刻化している。他方で、地方部では道路インフラの不足によって「轍」が草地を浸食し、管理の行き届かない鉱山開発や森林伐採が環境問題の原因となっている。これを踏まえ、モンゴルにおける観光開発を分析する上で、課題を以下の通り整理できる。1つめは、インフラのウランバートルなどの都市部への偏在である。2つめは、インフラ開発またはインフラの未整備による環境影響の問題がある。最後が、PUSH要因とPULL要因の情報のミス・マッチングである（図11-4）。

本章では、観光資源開発について、表11-3のとおり観光開発に係る要因分析と情報マッチングの問題点について整理・分析した。

モンゴルの魅力を、表11-4に代表的なものをまとめている。この表のとおり、モンゴルの観光資源としての社会・文化要因は、遊牧民の生活に根ざした

図11-4　観光開発に係る要因と情報のミス・マッチング
資料：筆者作成。

表11-3　モンゴル観光開発における課題

①インフラ開発が、（都市部を含め）利便性の向上に必ずしも貢献していない。
②インフラ開発の偏在により、モンゴルの「イメージ」を破壊している側面がある。
③モンゴルの魅力が、十分に整理・発信されていない。
④モンゴルの魅力が、観光として堪能できる「形」になっていない。
⑤モンゴルの「開発」と「魅力」がリンクしていない。

資料：筆者作成。

表11-4 モンゴルの観光資源としての社会・文化要因

基礎因子	名　前	発祥・ストーリー
主要作物	家畜（羊、ヤギ、馬、らくだ）	家畜の起源はおよそ5000年前に遡る。挨拶の内容も「（家畜が）肥えていますか」「たくさん産まれましたか」など、家畜に由来。
食／酒	馬乳酒（アイラグ）	馬の搾乳期間は5月から10月までと短い。栄養価が高く、貴重な馬乳を発酵させた馬乳酒（アイラグ）は、健康飲料として子供から大人まで愛飲されている。
	シミンアルヒ	モンゴルで「酒」と言えば、牛の乳を蒸留して作ったシミンアルヒを指す。その名も「チンギスハン」が有名。
	乳製品（ツァガンイデー）	遊牧民の主食。白い食べ物。種類も豊富で23種類（ウルム、タラグ、ビャスラグ、ホロート、ハイデマクなど）以上ある。
	羊肉	主に羊が食用として供される。屠殺の時期は、11月頃に集中して行われる。食べ方は基本的に塩ゆで。赤い食べ物。
	スーティーツァイ	磚茶（中国製のお茶）と乳を混ぜて飲む乳茶で、日常的な水分補給。好みで塩、粟、バターを入れる。
	アーロール	遊牧民の子供たちのお菓子。
	ヘビンボーグ	小麦粉で作ったパンのような物。お祝い時に食べる。
	ボルツク	ねじりドーナツのような物。
	ボルツ	干し肉、夏の間の食べ物。
	ジャガイモ	1930年以降配給され、野菜を食べる習慣がないモンゴルで、野菜の王様。
歴　史	チンギスハン（13世紀村）	モンゴル帝国時代の生活文化を再現したテーマパーク（2006年6月オープン）。
	社会主義時代	1924年モンゴル人民共和国建国。
	民主化以降	1992年モンゴル国。社会主義を完全放棄。
音楽／舞踊／祭	ナーダム	国家祭り。旧暦の正月を祝う。7月11日から3日間。行事には、弓、相撲、競馬がある。特に競馬は、自分の馬や子供が参加し、非常に盛り上がる。
	馬頭琴	1000年以上続く、伝統的楽器。日本では『スーホーの白い馬』が有名。
	ホーミー	喉歌と呼ばれる独特な歌唱法。
	ブフ	モンゴル相撲。ナーダムの催しの1つ。
美　術	装飾美術工芸品	金、銀、銅を使った見事な装飾品が豊富。ナイフ、アーヤガ（器）、ダロールラ（鞍を固定する道具）などに高価な貴金属と豪華な装飾が施されている。アンティークのものは非常に高価。
工芸／織物	デール	騎乗に最適の服。
	カシミア	中国の仲買商が増え、近年お土産として定着している。
	フェルト	羊毛を使った鞄、敷布、タペストリーや小物など。
	シャガイ	羊の距骨をサイコロにする遊び。
	サリヒングトゥル	革の乗馬ブーツ型ブーツ。年配まで人気。
	マラガイ	ヨーロッパ式ハット型の帽子。草原での紫外線予防のため。
宗　教	ラマ教	シャリンシャシン、ラミンシャシンと呼ばれる仏教の一派。16世紀中ごろ広まった、チベット仏教。
	シャーマニズム	ブーギンシャシンとも呼ばれ、ラマ教以前からあり、モンゴル人の根本をなす信仰。山、水、火、地、道などがあり、テングリ（天）が特徴的。
	仏教	
建　築	ゲル	モンゴル語の家という意味。風に対処した流線形状で、移動の為に簡単に分解・組み立てができる。
備　考	発酵容器	ゲル内どの家庭にもある。一般的に木製、φ30cm×100cmの桶。発酵容器なしにモンゴルの乳加工は成り立たない。
	学校教育	1989年から義務教育は10年間。7歳から。4学期制。
	狩り	遊牧民のほとんどが銃を所有し、レジャー的に狩りを楽しみ、射撃レベルは高い。家畜を襲うオオカミ狩りは重要。

資料：野沢延行『モンゴルの馬と遊牧民』(1991)、原書房。

ライフスタイルの延長にあることが分かる。これらの要因に基づく観光資源開発には、都市開発のような利便性偏重のアプローチばかりでは、表11-3-②のとおりモンゴルのイメージを損なう危険性がある。こうしたギャップの背景には、モンゴルの魅力が十分に整理されておらず、これを堪能できるパッケージ化が出来上がっていない。したがって、モンゴル経済開発がモンゴルの魅力向上と発信にリンクしないのである。

これに対して、外部者の目線を利用した戦略的な「発掘」が必要である。例えば、乗馬をとってみても、「モンゴルの大草原での乗馬」は大変な観光資源(「魅力」)であると言える。事実、乗馬ブームによって大金を手にする遊牧民は少なくない。しかし、今後はコースや宿泊施設等の整備、保険やレッスンのシステム構築等が整わなければ、継続的に発展することは難しいだろう。この「魅力」を観光資源として「開発」するリンクの在り方について、利用者としての外部者が必要なのである。

今後の展開として、例えば表11-4にある様々な食・農・文化要因について、外部者としてどのような利用価値や方法を期待するのかについて調べ、実践していく方針がある。他方で、手つかずの遊牧生活が観光開発の対象としてレジャー化することの弊害も注意しなければならない。例えば、食の産業化は添加物等の利用、味の低下等に繋がる。筆者は馬乳酒について、これを実際に体験している。環境条件を含めた「健康」と「家族」という遊牧民のライフスタイルを形成する主因(山下 2014)を損なうのではなく、高める方向でそこから派生する「魅力」を資源化することが求められる。

〔参考文献〕

小長谷有紀(2005):『モンゴル』石毛直道(監修)、東京印書館、277p.

関満博・西澤正樹(2002):『モンゴル市場経済下の企業改革』新評社、288p.

杉山正明(1998):『遊牧民からみた世界史 民族も国境も超えて』日本経済新聞社、390p.

野沢延行(1991):『モンゴルの馬と遊牧民』原書房、253p.

モリス・ロッサビ(2007):『現代モンゴル 迷走するグローバリゼーション』小長谷有紀(監訳)、小林志歩(訳)、明石書店、311p.

山下哲平・石川守(2014):「環境リテラシー・アプローチ －モンゴルにおける一実践

－」『人間科学研究』第 11 号、pp.158-168.
山下哲平・橋本孝輔・朽木昭文　共著（2013）：「観光クラスターモデルにもとづく「文化」因子の資源化にむけて　－沖縄県および愛知県の観光開発の事例から－」『人間科学研究』第 10 号、pp.144-155.
『モンゴル通信』国営モンツァメ通信社、2011 年 10 月。

http://adline.mn/index.php?option=com_content&view=article&id=164:2011-10-22-04-10-49&catid=4:mongolia-today

第12章　モザンビークにおける農業・食品加工クラスターの検討

溝辺 哲男・朽木 昭文

1　はじめに

　製造業を中心とする産業クラスター政策はアジアの経済発展に有効であった[1]。この成果を踏まえて「アジアの成長の経験をアフリカへ」という議論が長年されてきた。しかし、アフリカには、アジアで形成されたような規模の産業クラスターは未だ存在していない。製造業の代表である自動車産業のような企業をアフリカに誘致し、その関連産業を育成し、産業クラスターを形成することは容易ではなく困難を伴う。

　A.Kuchikiと M.Tsuji (2008) は、産業クラスター政策にフローチャート・アプローチ・モデルを用いることで、アジアにおける自動車産業や電気・電子産業のクラスター形成の論理的な道筋を確立した。フローチャート・アプローチ・モデルを完成させることで、産業クラスター政策の導入が容易になることを示した。フローチャート・アプローチとは、空間経済学の地理的に与えられた条件に加えて、時間の条件を入れ、外資を導入する投資環境を変え、産業クラスターを形成していくことである。投資環境はシークエンシングを考慮した政策手段を導入することにより整備され、投資の意思決定に影響を与える。

　本章の目的は、アジアにおける産業クラスター政策にフローチャート・アプローチを援用し、アフリカにおいて農業・食品産業クラスターの確立を検討することである。その際に、溝辺（2010）のアフリカにおける最貧国の1つであるモザンビーク国北部に位置するナカラ回廊地域での調査データを使用して農業・食品加工産業クラスターを検討する。

　アフリカの大部分の国では農業が基幹産業であり、労働人口の65％以上を吸収している[2]。同セクターを起点として産業クラスター形成を推進することは、

貧困削減に向けた具体的な地域農業開発の切先（cutting edge）になると考える。

本章では、最初にフローチャート・アプローチのプロトタイプ（原型）・モデルを説明する。次に農業・食品加工産業クラスターへフローチャート・アプローチ・モデルを提示し、モザンビークへの適用可能性の条件を検討する。

2　フローチャート・アプローチのプロトタイプ

（1）フローチャート・アプローチ

産業クラスター政策に対するフローチャート・アプローチは、モデル的に設定したフローチャートに従って政策手段を実施すれば、産業集積をもたらすことができるという仮説である。この仮説に適合する事例が、タイの東部臨海地域やベトナムの北部に見られる。また、A.Kuchiki と T.Gokan（2010）は、空間経済学のモデルを使って理論的にフローチャートのシークエンシングに従って政策手段を実施することが、産業集積をもたらすことを理論的に明らかにした[3]。

Holt（2004）は、ブランド系図学と呼ぶ方法を考案した。それは、数個のメジャーなブランドに関する数千の広告を調べるという事例研究から始めた。この Holt のモデルは、演繹法と帰納法の両方から導出された。フローチャート・アプローチは、事例研究から始めて帰納的にクラスター政策を成功させるモデルを抽出しようとした。このとき、できるだけたくさんの事例を検討し、帰納法により結論づける。ただし、事例を増やすことにより、選択されたフローチャート仮説が正しいという可能性を高めることはできるが、帰納法として証明することはできない。ここでの仮説の証明方法は、帰納的に証明する成功事例のサンプルを増やす方法である。それは、最初に仮説を設定し、その仮説を支持する事例を増やすことで仮説の妥当性を高める方法である。この仮説として得られたフローチャート・アプローチは、ほかの地域に適用することができる。

Porter（1998）は、需要条件、要素条件、企業戦略、関連企業・すそ野産業の4つの要因が産業クラスターの条件であるというダイアモンド・アプローチ[4]を構築した。しかし、4つの条件を同時に揃えることは通常は難しく、世界の

多くの地域で、産業集積、産業クラスターの形成を困難としている。そこで、本章では、ダイヤモンド・アプローチからフローチャート・アプローチへ転換し、ダイヤモンド・モデルの平面に並べた4つの要因をフローチャート・モデルの線形にすることを提案する。ここで、ダイアモンド・アプローチは平面であるが、そうではない線形であるフローチャート・アプローチを構築する。これによりクラスター政策の実現可能性を高める。これは、政策手段の実施順の線形化である。このことは政策手段に「優先順位」をつけることを意味する。

（2）前提条件となる需要面

　需要面は、フローチャート・アプローチの前提条件である。アンカー企業（産業連関効果のうち後方連関効果が高い企業）の生産量がある一定規模を超えないと関連企業が生産の規模の経済を達成できない。例えば、自動車の場合は、約10万台の生産がないと部品産業の経済規模を達成できない。

　以下で次の2つのケースを考察する。アンカー企業が、製品を外国に輸出するケースと国内に販売するケースである。

　ケース1：アンカー企業が輸出企業であり、輸出加工区に進出する場合。
　　この場合はマーケットが世界全体となるので、需要の制約は小さくなる。アンカー企業は生産の規模の経済を達成できる。したがって、そのアンカー企業に部品を提供するサプライヤーの需要は、アンカー企業の派生需要となり、生産の最小の規模を達成できる。

　ケース2：アンカー企業がその製品の国内販売を目指す場合。
　　この場合、アンカー企業が位置する場所での国内需要が、その生産の最小規模を達成するのに十分であるという前提条件が必要である。アンカー企業は、その前提条件を達成できる予想が立つ場合に工場の立地を決断する。アンカー企業に部品を提供するサプライヤーは、ケース1と同じである。

　中国やインドを除く開発途上国の場合、国内市場が大きな国は多くはないので、ほとんどの国が輸出加工区を前提とする。この場合は港湾の建設が産業クラスター政策の出発点となる。

(3) 政策手段の優先順位づけの考え方

政策手段へのフローチャート・アプローチの適用は、次の3つのステップからなる。

第1に、フローチャートを構成する「要素」をさがすことから始まる。ここで、A、B、C、D、Eという要素を考えよう。具体的には、製造業でいうと「A. 工業団地」、「B. キャパシティー・ビルディング」、「C. アンカー企業」などである。

第2に、発見されたすべての要素から産業クラスターを形成する上で最小の数の要素を選ぶ。クラスター政策を実施する際に必要な要素の数は、多ければ多いほどクラスターが形成される可能性が高くなる。この場合、多くの要素を積み上げていかないと産業集積ができないのであれば、それは現実的ではない。最低の数の要素で産業クラスターができることが望ましいことになる。

第3に、その選ばれた要素に優先順位をつけ、順序づけて並べる。ここで、A、C、Eを選び、それを並べ替え、優先順位によりC、A、Eとする。数学では、3つの要素の順序づけの並べ方は、「順列」(permutation)であり、3の階乗(3!)である。より一般的には、n個の要素があれば順列の

$$_nP_n = n! = n*(n-1)*--*3*2*1$$

の並べ方がある。例えば、nが3のとき、$3*2*1=6$通りである。

しかしながら、政策は1つしか実施することができない。したがって、数多くの成功事例から抽出したモデルケースにより考えられる順列の中からクラスター政策を成功させる可能性の高い順序を選択し、2つの政策を実施しなければならない。たとえば、成功の「要素」として、A.「工業団地」、B.「キャパシティー・ビルディング（能力構築）」、C.「アンカー企業」の順序になる。工業団地が設立され、キャパシティー・ビルディングが進み、アンカー企業が工業団地に入居すると、アンカー企業の関連企業が入居し、産業集積が進む。クラスター政策は、クラスターを形成するために、できるだけ少ない数の「要素」でその可能な順序のなかで政策が成功する順列だけを選び、実施することになる（詳細は「アジア産業クラスター論」、pp.25-26参照）。

ここで留意すべき点は、上述の成功の「要素」である A、B、C の順序が固定されず、入れ替えが可能である可能性がある。たとえば、工業団地ができ、アンカー企業が入居を発表するだけで、先に関連企業が入居する可能性がある。現に、トヨタが中国・天津で 2002 年に操業を開始した際に、系列企業であるデンソーなどはそれ以前に操業していた。トヨタが 2002 年以前に入居を発表し、系列の関連企業が先に入居したケースである。こうして A、B、C の順序が変わり、A、C、B でもクラスター政策は成功する可能性がある。

（4）産業クラスター政策へのフローチャート・アプローチ

ここでは、国ではなく地域の成長戦略の1つとして産業クラスター政策を考察し、製造業に関する「産業クラスター政策へのフローチャート・アプローチ」仮説を提案する。これを図12−1に示した。同図に示すように、産業クラスター政策は、第1段階で企業が集積できるような政策である。第2段階で企業がイノベーションを生むような政策である。産業クラスターを政策的に形成する第1段階の企業集積のための十分条件の1つは、順に1）工業団地、2）キャパシティー・ビルディング、3）アンカー企業、の条件を整えることである。第2段階の企業のイノベーションの十分条件の1つは、1）大学の存在、2）キャパシティー・ビルディング、3）アンカーパーソンの条件を整えることである。これらの産業クラスター政策は、アジアで経験した典型的な製造業をベースとする成長戦略のフローチャート・アプローチの原型である。つまり、「工業団地」を建設し、外国企業の受け皿を作る。次に、企業を受け入れるためのキャパシティー・ビルディングを行う。キャパシティー・ビルディングとは、（i）物的インフラの整備、（ii）制度整備、（iii）人材育成、（iv）生活環境整備である。物的インフラとは、道路、港、通信などである。制度整備は、外資誘致に決定的に重要であり、ワンストップ・サービス（企業が投資の際の手続きを1カ所で完了させるサービス）などの投資手続きの簡素化、規制緩和、税制面の優遇などを含む。

人材とは、未熟練工、熟練工、マネージャー、研究者などを指す。生活環境は、外国人向けの病院や学校も含み、外国投資を誘致する上で重要である。

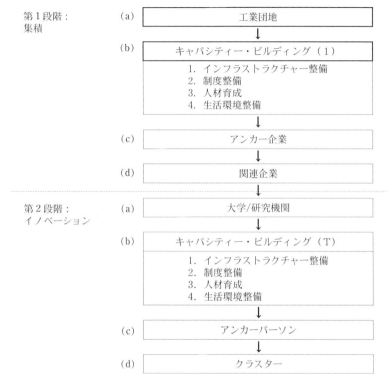

図12−1　産業クラスター政策に対するフローチャート・アプローチ
資料：朽木作成。

　「キャパシティー・ビルディング」により、「アンカー企業」を誘致できる条件が整う。アンカー企業とは、多数の部品からなる製品を企画・設計し、組み立てる企業のことであり、セットアップ企業とも呼ぶことができる。第1段階のキャパシティー・ビルディングでは、インフラストラクチャーや制度が重要であり、第2段階のイノベーションのキャパシティー・ビルディングでは、研究者を呼ぶための生活環境の整備が重要である。

　アンカー企業が入居すれば、部品産業などの関連企業が工業団地に入居する。関連企業の集積により工業団地を中心に産業クラスターが生まれる。これがマクロ経済の成長をもたらす。アンカー企業として、自動車は1台当たり2万5,000

点以上の部品を、プリンターは約 800 点の部品を組み立てに使用する。セットアップ企業であるアンカー企業とその関連企業が集積することによって地域の成長が達成される。このような事例は、中国の天津市、広州市、北部ベトナム、さらに、タイ、マレーシアを始めとする多くのアジアの国々で確認できる。

3　農業・食品加工産業クラスターに対するフローチャート・アプローチ

　ここでは、前節で述べた産業クラスター政策に対するフローチャート・アプローチに従って「農業・食品加工産業クラスターに対するフローチャート・アプローチ」を構築する。そのため、最初に産業クラスターを形成する上で最も重要となるアンカー企業について説明する。その際、産業連関表を用いて前方連関効果、後方連関効果の視点から議論し、アンカー企業を選定する。次にアンカー企業の誘致、受け入れに必要なキャパシティー・ビルディングを検討する。これらを踏まえてアフリカでの農業・食品加工産業クラスター・モデルを検討する。

（1）産業連関効果の把握

　ジェトロ・アジア経済研究所は、2006 年に国際アジア産業連関表（The 2000 Asian International Input-Output Table）2000 年を作成した。ここで、インドネシア、マレーシア、フィリピン、シンガポール、タイ、中国、台湾、韓国、日本、アメリカを取り上げた。この完成までには各国の政府、中央銀行、政府系研究所が参画した。表 12-1 と表 12-2 は産業分野別の連関効果を各国ごとに示している。産業分類は、大分類が 7 セクター、中分類が 24 セクター、小分類が 76 セクター、詳細分類が 78 セクターである。78 セクターの詳細な分類は厳密ではあるが、データの取得が難しい。また、大分類は、あまりに大まかで産業クラスターへのフローチャート・アプローチのアンカー企業の議論をできない。このため中分類の 24 セクターに分類された上述の「産業連関表」を利用しながら、製造業と農業の前方連関効果、後方連関効果を中心に議論する。

表12-1 前方連関効果

		インドネシア	マレーシア	フィリピン	シンガポール	タイ	中国	台湾	韓国	日本	米国	全体平均
1	米・穀類	0.732	0.633	0.629	0.517	0.672	0.762	0.584	0.73	0.595	0.517	0.6371
2	その他農産物	0.902	0.896	0.741	0.567	0.92	1.263	0.8	0.592	0.624	1.009	0.8314
3	畜産・家禽	0.609	0.721	0.606	0.519	0.628	0.771	0.803	0.676	0.642	0.787	0.6762
4	林業	0.698	0.8	0.556	0.517	0.559	0.698	0.521	0.578	0.651	0.838	0.6416
5	漁業	0.564	0.61	0.559	0.519	0.642	0.626	0.673	0.566	0.576	0.524	0.5859
6	原油・天然ガス	1.813	1.158	0.519	0.517	0.81	1.274	0.559	0.517	0.523	1.071	0.8761
7	その他鉱物	1.096	0.61	0.662	0.558	0.637	1.074	0.605	0.615	0.592	0.723	0.7172
8	食品・飲料・たばこ	1.043	1.531	0.866	0.708	1.125	1.033	1.109	1.066	0.991	0.925	1.0397
9	繊維・皮製品	0.803	0.692	0.653	0.615	0.839	1.733	0.992	0.968	0.871	0.824	0.899
10	材木・木製品	0.675	0.734	0.602	0.577	0.6	0.72	0.564	0.683	0.693	0.755	0.6603
11	パルプ・紙	0.822	0.789	0.641	0.639	0.766	0.992	0.898	1.07	1.355	1.195	0.9167
12	化学製品	1.008	1.049	0.791	0.962	0.986	2.475	1.498	2.148	2.734	2.034	1.5685
13	石油・石油製品	0.808	1.268	1.119	1.37	1.141	1.583	0.911	1.361	0.983	1.006	1.155
14	ゴム製品	0.584	0.587	0.58	0.552	0.677	0.744	0.585	0.606	0.707	0.604	0.6226
15	非金属鉱物製品	0.591	0.75	0.678	0.617	0.7	0.858	0.734	0.787	0.812	0.706	0.7233
16	金属製品	0.818	0.998	0.833	0.801	0.77	2.137	1.262	1.79	2.648	1.522	1.3579
17	機械	0.711	0.952	0.63	0.804	0.919	2.15	1.184	1.373	2.757	1.832	1.3312
18	輸送機器	0.893	0.744	0.538	0.702	0.809	1.177	0.765	0.853	1.627	0.94	0.9048
19	その他製造業	0.593	0.798	0.594	0.816	0.722	1.108	0.783	0.893	1.367	1.052	0.8726
20	電気・ガス・水道	0.737	0.908	1.072	0.629	1.09	1.778	0.67	0.995	1.224	1.001	1.0104
21	建設業	0.674	0.633	0.609	2.481	0.529	0.639	0.727	0.617	0.786	0.688	0.8383
22	商業・運輸	1.935	1.727	1.4	3.042	1.949	2.329	1.589	1.311	3.125	2.882	2.1289
23	サービス業	1.434	1.724	1.744	0.644	1.719	2.259	2.827	2.776	4.159	4.625	2.3911
24	公務	0.525	0.562	0.517	0.875	0.517	0.517	0.517	0.517	0.526	0.517	0.559

資料：IDE-JETRO（2006）を基に朽木、溝辺作成。

第12章　モザンビークにおける農業・食品加工クラスターの検討

表12-2　後方連関効果と総合効果

		インドネシア	マレーシア	フィリピン	シンガポール	タイ	中国	台湾	韓国	日本	米国	後方連関	後方連関+前方連関
1	米・穀類	0.644	0.948	0.647	0.517	0.73	0.977	0.961	0.678	0.85	0.517	0.7469	0.692
2	その他農産物	0.678	0.765	0.693	1.142	0.768	0.957	0.863	0.784	0.844	0.975	0.8469	0.83915
3	畜産・家禽	0.959	1.411	0.882	1.142	1.087	1.086	1.403	1.318	1.254	1.399	1.1941	0.93515
4	林業	0.677	0.729	0.681	0.517	0.662	0.833	0.956	0.704	0.785	0.968	0.7512	0.6964
5	漁業	0.699	0.933	0.73	1.134	0.889	0.994	0.846	0.91	0.907	0.91	0.8952	0.74055
6	原油・天然ガス	0.637	0.694	0.761	0.517	0.753	0.904	0.634	0.517	0.851	0.822	0.709	0.79255
7	その他鉱物	0.707	0.897	0.811	1.062	0.802	1.165	0.779	0.829	1.044	0.934	0.903	0.8101
8	食品・飲料・たばこ	1.019	1.282	1.017	1.197	1.112	1.235	1.29	1.197	1.073	1.184	1.1606	1.10015
9	繊維・皮製品	1.07	1.217	1.013	1.093	1.168	1.426	1.278	1.226	1.123	1.124	1.1738	0.91705
10	材木・木製品	1.019	1.093	0.98	1.19	0.905	1.411	0.936	1.113	1.075	1.09	1.0812	0.87075
11	パルプ・紙	0.934	1.12	0.943	1.023	0.986	1.277	1.031	1.215	1.068	1.001	1.0598	0.98825
12	化学製品	0.944	1.234	1.067	1.053	1.067	1.402	1.15	1.199	1.139	1.053	1.1308	0.98825
13	石油・石油製品	0.777	0.997	0.681	0.732	0.651	1.12	0.637	0.668	0.66	1.076	0.7999	1.34965
14	ゴム製品	0.987	1.116	1.078	1.155	1.114	1.415	1.096	1.132	1.123	1.048	1.1264	0.8745
15	非金属鉱物製品	0.942	1.106	1.107	1.118	0.997	1.368	0.987	1.105	1.04	0.973	1.0743	0.8988
16	金属製品	1.033	1.177	1.114	1.241	0.97	1.477	1.153	1.268	1.149	1.069	1.1651	1.2615
17	機械	1.041	1.263	1.134	1.257	1.2	1.45	1.256	1.21	1.168	1.016	1.1995	1.26535
18	輸送機器	1.003	1.147	1.193	1.22	1.151	1.539	1.161	1.375	1.398	1.128	1.2315	1.06815
19	その他製造業	1.048	1.105	1.004	1.107	1.062	1.435	1.203	1.26	1.155	1.003	1.1382	1.0054
20	電気・ガス・水道	1.009	0.838	1.008	0.947	0.91	1.206	0.54	0.837	0.882	0.952	0.9129	0.96165
21	建設業	1.019	1.139	0.874	1.116	1.093	1.434	1.115	1.093	1.035	1.032	1.095	0.96665
22	商業・運輸	0.829	0.796	0.832	0.93	0.8	1.137	0.711	0.81	0.799	0.843	0.8487	1.4888
23	サービス業	0.838	0.816	0.791	0.938	0.878	1.107	0.724	0.836	0.811	0.824	0.8563	1.6237
24	公務	0.794	0.956	0.743	0.977	1.092	1.154	0.75	0.792	0.778	0.837	0.8873	0.72315

資料：IDE-JETRO（2006）を基に朽木，溝辺作成。

アンカー企業の候補としては、中分類の表 12－1 の「8．食品・飲料・タバコ」「9．繊維・皮製品」、「17．機械」「18．輸送機器」に注目する。前節で議論した後方連関効果の高い製造業は、「18．輸送機器」であり、このセクターには小分類の 64 セクターで自動車、二輪車、造船が含まれる。「17．機械」は、小分類では電気・電子機器、重電機器、金属機械、一般機械などが含まれる。「8．食品・飲料・タバコ」は、小分類の食品、製粉業、酪農製品が含まる。「9．繊維・皮製品」は、製糸業、繊維業、縫製業、アパレルが含まれる。

　「8．食品・飲料・タバコ」産業の前方連関効果の高い国は、マレーシア、タイ、台湾、韓国であり、その効果が 1 を超える。「9．繊維・皮製品」産業は中国を除いて 1 を超える国がない。「17．機械」産業は、中国、台湾、韓国、日本が 1 を超える。「18．輸送機器」産業は、中国、日本の前方連関効果が 1 を超える。表 12－2 に示した「8．食品・飲料・タバコ」産業の後方連関効果は、すべての国で 1 を超え、平均で 1.16 である。「9．繊維・皮製品」産業のそれは、すべての国が 1 を超え、平均が 1.17 である。「17．機械」産業のそれは、すべての国で 1 を超え、平均が 1.19 である。「18．輸送機器」産業のそれは、すべての国で 1 を超え、平均が 1.23 である。

　後方連関効果と前方連関効果を足して 2 で割った値が、表 12－2 の最後のコラムにある。これが後方連関効果と前方連関効果の両方の総合効果の程度を示す。この中で数値が高いのは、「22．商業・運輸」業と「23．サービス」業であり、その値はそれぞれ 1.488 と 1.623 である。その次に高い産業は「13．石油製品」産業である。その次に高い産業は「17．機械」産業であり、それに続くのが「16．金属製品」であり、食品・飲料・タバコ産業の値は 1.10 である。「18．輸送機器」産業の値は 1.06 である。結論として、「8．食品・飲料・タバコ」産業の値は、「18．輸送機器」産業の値を上回る。

（2）アンカー企業としての食品産業

　産業連関表からは、食品・飲料・タバコ分野の総合連関効果の高さに注目が集まる。しかし、ここで見落としてはならないのは畜産・家禽分野の後方連関効果の高さである。農業部門における産業連関をアグロインダストリーのカテ

ゴリーでとらえることによって、後方連関効果の有する特徴と発現範囲の理解が容易となる。アグロインダストリーは、農業関連産業といわれるように、広義には農業を中心にその前方と後方に連関する産業である。前方産業には農作物を原料とする第1次産業があり、後方産業には第1次産業である農業部門から原料を受け入れる加工分野とアグロインダストリーに種子、肥料、農薬、農業機械・機器、設備を提供する産業分野が連なっている。さらに、これら産業分野の取引過程に流通業、運輸業などの第3次産業が関与することになる。

　このようにしてみると、後方産業は前方産業よりも関連する産業や業種の裾野の広がりが大きいといえる。このため後方連関効果の高い産業を育成し、集中的に開発強化することによって、産業間でお互いにシナジー効果が期待でき、高い連関効果がもたらされることになる。このような前方産業と後方産業の連携強化を促すための枠組みを、「産業クラスター政策に対するフローチャート・アプローチ・モデル」に基づいて整理したのが、図12-2に示す「農業・食品加工産業クラスターに対するフローチャート・アプローチ」である。

　産業クラスター政策に対するフローチャート・アプローチの要点は、地域開発の牽引役としてのアンカー企業の選出にある。産業連関効果の高さを踏まえて、農業・食品加工産業クラスターにおけるアンカー企業としては、食品・飲料・タバコ分野と畜産・家禽分野を包括し、アグロインダストリーに繋がる幅広い産業分野の連携をもたらす「食品産業」が選定される。

　製造業のアンカー企業には、自動車産業や機械・機器産業のように資本集約的な第2次産業（製造業）を中心に構成されている点に特徴がある。アンカー企業である食品産業が自動車および機械・機器分野と異なるのは、加工用原料を供給する労働集約的な農業分野（第1次産業）のウエイトが大きい点にある。また、原料生産を担う農家は、第2次産業部門の金属や部品供給部門に比べて、資本の蓄積・形成力が弱く、生産性の低い小規模零細農家に多くを依存していることも特徴的である。さらに、食品産業の場合は、加工用原料を地域の農業生産に大きく依存している点に留意する必要がある。つまり、原料から加工への歩留りや品質管理を考えた場合、農業生態系がアンカー企業の立地条件を規定することになる。このためにもアンカー企業を選定する場合は、当該地域の

244　第Ⅱ部　海外におけるクラスター形成の可能性と課題

優位性を最大限に高めるプロジェクト候補地域の事業ドメイン[5]を明確に設定する必要がある。

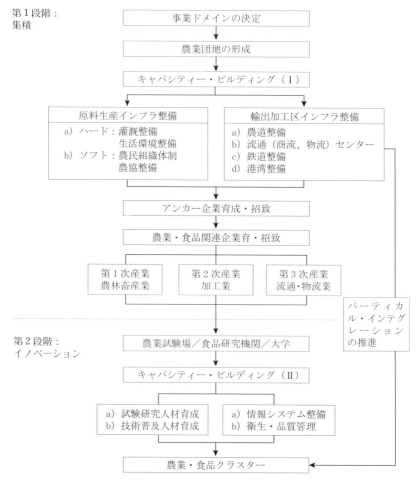

図12-2　農業・食品クラスターに対するフローチャート・アプローチ
資料：溝辺作成。

（3）農業・食品加工産業クラスターにおける
　　キャパシティー・ビルディング

　一般的にアフリカでは、人口に比して広大な国土と農業適地を有することから、土地集約的な農業に比較優位性を見出しやすい。また、アフリカの国々は市場が狭小であるといったネックが存在する。このため食品産業では、自動車産業や機械産業など以上に当初から輸出を前提とした政策的なアプローチが求められることになる。食品産業をアンカー企業として農業・食品加工産業クラスターを推進するにあたっては、輸出競争力強化と一般競争力制約要因の克服に大別して、キャパシティー・ビルディング政策を検討する必要があると考えられる。

　輸出競争力強化においては、生産性向上と加工用原料の周年生産および出荷に欠かせない灌漑施設、農道、鉄道、港湾、貯蔵施設のような流通関連施設を中心としたインフラ整備が重視されることになる。一般競争力制約要因の克服にあたっては、人材育成、制度金融強化、品質改善が不可欠である。人材育成としては、i）中核農業技術者、ii）農産加工技術分野の熟練技術者、iii）動植物検疫・食品検査専門家が優先して求められる。制度金融の強化は、原料生産を担う小規模零細農家の営農支援と中小企業および農村起業家の育成強化に欠かせない。品質改善は、グローバルスタンダードの達成を図らなければ輸出振興が伴わないため、輸出マーケティングを検討する上での重要な要件といえる。

　キャパシティー・ビルディングの構築と普及によって、食品産業に輸出競争力が備わり、小規模零細農家が従事する農業生産分野に安定供給先が生まれる。これによって農業生産部門自体もさらに強化されることが期待される。また、農業や食品産業に必要な機械、設備に関連する第2次産業においても、国内に大きな市場が構築されることで、需要動向の把握とその対応が容易になり同分野の育成に向けての大きなインセンティブになる。

　ただし、食品産業の育成と発展を長期的な視野でみたときには、NAIC（Newly Agro-Industrializing Country）[6]方式によりテイクオフしたタイの事例からも分かるように、食品産業やアグロインダストリーのような1.5次的産業が成功して

も一国の経済水準を引き上げるのに顕著な貢献ができるのはおおよそ5～10年である。このため食品産業をアンカー企業とした農業・食品加工産業クラスターの持続的な発展を図るためには、この間に次なるステップとして、付加価値創出力を有し、輸出競争力のある第2次産業の育成が重要な要点になるといえる。産業クラスター政策に対するフローチャート・アプローチで示した第2段階としてのイノベーションが農業・食品加工産業クラスターにおいても重要な課題となる。

4　農業・食品加工産業クラスターの検討

　ここでは、これまでの議論と農業・食品加工産業クラスターに対するフローチャート・アプローチに従って、農業・食品加工産業クラスター・モデルを検討する。検討対象地域は、アフリカの最貧国の1つであるモザンビーク国北部に位置するナカラ回廊地域である。最初に対象地域の農業特性の要点を明らかにし、その上で地域に適合した農業・食品加工産業クラスター・モデルを提案する。

（1）増加する人口と高い貧困度

　対象地域であるナカラ回廊はモザンビークの北部に位置し、インド洋に面するナカラ港を起点に東から西に横断しながら、ナンプーラ州の州都ナンプーラを経て、ニアサ州に至るルートである。その総延長距離は600kmにおよび、隣国である内陸国のマラウイ国およびザンビア国へと繋がるクロスボーダーである。同回廊は近年注目が集まる「アフリカ南部成長ベルト」[7]を構成する8つのベルトのうちの1つである。

　このナカラ回廊一帯を中心的に構成しているのがナンプーラ州である。同州の人口は400万人であり、今後10年間の年平均人口増加率は2.5％と推測され、2020年の総人口は520万人に達すると見込まれている（Governo da Província de Nampula 2007）。人口構成では、15歳以下の若年層の比率が全体の45％を占めており、今後とも同年齢層の増加が予測されている。

第12章 モザンビークにおける農業・食品加工クラスターの検討　247

図 12−3　ナカラ回廊地域の位置
資料：http://www.lib.uteas.edu/maps を基に溝辺作成。

　一人当たりの所得は年間 202 ドル（INES 2007）であり、全国平均の 304 ドルを大きく下回っており、1 日 1 ドル以下で生活する極貧層のレベル以下にあるといえる。同州の失業率は約 20％（同上 2007）であり、増加する労働適齢層に対して、就業機会を拡大しなければ今後、失業率が上昇し、貧困の拡大が懸念される。その対策としては、人口増加率を上回る経済成長が最低限必要となる。このためには、経済活動人口の 90％以上（Direcção Provincial　2007）を吸収している農業部門の強化が不可欠な課題となっている。

（2）農家の零細性

対象地域は大部分が熱帯サバンナ地域に区分され、雨期（10〜4月）と乾期（5〜9月）が明瞭に分かれている。ナンプーラ州（州面積8.1万 km^2）に限定すると農地面積は459万 ha、既耕作地は17％に相当する145万 ha（同上 2007）である。同州には、全国の24％に相当する72万戸の農家が分布し、国内で最も農家数の多い州となっている（表 12-3）。しかし、一戸あたりの平均保有面積は1.0haと国内平均（1.3ha）を下回る状況にある。

表12-3　階層別農家数と平均土地保有面積

階層（ha）	農家数	（％）	平均保有面積（ha）	平均圃場保有数
0.1〜 0.4	172,408	24	0.2	1.3
0.5〜 0.9	265,088	37	0.7	2.4
1.0〜 1.9	216,284	30	1.4	3.1
2.0〜 2.9	41,658	6	2.4	3.6
3.0〜 3.9	11,612	2	3.4	3.8
4.0〜 9.9	6,575	1	5.4	3.8
10.0〜49.9	285	-	20.0	3.6
> 50.0	11	-	904.0	1.5
計	720,485	100	1.0	3.0

資料：INE (2002)：*CENSO AGRO-PECUÁRIO 1999-2000*, Resultados Temáticos, INSTITUTO NACIONAL DE ESTATÍSTICA に基づき溝辺作成。

対象地域では2ha以下の小規模農家全体の91％に達する。土地保有面積1.5haの農家層を対象とした営農実態は表12-4に示すとおりであり、年間の農業所得は6,200MT（約300ドル）と推定され、農家の貧困度を裏づける調査結果である。

対象地域であるナンプーラ州における有効消費人口は、州都であるナンプーラ市を中心に25万人（INES 2007）程度である。供給先である農家と需要側との単純な比率は3対1となり、生産過剰が発生しやすい状況となっている。このため対象地域では、伝統的に綿花、タバコ、カシューナッツなどの輸出加工企業向け農業生産がおこなわれ、これら作物は農家の換金用として、また加工を通じて地域経済を支えている。最近では、NGO[8]支援による大豆が生産実績を伸ばしているほか、広大な農耕適地を活用した土地利用型バイオ燃料作物（ジャトロファ、サトウキビ）の生産に注目が集まっている。

しかし、その一方で小規模農家の多くが生産を行っている農作物は、表12-5に示すように流通段階と最終製品において多大な付加価値を発生させてい

第12章　モザンビークにおける農業・食品加工クラスターの検討　249

表12-4　小規模農家の営農実態と農業収入

概況	土地保有規模	1.5ha				
	労働力	家族労働力：5～7人。綿花収穫時に2～3名雇用（最低労賃45MT/人/日）。				
	主要機械施設	農具（鍬、鋤、スコップ）、農薬噴霧器（綿花用）。農業機械の利用はない。				
作　目		トウモロコシ	キャッサバ	綿花	カシューナッツ	家畜
平均作付面積 (ha)		0.4	0.3	0.7	30～40本	鶏10羽、ヤギ10頭
平均収量 (ton/ha)		0.5～0.8	4.0～5.0	0.6～0.8	3～4kg/本	
作付体系		・トウモロコシ～キャッサバ（間作で、ラッカセイ、カウピー）・播種：10～12月、収穫：4～6月		播種：11～12月 収穫：4～5月	通年	庭先での飼育
経営収支	平均単価 (MT)	3.5/kg（一部販売）	自給用	8～9/kg	9～14/kg	鶏800～1,000/羽
	粗収益 (MT)	500		4,500	1,700	
	生産費 (MT)	―		500（種子、農薬、雇用労賃）	―	
	農業所得 (MT)	推計：6,200/年（所得は綿花の最低保証価格とカシューナッツの企業の買い上げ価格で変化）				

資料：日伯モザンビーク三角協力調査（独立行政法人国際協力機構2010年）での農家調査結果に基づき溝辺作成。

表12-5　作物別の付加価値形成

（単位：ドル/kg）

段　階	トウモロコシ	綿花	カシューナッツ	ゴマ	タバコ	大豆
農家庭先価格	0.1	0.4	0.5	10.2	1.20	0.5
流通業者	0.2					
小売・加工企業価格	0.9（製粉）		0.6（殻付）			（大豆油）（大豆粕）
輸出価格（FOB）	―	1.2（製糸）0.7（油）	4.50（殻なし）	10.7（原料）	3.15（乾燥葉）	
最終仕向先	国内市場	輸出	輸出	輸出	輸出	国内配合飼料企業

資料：日伯モザンビーク三角協力調査（独立行政法人国際協力機構2010年）での農家調査結果に基づき溝辺作成。

る。ほぼ全農家が自給向けに生産しているトウモロコシでさえも、加工することで、原料段階の販売価格0.1ドル/kg（庭先価格）から最終製品となる製粉段階では0.9ドル/kg（小売価格）に達し、約9倍の付加価値を発生させている。また、ゴマのように食用油などへの加工の可能性が高いにもかかわらず、加工機械が無いため原料の状態で輸出されることで、付加価値の発生を小さくしている作物も存在する。

(3) 農業・食品加工産業クラスター・モデルの形成

　対象地域における農業の特徴は、零細な営農規模とともに市場の狭小性にある。このため農家の多くは、トウモロコシとキャッサバを中心とする自給自足的な生産形態を基本としている。また、農家は、農業収入の大部分を農産加工企業向けの綿花、タバコ、カシューナッツなどの生産に大部分を依存してきた。今後、年率3％（INES 2007）近くに達する高い人口増加率を吸収し、さらに、一人当たりの所得を向上させるには、持続的な高成長を実現することが必須である。しかし、そのためにはこれまで中心となっていた農業だけではなく製造業との連携が重要となる。アジアの経済成長の歴史的な事実からみても多くの場合、工業化の進展によって雇用の吸収と経済水準の向上が図られてきたからである。農業と工業の連携による開発を進めるには、賦存資源の優位性を活用した戦略とアジアの産業クラスター政策にみられるような自動車産業やハイテクの組み立てを中心とした外資を誘致する開発戦略の2つのタイプが考えられる。アフリカのように工業化に向けて基礎的な産業分野が未発達な地域で、前者の賦存資源の優位性を活かした戦略が現実的であり奨められる。

　対象地域の農業は、多様な農作物生産と伝統的な農産加工企業向け原料生産に実績がある。さらに上述のような産業開発の持続性と第3節で述べた産業連関効果を検討した場合、アグロインダストリーに繋がる食品産業に大きなフロンティアがあると考えられる。このような観点から、表12−6のような農業・食品加工産業クラスター・モデルを提示する。

　本来クラスターは地理的な産業集積と呼ばれるが、ここでは農作物を原料として、その加工にたどり着くまでの関連する産業界の集まりのことを指している。食品産業に連なる関連産業は広範に亘ることから、投入と産出の関係の深い複数の集まりをクラスターとして捉えることを意味している。クラスターを狭く捉えることで、対象地域であるナカラ回廊地域一帯の経済開発の焦点が絞られ、効果的な対策の提案が容易になると考える。

　また、クラスターは1種類の原料作物から様々な製品が生産され、さらに、その副産物を活用して多様な製品の展開を可能とするものが多い。範囲の経済

表 12-6　農業・食品加工産業クラスター・モデル（優先対象作物、最終製品の選定）

農業・食品加工産業クラスター	関連産業（業界）			農作物	中間製品	最終製品
	一次産業	二次産業	三次産業			
配合飼料	穀物生産 畜産生産	配合飼料 乳製品 肉製品	生産資材 貯蔵 流通・運送業（鉄道・トラック）	トウモロコシ キャッサバ 大豆等	配合飼料	鶏肉 牛肉 乳製品
野　菜	野菜生産	冷凍食品業 缶詰業	生産資材 貯蔵 流通・運送業（鉄道・トラック）	トマト		トマト製品 （ピューレ） 生鮮トマト
フルーツ	果樹 永年性工芸作物		生産資材 貯蔵 運送業 流通業	カシューナッツ バナナ オレンジ	バガス 燃料用木材	果汁、 ナッツ 生食バナナ
木　材	林業 ケナフ生産	製材業 合板製造業 建材業 製紙業	生産資材 貯蔵 流通・運送	森林資源 ケナフ バガス		家具 建材 合板 ダンボール
綿　花	綿花生産業	紡績業 布織物 染色業 縫製業	生産資材 貯蔵 運送業	綿花	綿糸綿布	綿糸 綿布 衣料
バイオ燃料	サトウキビ生産業 ジャトロファ生産業	精糖加工 バイオ産業	生産資材 貯蔵 運送業 流通業	サトウキビ ジャトロファ		バイオ燃料

資料：日伯モザンビーク三角協力調査（独立行政法人国際協力機構2010年）での調査結果に基づき溝辺作成。

（economy of scope）を考えた場合、特定の農産加工品目や作物をとりあげて、その生産性や輸出競争力を向上させるよりも、農業・食品加工産業クラスターの競争力強化を図る方が、地域開発アプローチとしては実際的であり、開発モデルとしての開発効果が高いと考えられる。

提案した農業・食品加工産業クラスターは、対象地域において農家の大多数を占める小規模零細農家の支援と付加価値の高い農業の両方を実現しうる特性を有している。また、食品産業の競争力を高めることで、農業生産の安定化を図るとともに、農業の競争力も高まるという相乗効果を期待してのものである。たとえば、配合飼料クラスターの場合では、第1次産業において小規模農家が生産する大豆を起点として加工用の大豆油とその副産物である配合飼料を生産

し、さらにそこを起点に農業関連産業（肥料、農薬、運輸、流通業）が取引過程に関与し、裾野産業の発展を促し、高い相乗効果を発生させることでアグロインダストリーを創出することになる。つまり、単に加工業の振興を通じた農作物の過剰生産の一時的な避難対策にとどまらず、新たな市場の確保を通じた農業生産の安定化と雇用の吸収など多様な経済効果の発生を促すことを目指した地域農業開発手段に向けての開発モデルとしても有効であると考えられる。

5　フローチャート・アプローチ・モデルの適用条件

　農業・食品加工産業クラスター・アプローチを広範に普及させるには、対象地域であるナカラ回廊地域の市場の狭小性を踏まえて、輸出指向型の付加価値の高い最終製品の姿を想定して設定する必要がある。最終製品は、対象地域に生産ポテンシャルがあり、輸出競争力を高めやすく、「付加価値創出力＝雇用創出力」があるということが欠かせない適用条件となる。また、現行の農業形態や営農類型を大幅に変更しないことで、農家の技術的な対応力および生産環境への影響を重視することが重要である。以上の点を考慮して農業・食品加工産業クラスターの適用条件を表12－7に提案する。

　一方、雇用創出力については、対象地域において企業活動を行っている複数の食品加工企業からの聞き取り結果にもとづいて、その潜在的なポテンシャルの大きさを把握した。表12－7は、モザンビークだけではなく、近年アフリカで増加している海外直接投資（FDI）による鉱物資源開発型の企業とナカラ回廊地域に分布する食品加工企業との投資額および雇用面からの比較結果である。モザンビークにおけるメガプロジェクト企業の投資規模は、10～25億ドルであり、首都マプトやその周辺州において資本集約的な事業が展開されている。一方、対象地域であるナカラ回廊一帯では、カシューナッツ、綿花、タバコ、ゴマ、バナナ、大豆、養鶏などの20以上の小規模ながら、多様な農産加工企業が進出している。その投資規模は5万ドルから最大でも8,000万ドル規模の労働集約的な企業形態となっている。

　表12－8のように対象地域における投資額130万ドルの養鶏企業は、工場労

第12章　モザンビークにおける農業・食品加工クラスターの検討

表12-7　農業・食品加工産業クラスターの付加価値創出の適用条件

条件	農作物（農家）	加工品（企業）
生産ポテンシャル （作れるか）	・栽培農家が多い ・栽培経験が豊富 ・低投入でも一定の収量が確保できる ・技術導入が比較的容易 ・栽培適地が広大にある ・政策的な優先度が高い	・原料が豊富である（原料の調達が安価で、安定的に出来るほか、多様な加工ができるか） ・加工技術があるか ・生産基盤や施設があるか ・実績や経験があるか
輸出ポテンシャル （売れるか）	・原料の差別化が可能か ・原料の安定供給が可能か	・価格競争力があるか（価格競争力を高める可能性があるか） ・商品の差別化が可能か ・市場は大きいか
付加価値創出力 （儲かるか）	・原料生産農家の歩留まりが高いか	・付加価値が高いか（付加価値率を高められるか） ・雇用吸収力があるか（特に小農に裨益する労働集約的であるか） ・周辺業界や裾野産業へのシナジー効果が高いか ・価格変動の影響を小さくできるか ・企業の進出促進を促すか

資料：日伯モザンビーク三角協力調査（独立行政法人国際協力機構2010年）での現地調査結果にもとづき溝辺作成。

表12-8　食品加工企業の雇用吸収力

企業名	メガプロジェクト企業[1]			対象地域の食品加工企業			
	Mozal	Sasol	Moma	New Horizontal	Sonil Fabrica	Condor Nuts	Moza Banana
業種	アルミ	天然ガス	金属	養鶏	タバコ	カシューナッツ	バナナ
投資額 (100万$)	2,400	1,200	500	1.3	―	―	80
雇用者数	1,000 (650)[2]	― (250)	425 (124)	工場186 農家890	工場100 農家2,500	工場750 農家不明	圃場/流通 18,000
市場	輸出	輸出	輸出	国内	輸出	輸出	輸出

資料：日伯モザンビーク三角協力調査（独立行政法人国際協力機構2010年）での現地調査結果にもとづき溝辺作成。
　　メガプロジェクト企業に関しては「Institute para a promocao de exportacoes, Institute de estudos socialis e economicos」に基づき作成。
注：1）メガプロジェクトとは主に鉱物資源開発企業を指す。
　　2）（　）内はモザンビーク人の従業員数。

働者と契約農家をあわせて1,070人を雇用し、メガプロジェクト最大の企業である Mozal 社（アルミニウム精製）の1,000人（このうちモザンビーク人は650人）を上回っている。また、2009年に操業を開始し、2010年から本格操業に移行するバナナ生産企業である Moza Banana 社（チキータ社と生産、加工、流通面で提

携）は、18,000 人の雇用を達成しており、食品産業分野での雇用インパクトの大きさを示している。

聞き取りを行った上記の加工企業では、加工用原料の不足により工場の稼働率が低下していること、加工用関連資機材（ビニール、容器、ラベルなど）のほか、輸送インフラの不備が競争力を阻害する主因であることが明らかとなった。食品加工分野では、加工業と生産農家さらには流通、関連資材産業とのタテ（垂直）およびヨコ（水平）の連携が弱く、潜在的な資源の力が活かされていないことが課題であり、農業・食品加工産業クラスター適用上の条件となる。

また、対象地域においては、加工企業と農家の間で文書による契約のほか慣習的な生産形態が保たれている。綿花、タバコ、カシューナッツの加工企業は、原料の買い上げを通じて、安定した市場を提供しているほか、技術、生産資材（種子、肥料、農薬、農業機械）を供与することで、営農資金の不足を補填している。一方、農家に対しては、安い買い上げ価格（綿花は最低価格制度あり）や代金の不払いなどの生産者にとってマイナスの影響を及ぼす行為も調査を通じて把握された。加工企業側に有利な条件の生産者がみつかると生産農家の乗り換えも発生している。

農家が加工企業に対して対等な交渉力を発揮するには、農家による自主的な組織化または協同組合が必要である。流通や価格形成に農家が自ら対応できるシステムが無ければ農業・食品加工産業クラスターにおいては、農家は常に受け身の姿勢となる。このことは、原料生産を担う農家の利益が相対的に見て低いことを意味する。このような問題を改善する上から、農民組織化または協同組合の育成強化が重要な適用条件として指摘される。

6　おわりに　－クラスター形成に向けての課題－

自動車などの製造業に関するフローチャート・アプローチは、アフリカへの適用において多国籍企業の外資を招致するのが難しいという意見がある。また、農業クラスターに対するフローチャート・アプローチは産業連関効果が小さく、産業集積が十分でなく、雇用創出が十分でないという指摘がある。しかし、本

章で提示した農業・食品加工産業クラスターに対するフローチャート・アプローチ・モデルは、この両方の欠点を補足する可能性がある。この具体例として、ナカラ回廊地域にある既存の食品加工企業における少ない投資で、高い雇用を創出している現状からも判断することができる。また、提示した農業・食品クラスター・モデルに示すように1次産業から2次産業さらに3次産業へと関連産業間の連携を促し、これまで疎密であった業界間のつながりが強まり、互いにシナジー効果が期待できる。これにより資本の生産性がより一層強まる可能性がある。

　したがって、本章で提示した農業・食品加工クラスター・モデルは、アフリカなどの製造業の外資を導入するのが困難と思われる地域への適用が可能となり、かつ雇用創出の効果が期待できる。特に、農家の零細性と狭小な市場の条件下で、農業所得の増大が制限要因となっているアフリカに共通した農村地域の開発を進める上で、具体的な開発アプローチとしての適性を内包しているといえる。

　今後は、表12-6に提示した農業・食品加工クラスター・モデルで掲げた6種類のクラスター・モデルをいかにして実現するかといった具体的な方法論がクラスターの実施展開を図る上での課題となる。そのためには、これらクラスター・モデルの戦略的な実行に向けた優先順位を付与する基準作りが必要となる。その際の基準は、市場、生産、競争力の3点から開発ポテンシャルの大きなクラスターに対して、関連産業界が足並みをそろえて取り組むことによって大きな効果が期待できるであろう。したがって、今後はポテンシャルとシナジー効果の大きいクラスターを選定して、バーティカル・インテグレーションを推進するような研究と調査が求められることになる。

注
1) 具体的な例は、朽木（2007）に中国の天津、広州、マレーシア、ベトナムの北部が挙げられている。
2) サブサハラアフリカの就労人口の割合は、第34回アフリカ開発基金年次総会（2008年5月、モザンビーク、マプト）での報告に基づく。

3) 理論的には、Kuchiki と Gokan (2010) が空間経済学との関係を初めて明らかにした。空間経済学は規模の経済、独占的競争、輸送費という 3 つの空間的要素が地理的な直接投資の決定要因となることを明らかにした。フローチャート・アプローチは、この「空間」に「時間」を導入することを提案した。
4) 産業クラスターはマイケル・E・ポーターの定義によると、「特定分野における関連企業、専門性の高い供給業者、サービス提供者、関連業界に属する企業、関連機関などが地理的に集中し、競争しつつ、同時に協力している状態」となる（朽木（2007）に説明）。
5) 本稿における事業ドメインとは、当該地域において地域資源を活用して最も優位に事業が展開できる事業の種類やその形態を選択する戦略的な計画作りのことを意味する。
6) 農業資源をベースとした NAIC 型工業化から資本ベースの経済発展については、上原（2010）においてタイ国での成長パターンが紹介されている。
7) 2003 年以降、高経済成長が維持されているアフリカの中でも南部アフリカの成長は目覚ましい。成長の加速化と持続性の維持に向けて、南部アフリカに点在するロビト、トランスカプリビ、南北、トランスカラハリ、ダルエスサラーム、ナカラ、ベイラ、マプトの各回廊が開発優先度の高い「アフリカ南部成長ベルト」と称されている。
8) ナカラ回廊地域では NGO の農業・農村開発支援が活発であり、農業生産性の向上、新規導入作物の生産支援、教育、HIV/AID に対する意識向上、コミュニティ開発が実施されている。主な NGO としては、USAID の資金援助を得て活動する CLUSA (Cooperative League of USA) があげられる。

〔引用文献〕

Direcção Provincial de Agricultura de Nampula (2009) : *Servicos Provinciais de Agricultura-Sector de Aviso prévio,2009.*

Governo da Província de Nampula (2007) : *Strategic Development Plan for the Province of Nampula.*

Holt,D. B. (2004) : *How Brands Become Icons: The Principles of Cultural Branding*, Boston,Harvard Business School Press.

IDE-JETRO (2010) : Institute of Developing Economies–JETRO, *The 2000 Asian International Input-Output Table*, Tokyo, Institute of Developing Economies - JETRO.

INE (2009) : *Institue para a promocao de exportaciones, Institute de estudos socialis e economicos*
—— (2007) : *ANUARIO ESTATISTICO, Statistical Yearbook.*

――― (2002)：*CENSO AGRO-PE CUÁRIO 1999-2000*, Resultados Temáticos, INSTITUTO NACIONAL DE ESTATÍSTICA.

Kuchiki, A. and T.Gokan (2010)：The Flowchart Approach to Industrial Cluster Policy, *Industrial Clusters and Regional Integration in East Asia*, (A. Kuchiki and M.Tsuji eds.), Tokyo, Institute of Developing Economies – JETRO.

Kuchiki, A. and M. Tsuji eds. (2008)：*The Flowchart Approach to Industrial Cluster Policy*, New York: Palgrave Macmillan.

Kuchiki, A. (2010)："The Automobile Industry Cluster in Malaysia," in *From Agglomeration to Innovation*, A. Kuchiki and M. Tsuji eds., New York: Palgrave Macmillan, pp.15-49.

Porter, M.E. (1998)：*The Competitive Advantage of Nations*, New York: The Free Press.

上原秀樹 (2010)：「第11 タイとベトナムの経済発展」長谷川啓之編著『アジア経済発展論』文眞堂、pp.194-211.

――― (2004)：「第2章 貿易自由化とアジア諸国の農産物貿易」溝辺哲男・上原秀樹編集『開発と貿易の新潮流』アイケイーコーポレーション、pp.39-59.

朽木昭文 (2007)：『アジア産業クラスター論』書籍工房早山．

溝辺 (2010)：「第6章 三角協力によるナカラ回廊地域（熱帯サバンナ）農業開発の方向性」『モザンビーク国日伯モザンビーク三角協力農業開発準備調査報告書』独立行政法人 国際協力機構．

第13章　ブラジル・セラード地帯における地域農業開発
－ダイズ製品のバリューチェーンからの検討－

溝辺　哲男

1　はじめに

　ブラジルは、2001年に農産物純輸出額が475億ドルに達し、金額ではアメリカを抜いて世界一の農産物純輸出国となり、その後も第1位を維持している（清水 2013）。アメリカは近いうち農産物の純輸入国になるとも予測されており、国際穀物市場においては、ダイズ、トウモロコシなどの穀物価格の高騰もあって、ブラジルの存在感が一段と増している。ブラジル農業の底力となっているのが、同国の中西部から北部一帯に広がるセラード地帯（日本の国土面積の 5.5 倍）である。同地帯は、1960 年代まで "不毛の地" と見なされ農業生産はほとんど行われていなかった。しかし、1970 年代半ばから開始された日本政府との農業開発協力（プロデセール事業：PRODECER）[1] を契機として、開発が進んだ（JICA 2002）。

　国際市場におけるブラジルの台頭は、セラード地帯におけるアグリビジネス分野の研究を促した。Zylbersztanjn と Omta（2009）は、穀物や畜産物のサプライチェーンの変遷を基にアグリビジネスの主役である農食品企業の動向分析を行っている。また、佐野（2005）は、アグリクラスターの視点から産業集積による地域開発効果の考察を試みている。さらに、本郷と細野（2012）は、セラード地帯における穀物生産の増大とアグリビジネスの進展が、農畜産物製品の生産と輸出を通じて世界食料需給の緩和に寄与したと述べ、セラード開発の成果と意義を論じている。

　これら最近の研究成果に共通するのは、セラード地帯における穀物や畜産物の有する高い付加価値形成力に対する評価にあるといえる。これまでのセラー

ド地帯での現地調査[2]）より、同地帯の発展をダイナミックに進めたのは、1970年代後半から中核作物として導入されたダイズとそれを起点とするバリューチェーンの形成であったと推測される。この点については、尾関と須賀（1999）がダイズおよびダイズ製品の輸出によるブラジル経済の安定効果と輸出振興の政策的な意義を指摘している。

しかしながら、これまでの先行研究では、特定の作物や農産品を起点とするバリューチェーンの形成プロセスと各段階における産出価額の変化を実証的に解明した研究事例は少ない。そこで本稿では、セラード開発を牽引してきたダイズ（粒）とその副産物を活用して生産される鶏肉（ブロイラー）の加工・流通販売に至るまで、バリューチェーンのプロセスとともに、各段階での産出価額の変化を把握する。これによって、セラード地帯におけるダイズ製品の生産・加工を通じた地域農業開発の効果と課題を明らかにする。

本研究にあたっては、セラード地帯におけるアグリビジネスの拠点として農地拡大が進んでいるブラジル東北部に位置するバイア州西部地域を対象に行う。

以下、第2節では、分析対象地域であるバイア州西部の変容を農地面積と生産量の変化から検証する。第3節では、生産農家、ブロイラー企業、農業関連企業、穀物メジャー、農協などでの聞き取り結果と関連データを基に作成したバリューチェーンの形成プロセスと各段階における産出価額をフローで示しながら検証する。第4節は結論である。

2　バイア州西部地域における農業の変容

（1）ダイズを中心とする農地面積の拡大

表13-1 は、PRODECER 事業で導入が開始されて以来、バイア州西部地域における基幹作物となっているダイズ、トウモロコシ、綿花の1992年から2011年まで20年間に亘る作付面積と生産量の推移である。これら基幹作物の総作付面積は1992年に42.5万 ha であったが、2011年には178万 ha に達し、同地域における総耕地面積（184万 ha）の96％を占めている。

同地域で最大の作付面積を占めるダイズは、1980年に1,000ha、生産量は1,200

表 13−1　バイア州西部地域における主要農産物の作付面積と生産量の推移

(単位：1,000ha, 1,000t)

	ダイズ				トウモロコシ				綿花			
	面積	増減率(%)	生産量	増減率(%)	面積	増減率(%)	生産量	増減率(%)	面積	増減率(%)	生産量	増減率(%)
1992年	380	−	590	−	45	−	213	−	N.D	−	N.D	−
1993	436	14.7	873	47.9	46	2.2	236	10.0	N.D	−	N.D	−
1994	471	8.0	1,072	22.8	70	52.2	340	44.1	N.D	−	N.D	−
1995	433	-8.0	700	-65.2	65	-7.1	300	-8.8	2	−	5	−
1996	457	5.4	1,014	44.9	95	46.2	550	66.7	5	108.3	13	116.7
1997	554	21.4	1,189	17.2	70	-26.3	410	-7.5	8	60.0	22	69.2
1998	580	4.7	1,150	-9.6	108	53.7	662	61.4	13	62.5	35	59.0
1999	628	8.3	1,512	31.4	128	19.0	700	5.7	40	210.8	121	245.7
2000	690	9.8	1,150	2.5	178	39.1	970	38.6	45	11.9	170	40.4
2001	800	15.9	1,464	-9.4	93	-47.8	577	-59.4	57	25.2	162	-9.5
2002	850	6.3	1,556	6.2	135	45.2	791	37.1	67	18.0	242	49.4
2003	820	-3.5	2,362	51.8	180	33.3	1,145	44.8	164	114.8	626	158.7
2004	870	6.1	2,506	6.1	130	-28.1	824	-71.9	210	28.2	807	28.9
2005	870	0.0	1,984	-7.9	126	-2.7	507	-61.5	216	3.2	744	-9.2
2006	850	-2.3	2,295	15.7	166	31.2	1,205	137.6	277	28.0	1,099	47.7
2007	935	10.0	2,839	23.7	185	11.5	1,310	8.7	293	6.0	1,188	8.1
2008	983	5.1	2,506	-8.8	180	-2.7	1,296	-9.8	278	-5.3	1,093	-9.2
2009	1,050	6.8	3,213	28.2	170	-9.4	1,479	14.1	245	-8.8	874	-8.0
2010	1,080	2.9	3,629	29.5	153	9.0	1,496	1.1	371	51.4	1,412	61.6
2011	1,150	5.3	3,321	-10.0	243	59.0	2,260	51.0	386	4.0	1,405	6.0

資料：aiba（2010、2011、2012 年）の各年データより筆者作成。
注：綿花は seed cotton（種付き）の生産量。

トン程度にすぎなかった（JICA 2002）。しかし、同事業の成功を目のあたりにした生産農家が全国各地から入植し、1992 年におけるバイア州西部地域における作付面積は 38 万 ha、生産量は 59 万トンへと急激に拡大した。その後も生産は順調に推移し、2011 年には作付面積 115 万 ha、生産量 330 万トンに達し、1992 年から作付面積ではほぼ 3 倍、生産量は 6 倍強の増加となっている。

（2）高収量を支える技術開発と普及

　ダイズを中心とする基幹作物の生産増大に貢献しているのは、作付面積の拡大だけではない。単位面積当たり収量向上による内延的な拡大が、これまでの順調な生産増大を支えてきたといっても過言ではない。図 13−1 に示すように

ダイズの 1ha 当たり収量は、1995 年に 1.6 トンであったが、2010 年には 3.5 トンに達した。これは国内の平均収量 2.6 トンを 1 トン近く上回る値である。また、このことはトウモロコシや綿花においても同様である（図 13−1）[3]。

このような高い収量の達成は、肥料、農薬、種子など農業資機材の適正な投入技術や、典型的な土地利用型農業に不可欠な農業機械の体系化を播種から収穫まで確立している点が指摘される（aiba 2011）。このような技術開発と普及は農家だけで対応できることではなく、公的な試験研究機関（例えば、ブラジル農畜産研究公社：Embrapa やバイア州開発財団：Fundacao Bahia）による適正品種の開発、施肥技術、栽培体系、収益性を考慮した営農モデルの構築及びこれらの技術普及が高収量の基礎を支えている（COOPROESTE 農協[4] 2011）。

（3）農業生産額の増加とサプライチェーンの変化

ダイズ生産量の増大は、サプライチェーンの変化を促している。同地域の農業総生産額（2011 年）は、表 13−2 に示すように R$ 60 億 3,800 万円（US$ 34 億 3,400 万円）[5] である。これは同年における同州の RGDP の約 4.3％（aiba 2012）に相当する。農業総生産額の 40％はダイズに由来しており、これにトウモロコ

図 13−1　バイア州西部地域における基幹作物の収量の推移（トン/ha）

資料：aiba（2008/2009/2010/2011）より筆者作成。

第13章 ブラジル・セラード地帯における地域農業開発　263

表13-2　作物別粗生産額の推移

(単位：R$ 100万)

作　物	2008	占有率(％)	2009	占有率(％)	2010	占有率(％)	2011	占有率(％)
ダ　イ　ズ	1,706	46.6	1,794	44.5	2,419	44.5	2,358	38.6
綿　花	1,191	32.5	1,438	35.7	2,846	35.7	2,218	45.4
トウモロコシ	493	13.5	408	10.1	524	10.1	818	8.4
コーヒー	129	3.5	152	3.8	192	3.8	205	3.1
小　計	3,519	96.1	3,792	94.0	5,981	94.0	5,599	95.5
コ　メ	27	0.7	9	0.2	12	0.2	6	0.2
フェジョン	61	1.7	64	1.6	68	1.6	122	1.1
種子生産	42	1.1	63	1.6	63	1.6	56	1.0
ソルガム	12	0.3	5	0.1	5	0.1	5	0.1
そ の 他	−	−	100	7.0	133	7.0	250	4.7
小　計	142	3.9	241	6.0	281	6.0	439	4.5
合　計	3,661	100	4,033	100	6,262	100	6,038	100

資料：aiba（2010、2011、2012年）より筆者作成。
注：種子はトウモロコシ、その他はユーカリ、果実、牧草、野菜類。

シと綿花を加えると総生産額の90％を占めることになる。一方で、コメ、フェジョン、ソルガムなどの生産額は全体の5％に過ぎない。

　また、現地調査結果からは、ダイズを中心とする基幹作物の生産量の増大は、同時に地域における従前のサプライチェーンに次のような3つの大きな変化をもたらしていることが明らかとなった。

　1つ目は、穀物メジャーと取引企業の増加である。同地域では、2000年代半ば頃まで、ダイズ生産量の80％が生産農家とCargillとBungeの2大穀物メジャーとの間での青田買いを介しての直接取引が一般的であった。しかしながら、最近ではダイズ生産量の著しい増加によって、ADM[6]、Multigrain[7]、AMAGGI&LDCommodities[8]、CEAGRO[9]、NOBLE[10] など多様な穀物企業の進出が見られる様になってきた。

　2つ目は、これまで姿を明確にしてこなかった中国企業の本格的な進出である。ブラジルからのダイズ輸入が顕著な中国企業（Chongquing Grain Group：CGG）が、バイア州西部地域におけるルイス・エドワルド・マラガーニャス（LEM）市とバヘイラス（Barreiras）市への進出を表明し、進出覚え書きに関する調印が2010年にそれぞれ行われたことである（LEM市 2011）。中国のCGC社は、LEM

市とバヘイラス市において、農地約10万haを約3億ドルで購入する予定であり、中国開発銀行が開発資金の60%、CGG が 40%を自己調達した(LEM市 2011)。当面は10万haで年間25万トンのダイズ生産を目指しており、将来的にはその倍の20万haに規模を拡大する予定である。今後、同地域のダイズのサプライチェーンに中国企業が本格的に登場してくることが予想される。

3つ目は、生産から流通、加工、販売まで一貫した垂直的な統合体制を目指したブロイラー企業の進出である。LEM市に2010年から操業を開始したブロイラー企業である MAURICEÁ社は、直営農場と契約農家との間での雛の肥育・飼育を行うほか、同社食肉工場で鶏の屠殺処理、食肉加工、出荷、販売まで一貫したバーティカル・インテグレーションによる生産・販売体制を確立しつつある (MAURICEÁ 社 2011)。

また、同社は、域内の生産農家から直接買い付けたダイズを搾油し、副産物である絞り粕（ダイズ粕）にトウモロコシを加えて配合飼料を同社内部で生産している。加えて、同社では、1日当たり30万羽の処理能力を有する屠殺施設と年間10万トンの食肉処理工場を有しており、最終製品は枝肉やパック詰め後、自社の輸送手段を使って、東北伯地域やサンパウロ市場へと出荷している (MAURICEÁ 社 2011)。

3 ダイズのバリューチェーンと産出額の推計

一般的に生産されたダイズ（粒）の大部分は、搾油され粗油となる。粗油はさらに精製されて食用油となる。搾油後の副産物である絞り粕は、豊富なタンパク質を含むので配合飼料の重要な資材として利用される。

通常、ダイズ1単位を絞った場合の粗油の価値を1とすると、絞り粕は2になるので経済的には絞り粕の方が主産物であり、油は副産物ともいえる。また、重量ベースでも粗油1に対して、絞り粕は4となる。なお、粗油はさらに精製されて食用油になる。

図13-2はこのようなダイズ製品の特性を踏まえて、同地域において、地域経済を担うダイズ製品（ダイズ粒、ダイズ油、ダイズ粕、配合飼料）の2010年時点

第13章　ブラジル・セラード地帯における地域農業開発　265

における川上（ダイズ粒）から川中（ダイズ油、ダイズ粕、配合飼料）までと、川下における最終製品である鶏肉の生産加工・流通に至るまでの各段階で生み出される産出価額の変化を推計したものである。

　バイア州西部地域における 2010 年のダイズの生産量は 363 万トンであり、全て同地域に進出している穀物企業に買い取られる。Cargill と Bunge 2 社だけで 303 万トンを買い取っており、そのうちの 73％にあたる 220 万トンが自社の

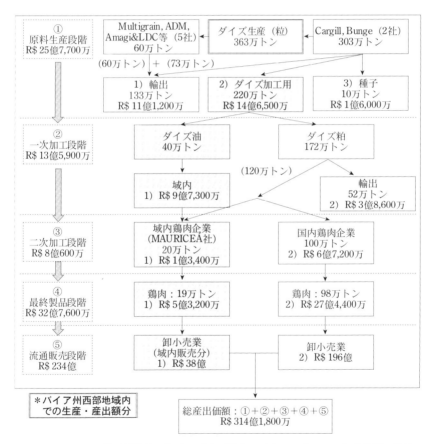

図 13−2　バイア州西部地域におけるダイズ製品のバリューチェーンと産出額の推計
資料：2011 年 8 月時点の現地調査結果に基づき筆者作成。

搾油工場に振り向けられる。また、10万トンは種子用として確保されている。なお、総生産量の36％に相当する133万トンは、穀物企業によって輸出されることになる。このダイズ（粒）の生産から輸出段階における産出価額は、R$ 25億7,700万円（US$ 14億6,500万円）と推計される。

次の一次加工段階における搾油量は40万トンと推定され、R$ 9億7,300万円（US$ 5億5,300万円）が産出される。ダイズ油の副産物であるダイズ粕は172万トンが生産され、そのうちの52万トンが輸出される。残りの120万トンは、域外の鶏肉企業（ブロイラー）へ100万トンが配合飼料用に販売されるほか、20万トンが域内に立地するブロイラー企業であるMAURICEÁ社に買い取られる。両者を合わせたダイズ粕の産出額はR$ 8億600万円（US$ 4億5,800万円）である。

この段階までが、ダイズ製品による産出価額であり、総額はR$ 47億4,200万円（US$ 26億9,700万円）と推計される。

MAURICEÁ社は、自社生産の配合飼料を用いて、19万トンの鶏肉を生産している。同社による鶏肉製品の生産額はR$ 5億3,200万円（US$ 3億200万円）である。一方、域外の養鶏企業は、域内のダイズ粕を活用した配合飼料により98万トンの鶏肉製品を生産し、産出価額はR$ 27億4,400万円（US$ 15億6,100万円）になる。鶏肉は、最終的に高次の加工（枝肉、ササミ）や包装がほどこされ市場へと搬出されるが、この段階での産出額はR$ 32億7,600万円（R$ 18億6,300万円）である。

次に鶏肉は、輸送段階を経て、卸売、小売業といった流通・サービス業界の段階に移行する。最終的には、スーパーマーケットのような量販店や小規模小売店での販売を経て、国内の消費者へと届けられる。その価額は、域内で生産された鶏肉分がR$ 38億円（US$ 21億6,000万円）、域外はR$ 196億円（US$ 111億4,800万円）となり、両者を合わせるとR$ 234億円（US$ 133億900万円）に達すると推計される。

同地域で生産されたダイズが起点となって、最終製品の鶏肉の消費段階に至るまでのバリューチェーンの総産出価額は、R$ 314億1,800万円（US$ 178億7,000万円）にまで膨らむことになる。

第13章　ブラジル・セラード地帯における地域農業開発　267

推計調査方法[11]：
- (a) ダイズ生産量363万トン：aiba（2011）：Anuário da Região Oeste da Bahia Safra 2010/11
- (b) ダイズ加工用産出額：加工用220万トン×1トン当たり販売価格R$ 666（同上資料）
- (c) ダイズ輸出額：輸出量133万トン×1トン当たり輸出額R$ 828（FOB, Paranaguá港 2010）（Agrianual 2011）
- (d) 種子生産額：種子生産量10万トン×種子価格R$ 1.6/kg（Agrianual 2011）
- (e) ダイズ油生産額：生産量×ダイズ油1トン当たり販売額R$ 2,432（Agrianual 2011）
- (f) ダイズ油生産量は総加工用ダイズの18％、ダイズ粕生産量は78％の歩留まりで計算。
- (g) ダイズ粕生産額：生産量×ダイズ粕1トン当たり販売額R$ 672R$（Agrianual 2011）
- (h) ダイズ粕輸出額：輸出量×ダイズ粕1トン当たり輸出額R$ 744（FOB, Paranaguá港 2010）（Agrianual 2011）
- (i) 鶏肉生産額：出荷量×1kg当たり工場出荷額R$ 2.8（ブロイラ企業であるMAURICEÁ社での聞き取り価格）
- (j) 卸小売：販売量×1kg当たり小売価格R$ 20（サンパウロ市内スーパーマーケット聞き取り価格）
- ＊図13-2における換算率：R$（レアル）1＝US$ 0.5688（2010年）を使用〔1〕

4　おわりに

　図13-2に示したバリューチェーンの形成プロセスからは、ダイズ（粒）から一次、二次加工段階に至るまでのダイズ製品の産出価額の合計はR$ 47億4,200万円（US$ 26億9,700万円）と推計された。これは総産出価額（R$ 314億1,800万円）の15％を占めるに過ぎない。総産出価額の85％は、鶏肉加工とその流通販売段階によって生じていることが明らかとなった。

さらに、ダイズ製品のバリューチェーンのプロセスからは、原料生産段階（ダイズ粒）の産出価額の方が、加工段階を上回っている状況が分かる。ダイズを搾油し、副産物を生産する一次及び二次加工段階での価額形成力は小さく、この程度の加工度では大きな地域開発効果は期待できないといえる。

　既述したブロイラー企業である MAURICEÁ 社は、バイア州西部に進出した最大の理由を、ブロイラー生産に不可欠な配合飼料生産の原料であるダイズとトウモロコシの入手が容易な点を指摘している。つまり、ブロイラー用飼料の自社生産によって、付加価値形成力の高い鶏肉の増産と競争力強化を目指しているのである。

　セラード地帯を牽引するダイズ製品を起点にして、地域経済の発展を図るには、バリューチェーンの最終段階に位置する鶏肉の加工生産と流通販売分野まで含めたバーティカル・インテグレーションの推進が課題となる。そのためには、食品加工企業を中心とする関連産業の集積化すなわち農業・食品産業クラスター化を進めることが政策上において有効であることが示唆される。

注
1) プロデセール事業（Programa de Cooperação Nipo-Brasileira para o Desenvolvimento dos Cerrados: PRODECER）とは、食料増産、地域開発の推進、世界の食料供給の増大と日本とブラジルの経済協力関係の促進を主眼に 1979 年から 2001 年まで実施された「日伯セラード農業開発協力事業」のことである。
2) 筆者は、2000 年 10 月から 2001 年 12 月に亘って、RODECER 事業地区（第 1 期、第 2 期、第 3 期）を対象に「日伯セラード農業開発協力事業合同評価調査、JICA」を実施した。同評価調査から 10 年を経て、セラード地帯の変容を確認するため 2011 年 8 月から 2 週間に亘り、バイア州西部地域での現地調査とサンパウロ州および首都ブラジリアで実施した。また、2012 年 12 月から 1 週間で補足調査（科学研究費助成事業基盤 B）を実施した。
3) 最近 5 カ年間で最も順調な収量向上を示しているのはトウモロコシである。2005 年は降雨量の減少から異常年となり、収量は 4.0 トン/ha まで低下したが、翌年には 7.2 トン/ha まで回復した。その後は年平均 15％の伸び率を示し、2010 年には 9.8 トン/ha を記録している。これは国内の平均収量 3.9 トンの 2.4 倍であり、アメリカの収量に匹敵する。綿花の収量も順調な伸びを示し、1995 年の収量は 2.2 トン/ha であったが、2000

第13章　ブラジル・セラード地帯における地域農業開発　269

　年に 3.8 トン/ha に、そして 2010 年には 4.2 トン/ha に達した。これは、国内最大の産地であるマットグロッソ州の平均収量 3.5 トン/ha を上回っている。
4) バイア州西部農業協同組合（COOPROESTE）：同州を代表する農業協同組合であり、組合員は 400 名のうち大部分がダイズ、綿花、トウモロコシ、コーヒー生産と販売に従事している。
5) 換算率：R$（レアル）1＝US$0.59993（2011 年）を使用〔1〕
6) 現在世界第 2 位の穀物メジャーである ADM（Archer Daniels Midland）のセラード地帯への進出は、CARGILL、BUNGE よりも 10 年遅く 1990 年に進出を果たしている。
7) Multigrain は日本の商社である三井物産が 2010 年に完全子会社化した。
8) AMGGI&LDCommodities は、ブラジルの民族資本であるアマギグループ社とルイス・ドレイフォスが資本比率各 50％で 2009 年に合併統合して誕生した。
9) CEAGRO はアルゼンチン資本であり、ブラジルにおける中小規模の穀物トレーダーを吸収しながら取引量を拡大している。
10) NOBLE 香港資本の穀物商社であり代理店によるダイズの買い付けを行っている。
11) バリューチェーンの推計にあたっては、『グローバリゼーションと国際農業市場』（中野一新・杉山道雄編、2001 年、p.28）筑波書房、第 1 章、図 1－2「米国のアグリ・フードビジネスにおける付加価値形成」（Cramer, G.L.& others, Agricultural Economics and Agribusiness, 8th edition, John Wiley & Sons, 2001, p.35）を参考にとりまとめた。

〔引用文献〕

AgraFNP (2010): ANNUALPEC 2010，Anuario da Agricultura Brasileira，AGRA FNP Pesquisas Ltda，pp.201-202.
AgraFNP (2011): AGRIANUAL 2011，Anuario da Agricultura Brasileira，AGRA FNP Pesquisas Ltda，pp.425-438.
aiba (2010): Anuário da Região Oeste da Bahia Safra2009/08
aiba (2011): Anuário da Região Oeste da Bahia Safra2010/11
aiba (2012): Anuário da Região Oeste da Bahia Safra2011/12
COOPROESTE (2011): Cooperativa Agropecuario do Oeste da Bahia における聞き取り結果に基づく。
Decio Zylbersztanjn and Onno Omta (2009): Advances in Supply Chain Analysys in Agri-Food Systems, University of São Paulo and Wageningen Universiteit
Japan International Cooperation Agency (2002):『日伯セラード農業開発協力事業合同評価調査』JICA，p.5-24

Luis Eduardo Magalhaes 市（2011）：現地調査における聞き取りに基づく。
MAURICEÁ 社（2011）：Mauricea Alimentos do Nordeste Ltda における聞き取り結果に基づく。
Ministerio da Agricultura, Pecuaria e Abastecimiento Secretaria de Politica Agricola (2010): Revista de Politica Agricola, ISSN 1413-4969, pp.42-63.
尾関秀樹・須賀吉彦（1999）：『国際農業研究成果情報』国際農林業水産センター、No.6、pp.15-21.
佐野聖香（2005）：「ブラジル農業部門の地域的集積に関する一考察」『立命館經濟學』54巻1号、pp.62-64.
清水純一（2013）：「国際価格高騰のなかで輸出増大をうかがう南米地域」『農業と経済』2013年4月、p.146
中野一新、杉山道雄編（2001）：『グローバリゼーションと国際農業市場』筑波書房、p.28
本郷豊、細野昭雄（2012）：『ブラジルの不毛の大地「セラード」開発の奇跡』ダイヤモンド社、pp.182-183.

〔1〕ブラジルの通貨であるレアルとドル（US$）の換算レートは、http://ecodb.net/,2012.5.10 に基づいて計算。

執筆者紹介

溝辺 哲男：日本大学生物資源科学部
朽木 昭文：日本大学生物資源科学部
菊地 　香：日本大学生物資源科学部
山下 哲平：日本大学生物資源科学部
橋本 孝輔：都市みらい推進機構
中村 哲也：共栄大学国際経営学部
霜浦 森平：千葉大学大学院
山田 耕生：帝京大学経済学部
丸山 敦史：千葉大学大学院
陳 　志鑫：日本大学大学院
谷下 雅義：中央大学理工学部

農・食・観光クラスターの展開

2015年2月10日　印刷
2015年2月20日　発行 ⓒ

定価は表紙カバーに表示しています。

編著者　溝辺　哲男・朽木　昭文
発行者　磯部　義治
発　行　一般財団法人　農林統計協会

〒153-0064　東京都目黒区下目黒3-9-13　目黒・炭やビル
　　　　　http://www.aafs.or.jp
　　　電話　普及部　03(3492)2987
　　　　　　編集部　03(3492)2950
　　　振替　00190-5-70255

Triangle Approach for Cluster Building:
Targeting the Agriculture, Food, and Tourism Industry

PRINTED IN JAPAN 2015

落丁・乱丁本はお取り替えします。　　　印刷　前田印刷株式会社
ISBN978-4-541-04013-8　C3033